古典文獻研究輯刊

十七編

潘美月・杜潔祥 主編

第8冊

《水經注》研究（下）

方麗娜 著

國家圖書館出版品預行編目資料

《水經注》研究（下）／方麗娜　著 — 初版 — 新北市：花木
蘭文化出版社，2013〔民 102〕
目 8+190 面；19×26 公分
（古典文獻研究輯刊 十七編；第 8 冊）
ISBN：978-986-322-433-4（精裝）
1. 水經注　2. 研究考訂
011.08　　　　　　　　　　　　　　　　　102014850

ISBN-978-986-322-433-4

9 789863 224334

古典文獻研究輯刊
十七編　第八冊　　　　　　ISBN：978-986-322-433-4

《水經注》研究（下）

作　　者　方麗娜
主　　編　潘美月　杜潔祥
總 編 輯　杜潔祥
企劃出版　北京大學文化資源研究中心
出　　版　花木蘭文化出版社
發 行 所　花木蘭文化出版社
發 行 人　高小娟
聯絡地址　235 新北市中和區中安街七二號十三樓
　　　　　電話：02-2923-1455／傳眞：02-2923-1452
網　　址　http://www.huamulan.tw 信箱 sut81518@gmail.com
印　　刷　普羅文化出版廣告事業
初　　版　2013 年 9 月
定　　價　十七編 20 冊（精裝）新台幣 31,000 元

《水經注》研究（下）

方麗娜　著

目

次

第六章 《水經注》之評價（上）

第一節 古方輿學之鍵轄

　　州縣當古諸侯列國。古者，列國皆有史官，紀其國事，不以史名書，而以志名史。周官外史掌四方之志，誦訓掌道方志，小史掌邦國之志，職方氏掌天下之圖，司會之於郊野縣都，掌其書契版圖者之貳。四方之志，方志也，皆列國之志，亦即地方之史也。邦國之志，亦國別之書，書契版圖，記戶籍、土地、形象，即地理圖經之類，皆方志之流也。推其本源，由來遠矣！《孟子》所稱「晉乘楚杌魯春秋」〔註1〕，墨子所謂「燕宋齊周等春秋」〔註2〕，及「百國春秋」〔註3〕，孔子所見「百二十國寶書」〔註4〕，皆周外史所掌四方之志也。左氏傳援志甚多，「九丘」杜氏亦指為九州之書，他如繫以地，則有周志鄭書；繫以人，則有仲虺之志與史佚之志，皆一國之典也。

　　漢初，蕭何得秦圖籍，備知天下要害；武帝時，計書俱上太史，郡國地志，固咸在焉。當時，志之所記，殆甚周備，然管穴之見，究不「禹貢」圖經範圍。兩晉以降，流風所及，衣被詩賦，作者循聲貌以論山水，銜山川以

〔註1〕 參見《孟子・離婁篇下》，卷八上，頁12：「《孟子》曰：王者之跡熄，而詩亡，詩亡然後《春秋》作。晉之乘，楚之檮杌，魯之春秋，一也。」藝文印書館，十三經注疏本。

〔註2〕 參見《墨子》，卷八〈明鬼篇下〉第三十一，頁3～5：「著在周之春秋……著在燕之春秋……著在齊之春秋。」等語。中華書局，四部備要本。

〔註3〕 參見《史通・通釋》，卷一，六家篇引《墨子》佚文：「吾見百國春秋」，頁7。

〔註4〕 參見北平黃氏補注《公羊傳疏》引閔因語：「昔孔子受端門之命，制《春秋》之義，使子夏等十四人求周史記，得百二十國寶書。」同註3，頁9。

寄吟諷，或鋪寫纖密，以逞文藻，或情理俱發，以託逸遊，地理方志之作漸興，舉其犖犖較著者，如晉袁山松《宜都山川記》、羅含《湘中記》、任豫《豫州記》、宋盛弘之《荆州記》、孔曄《會稽記》等等。此外，又有晉郭緣生《述征記》，戴延之《西征記》，釋法顯《佛國記》等等，諸作記述城邑、關隘、宮殿、廟宇、方位之餘，兼及名勝佳境之描繪，由是賞玩山水，與地書撰作，蔚爲風尚矣。《隋書・經籍志》載當時海內外山川地理之書，凡一百三十九種，如晉世摯虞依《禹貢》、《周官》作《畿輔經》一百七十卷，其州郡縣邑之分野封略，國邑山陵，水泉鄉亭，民物風俗，道里土田，先賢舊好，靡不具悉；齊時陸澄聚百六十家之說，依其前後遠近，編而爲部，曰《地理書》；任昉增以八十四家，謂之《地記》。其後，陳顧野王又抄舊書，爲《輿地志》，汗牛充棟，蓋亦博矣。隋唐之際，圖史散失，陸、任所纂，已不可得，而別集其自行者，猶五十餘家，乃今所傳，僅《山海經》、《佛國記》、《十洲記》及《神異經》等數種而已，然而奇編奧記，往往散見也。

　　《水經》爲河渠溝洫後，專言水道之書，其綜述禹域百三十七水之名稱、經流、分合、原委，而讀者病其簡略也。北魏之時，道元乃博采地記故書以注之，觀其所爲，舉凡疆域之盤錯，山澤之藪匿，與夫耕桑水泉之利，民情風俗之理，皆數因革之宜，較得失之勢；每述一水，沿路所經，有聞必錄，故凡形勢之險阨，道里之近遙，山水之源委，稱名之舛錯，莫不載焉。思欲遠追《禹貢》、《職方》之紀，參訂百家之志，續成昭代之書，垂之後世，俾覽者有所考鏡，遂集斯學之大成也。酈氏自謂爲書之目的，在因水以證地，即地以存古，一如昔太史公之行天下，上會稽，探禹穴，歷覽山川奇傑之氣，以爲著書立言之助焉，是故《水經注》一書，乃以河流水道爲綱，綜述流域內水文、地貌、地質、土壤、植物、動物之分布，以及物產、交通、城鎮、建制之沿革等地理狀況，遷貿畢陳，故實駢列，餘波所及，上窮王道，下淡人倫，總括萬殊，包吞千有。今請援數例，以見酈注之地學價值焉：

一、記載水文地理

　　夫水道遷流，最難辨析，河渠溝洫，班馬僅記大端，而餘史或缺焉，其詳爲之辭者，惟《水經注》耳。酈書所載，記述中外河流，凡千餘條，湖泊沼澤，五百餘處，泉水及井等地下水近三百處〔註5〕，審遠近之端，詳大小之

〔註 5〕語出陳橋驛《水經注研究》第一集，頁29。

勢，源委之吐納，沿路之經過，纏絡枝夥，條貫系夥，搜渠訪瀆，靡或遺漏，提供中古時代之水文地理資料最多，誠爲宇宙未有之奇書也。

《水經注》所記水數，據《唐六典》卷七〈工部〉所云：〔註6〕

> 水部郎中員外郎掌天下川瀆陂池之政令，以導達溝洫堰決河渠，凡舟楫灌漑之利，咸總而舉之。凡天下水泉三億三萬三千五百五十有九，其先避荒絕域，殆不可復而知矣。其江、河自西極達于東溟，中國之大川者也；其餘百三十有五水，是謂中川者也；其千二百五十有二水，斯爲水川者也。注：酈善長注《水經》，引其枝流一千二百五十二。

此說一出，千餘年來，遂成定讞，學者著述，莫不引之。唯近人辛志賢〈水經注所記水數考〉一文，推翻前說，創爲新論，其言曰：〔註7〕

> 唐以前酈道元《水經注》原本，《水經》水數爲百三十七，酈注水數爲一千二百五十二，《水經注》總水數爲一千三百八十九。宋、明諸種刻本佚五卷，《水經》水數缺二十一，爲一百一十六，酈注水數自亦相應殘缺。

自此說出，《水經注》引天下之水千二百五十二條之說，破矣。其後趙永復疏理酈注所敘水道，其重複者不計，一水多名或數水同敘（如渠水注圃田澤之二十四浦）者計其一；而不屬某水枝流，但在有關水道下述及者，以及無專名之水，如〈河水注〉湟水下之卑禾羌海（青海）、〈沔水注〉下之「西北出仇池」之水（今陝西留壩縣南尚溪河），均予計入，其結論如下：〔註8〕

> 全書水體包括湖、淀、陂、澤、泉、渠、池、故瀆，實得二千五百九十六，倍于《唐六典》之數。酈氏《水經注》，全書四十卷，北宋時已佚五卷，今本仍作四十卷，乃後人分析，則原書敘述水道總數，當超過三千。

趙書考證精詳，其超過三千之說，雖不中亦不遠矣。茲分河流、湖泊、瀑布、溫泉等數項，說明《水經注》所載之水文地理。

〔註6〕參見《唐六典》，卷七〈工部〉郎中員外郎條注文。

〔註7〕參見辛志賢〈水經注所記水數考〉，載《北京師範大學學報》，1981 年三期，頁 40～41。

〔註8〕參見趙永復〈水經注究竟記多少條水〉，載《歷史地理》，1982 年第二輯，頁 115。

（一）河流

《水經注》記述中外河流，廣泛搜羅，記載精詳，由河流之源起，至于入海，舉凡幹流、支流、河谷寬度、河床深度、水量及水位之季節變化、含沙量、冰期，乃至沿河所經之伏流、瀑布、急流、灘瀨、湖泊等等，莫不載焉。卷一〈河水注〉「河水」條云：〔註9〕

> 水有大小，有遠近。水出山而流入海者，命曰經水。引他水入於大水及海者，命曰枝水。出於地溝，流於大水及于海者，又命曰川水也。

此段注文，開宗明義，首據河流之幹支關係、長短大小、獨流入海，或匯入大河等等標示，定義河流之稱謂，此乃酈氏撰注水經之規範也。

《水經注》於河源特點，最爲重視，且每能緊扣其自然地理之優勢，細加品評描述，例如卷三十三〈江水注〉「岷山在蜀郡氐道縣，大江所出，東南過其縣北」條云：〔註10〕

> 大江泉源，即今所聞，始發羊膊嶺下，緣崖散漫，小大百數，殆未濫觴矣。東南下百餘里，至白馬嶺，而歷天彭闕，亦謂之爲天彭谷也。奉昭王以李冰爲蜀守，冰見氐道縣有天彭山，兩山相對，其形如闕，謂之天彭門，亦曰天彭闕。江水自此已上，至微弱，所謂發源濫觴者也……自白馬嶺回行，二千餘里至龍涸。又八十里至蠶陵縣。又南下六十里至石鏡。又六十餘里而至北部，始百許步。又西百二十餘里，至汶山故郡，乃廣二百餘步，又西南百八十里至濕坂，江稍大矣。

上述岷江一注，有關岷江河源之記載，可謂詳矣。自上源濫觴之小水百數，緣崖散漫而匯流成川，直至汶山故郡以下之濕坂，形成江流，其間段落里程，歷歷可數。

此外，酈書描述河流之含沙量時，亦極爲詳細生動，例如卷一〈河水注〉「出其東北陬」條，記黃河之含沙量云：〔註11〕

> 《山海經》曰：崑崙墟在西北，河水出其東北隅。《爾雅》曰：色白，所渠并千七百，一川，色黃。《物理論》曰：河色黃者，眾川之流，

〔註 9〕 語出王氏《合校水經注》，卷一，頁2。
〔註10〕 同註9，卷三十三，頁1～2。
〔註11〕 同註9，卷一，頁3。

> 蓋濁之也。百里一小曲，千里一曲一直矣。漢大司馬張仲《議》曰：
> 河水濁。清澄，一石水，六斗泥，而民競引河溉田，令河不通利。
> 至三月桃花水至，則河決，以其噎不泄也。禁民勿復引河，是黃河
> 兼濁河之名矣。

注文指出，黃河上源，水色白，其下流色黃者，合眾川之濁故也。至若含沙量，注文引用漢大司馬史長安張戎之言，「河水濁，清澄一石水，六斗泥」，此數量分析，根據現代測量所得，黃河每立方公尺水中，平均含泥沙三七點六公斤，每年平均輸沙量為十六億噸〔註12〕，並不誇張。

　　酈注所載，有關河流水量之季節變化，頗堪重視，卷五〈河水注〉「又東北過黎陽縣南」條，所記白鹿淵水，即是其例。注云：〔註13〕

> 又東為白鹿淵水，南北三百步，東西千餘步，深三丈餘。其水冬清
> 而夏濁，淳而不流。若夏水洪泛，水深五丈，方乃通注般瀆。

此段注文，詳細說明枯水季與豐水季之具體水位。其中某些河流，酈注且記載其洪水位，例如卷十五〈伊水注〉「又東北過伊闕中」條云：〔註14〕

> 伊厥左壁有石銘云：黃初四年六月二十四日辛巳，大出水，舉高四
> 丈五尺，齊此已下。蓋記水之漲減也。

上述伊厥左壁石銘，所記洪水發生之時間，及水位之高度，極稱詳細，洵為珍貴之歷史水文資料也。至若北方河流之冰期，《水經注》中亦每提及，例如卷五〈河水注〉「又東過平縣北，湛水從北來注之」條，記黃河流域之冰期云：
〔註15〕

> 朝廷又置冰室於斯阜，室內有冰井《春秋左傳》曰：日在北陸而藏
> 冰。常以十二月采冰於河律之隘，峽石之阿，北陰之中。即《邠詩》：
> 二之日，鑿冰沖沖矣。而內于井室，所謂納于凌陰者也。

道元努力地理之學，因地致詳，旁徵博引，窮理求證，可謂用心矣。

（二）湖泊

　　酈注所載湖泊，其名稱計有：海、澤、藪、湖、淀、陂、池、坑等等。以類型言，有非排水湖者，如卷一〈河水注〉「又出海外，南至積石山，下有

〔註12〕參見《黃河萬里行》，上海教育出版社，頁122。
〔註13〕同註9，卷五，頁21。
〔註14〕同註9，卷十五，頁20。
〔註15〕同註9，卷五，頁2。

石門，河水冒以西南流」條，所記蒲昌海即是。注云：〔註16〕

《山海經》曰：河水入渤海，又出海外，西北入禹所導積石山。山在隴西郡河關縣西南羌中。余考群書，咸言河出崑崙，重源潛發，淪于蒲昌，出于海水，故《洛書》曰：河自崑崙，出于重野，謂此矣。逕積石而爲中國河。

有排水湖者，如卷二十九〈沔水注〉之彭蠡澤即是。注云：〔註17〕

《尚書・禹貢》：滙，澤也。鄭玄曰：滙，回也。漢與江鬪，轉東成其澤矣。

有人工湖者，如卷三十二〈肥水注〉之芍陂。注云：〔註18〕

斷神水又東北逕神跡亭東，又北謂之豪水，雖廣異名，事實一水。又東北逕白芍亭東，積而爲湖，謂之芍陂。陂周百二十許里，在壽春縣南八十里，言楚相孫叔敖所造。

酈注且載季節湖，卷五〈河水注〉「又東北過高唐縣東」條，記馬常坈即是其例。注云：〔註19〕

（漯水）又東北爲馬常坈，坈東西八十里，南北三十里，亂河枝流而入于海。河海之饒，茲焉爲最。《地理風俗》曰：漯水東北，至千乘，入海，河盛則通津委海，水耗則微涓絕流。

此注說明馬常坈者，乃黃河三角洲之季節湖也，其水位變化，端賴黃河之蓄水，河盛則通津委海，水耗則微涓絕流。此外，酈注亦重視湖泊之經濟意義，卷十一〈滱水注〉之陽城淀，道元即詳記此湖泊之綜合利用。注文云：〔註20〕

又東逕陽城縣，散爲澤渚，渚水瀦漲，方廣數里，匪直蒲筍是豐，實亦偏饒菱藕。至若孌婉牸童，及弱年崽子，或單舟採菱，或疊舸折芰，長歌陽春，愛深綠水，掇拾者不言疲，謠詠者自流響，於是行旅過矚，亦有慰於羈望矣。世謂之爲陽城淀也。

此注敍述陽城淀之旅遊價值，頗爲詳盡。凡此，取與歷代記載湖泊之書，逐一比較，則北魏以降，吾國湖泊變遷之梗概，可瞭然矣。

〔註16〕同註9，卷一，頁17。
〔註17〕同註9，卷二十九，頁1。
〔註18〕同註9，卷三十二，頁6。
〔註19〕同註9，卷五，頁31。
〔註20〕同註9，卷十一，頁17。

（三）瀑布

夫自然地理學之概念中，凡從河床縱斷面陡坡或崖懸處傾瀉而下之水流，稱爲瀑布（fall）。瀑布富含水能潛藏，爲重要之自然資源，而其移動或變遷，又爲河床變遷與河蝕地貌發育之重要數據之一，故瀑布每成地貌學、陸地水文學、經濟地理學，乃至歷史地理學者研究之對象。

吾國古代地理著作中，不乏記錄瀑布之資料，然其中以《水經注》一書，成書最早，記載最詳。酈注書中，瀑布之稱謂，或稱爲「瀧」，或稱爲「洪」，稱爲「洩」，此外，因瀑布自上而下，形同懸掛，故亦稱懸水、懸流、懸泉、懸濤、懸湍等等；又由于瀑布飛流而下，「飛」字亦用爲瀑布之代稱，如飛波、飛清、飛泉、飛瀑、飛流等等即是。酈書所載瀑布，其範圍遍及黃河、淮河、長江、珠江各流域，內容豐富，洵爲歷史自然地理學之珍貴資料也。茲將《水經注》所載之古代瀑布，附圖如下頁圖一。瀑布名稱，即附圖之編號，可參閱表六。〔註21〕

《水經注》中，記載瀑布，內容翔實，文字生動，片言隻字，妙絕古今，如卷四〈河水注〉「又南過河東北屈縣西」條，所載之龍門瀑布，即是其例。注云：〔註22〕

> 孟門，即龍門之上口也，實爲河之巨阨，兼孟門津之名矣。此石經始禹鑿，河中漱廣，夾岸崇深，傾崖返捍，巨石臨危，若墜復倚。古之人有言，水非石鑿而能入石，信哉！其中水流交衝，素氣雲浮，往來遙觀者，常若霧露沾人，窺深悸魄。其水尚崩浪萬尋，懸流千丈，渾洪贔怒，鼓若山騰，濬波頹疊，迄于下口，方知愼子下龍門，流浮竹，非駟馬之追也。

此段注文，著重描繪孟門山夾峙黃河之景色，險峻危墜之山形，迅急奔騰之水勢，氣象萬千，饒富趣味。道元遍具山水筆資，其法則記，其材其趣則詩，讀來尤爲動人。又如卷二十六〈淄水注〉「又東過利縣東」條，記劈頭山瀑布，亦爲神來之筆也，注云：〔註23〕

> 陽水又東北流，石井水注之。水出南山，山頂洞開，望若門焉，俗謂是山爲劈頭山。其水北流注井，井際廣城東側，三面積石，高深

〔註21〕參見陳橋驛《水經注研究》第一集，頁52～54。
〔註22〕同註9，卷四，頁1。
〔註23〕同註9，卷二十六，頁13～14。

圖一：《水經注》所載古代瀑布示意圖

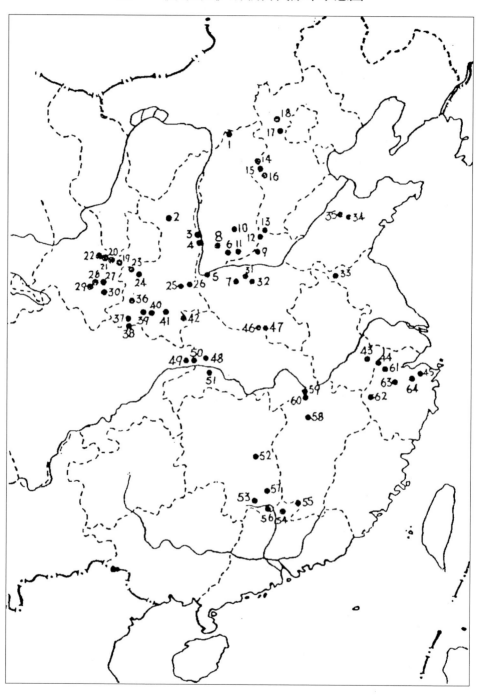

表六：《水經注》所載瀑布簡表

編號	瀑布名稱	卷　　次	編號	瀑布名稱	卷　　次
1	呂梁洪	卷三〈河水〉	2	定陽縣西山（瀑布）	卷三〈河水〉
3	孟門懸流	卷四〈河水〉	4	龍門下口懸流	卷四〈河水〉
5	陝城懸水	卷四〈河水〉	6	鼓鍾上峽懸洪	卷四〈河水〉
7	石城山瀑布	卷五〈河水〉	8	緯山懸流	卷六〈澮水〉
9	白鹿山瀑布	卷九〈清水〉	10	巨駿山（瀑布）	卷九〈沁水〉
11	午壁亭（瀑布）	卷九〈沁水〉	12	沮洳山頹波	卷九〈淇水〉
13	雞翹洪	卷九〈洹水〉	14	㶟水懸水	卷十一〈㶟水〉
15	廣昌嶺（瀑布）	卷十一〈㶟水〉	16	石門飛水	卷十一〈㶟水〉
17	玉石山頹波	卷十二〈聖水〉	18	落馬洪	卷十三〈㶟水〉
19	白楊泉飛清	卷十七〈渭水〉	20	蒲谷水飛清	卷十七〈渭水〉
21	蒲谷西川飛清	卷十七〈渭水〉	22	龍尾溪水飛清	卷十七〈渭水〉
23	吳山懸流	卷十七〈渭水〉	24	茈谷（瀑布）	卷十七〈渭水〉
25	馬嶺山懸流	卷十九〈渭水〉	26	華山（瀑布）	卷十九〈渭水〉
27	高望谷水飛波	卷二十〈漾水〉	28	西溪水飛波	卷二十〈漾水〉
29	黃花谷水飛波	卷二十〈漾水〉	30	平樂水飛清	卷二十〈漾水〉
31	瀝滴泉懸水	卷二十二〈洧水〉	32	零鳥塢懸流	卷二十二〈洧水〉
33	呂梁懸濤	卷二十五〈泗水〉	34	熏冶泉飛泉	卷二十六〈巨洋水〉
35	壁頭山瀑布	卷二十六〈淄水〉	36	丙穴懸泉	卷二十七〈沔水〉
37	南山巴嶺南飛清	卷二十七〈沔水〉	38	南山巴嶺北飛清	卷二十七〈沔水〉
39	上濤	卷二十七〈沔水〉	40	下濤	卷二十七〈沔水〉
41	寒泉嶺瀑布	卷二十七〈沔水〉	42	鱣湍	卷二十七〈沔水〉
43	落星山懸水	卷二十九〈沔水〉	44	釣頭泉（瀑布）	卷二十九〈沔水〉
45	車箱山瀑布	卷二十九〈沔水〉	46	固成山瀑布	卷三十〈淮水〉
47	雞翅山頹波	卷三十〈淮水〉	48	孔子泉飛清	卷三十四〈江水〉
49	三峽懸泉	卷三十四〈江水〉	50	三峽瀑布	卷三十四〈江水〉
51	佷山北溪水飛清	卷三十七〈夷水〉	52	衡山飛泉	卷三十八〈湘水〉

53	瀧中懸湍	卷三十八〈溱水〉	54	泠君山懸澗	卷三十八〈溱水〉
55	巢頭衿瀧	卷三十八〈溱水〉	56	北界山瀑布	卷三十八〈鍾水〉
57	郴縣懸泉	卷三十八〈耒水〉	58	散原山飛流	卷三十八〈贛水〉
59	石門水飛瀑	卷三十九〈廬江水〉	60	黃龍南瀑布	卷三十九〈廬江水〉
61	翔鳳林瀑布	卷四十〈漸江水〉	62	蘇姥（瀑布）	卷四十〈漸江水〉
63	五泄瀑布	卷四十〈漸江水〉	64	剡縣瀑布	卷四十〈漸江水〉

備註：1. 凡酈注未用任何瀑布辭例者，表中概用（瀑布）字樣。
　　　2. 上表所列《水經注》記載瀑布之例，凡六十四處，悉指瀑布所在地名耳。

　　一匹有餘，長津激浪，瀑布而下，澎贔之音，警川聒谷，溯奔之勢，
　　狀同洪井。

此段注文，道元即興而寫，筆致清新，情溢言表，而描寫劈頭山井水，自山頂下瀉之氣勢，尤其膾炙人口；注中且涉及瀑布高度〔註24〕，為研究瀑布之可貴數據，價值昭昭，不待言矣。

　　高度以外，酈注亦記載有關瀧壺（plunge pool hole）、甌穴（pot hole）等等珍貴之資料。夫瀑布下方，因下蝕力強而形成之淵潭，即地貌學所稱之瀧壺也；瀑布急流之河床中，水流旋渦因時常磨蝕河床岩石之裂罅，使之形成井狀之洞穴，即地貌學所稱之甌穴也。《水經注》書中，凡載瀑布之例，亦每提及「奔壑」、「注壑」，此「壑」字實即瀧壺。此外，如卷十一〈滱水注〉之滱水懸水，「白波奮流，自成澤渚」〔註25〕；同卷之〈石門飛水〉，「蝕石成井」〔註26〕；卷二十二〈洧水注〉之瀝滴泉懸泉，「下為深潭」〔註27〕；卷三十九〈贛水注〉之散原山飛流，「飛流懸注，其深無底」〔註28〕；卷三十九〈廬江水注〉之黃龍南瀑布，「注處悉成巨井，其深不測」〔註29〕；卷四十〈漸江水注〉之翔鳳林東瀑布，「下注數畝深沼」〔註30〕。以上所舉，「井」、「潭」、「深沼」之類，實即瀧壺或甌穴也。瀑布每隨水之枯竭而移動，甚至

〔註24〕同註21，頁56。
〔註25〕同註9，卷十一，頁5。
〔註26〕同註9，卷十一，頁6。
〔註27〕同註9，卷二十二，頁10。
〔註28〕同註9，卷三十九，頁10。
〔註29〕同註9，卷三十九，頁18。
〔註30〕同註9，卷四十，頁13。

消失，而瀧壺與甌穴者，因至深且巨，反較能長期存在，故在研究瀑布與河床之變遷方面，俱有重要之意義。道元字剖句析，探索入微，以自然地理之論，記錄當時地理概況，實爲古代地學之別開生面者，厥功亦偉矣。

（四）溫泉

夫溫泉之記述，《水經注》書中，屢屢可見，其描述水溫，配載特色，亦云詳矣。茲援舉數例，俾見其凡焉。卷十三〈灅水注〉「灅水出鴈門陰館縣，東北過代郡桑乾縣南」條，寫桑乾城之溫湯，注云：〔註31〕

> 水導源火山，西北流，山上有火井，南北六七十步，廣減尺許，源深不見底，炎勢上升，常若微雷發響，以草爨之，則煙騰火發。……火井東五六尺有湯井，廣輪與火井相狀，熱勢又同，以草內之則不然，皆沾濡露結，故俗以湯井爲目。

此注所記，乃研究大同礦區地質構造之重要參考資料，桑乾城溫湯之特色，賴酈注而瞭然。除水溫外，《水經注》亦重視溫泉之經濟效益，如卷二十七〈沔水注〉「沔水出武都沮縣東狼谷口」條，所記沔陽縣溫泉，即是其例。注云：〔註32〕

> 漢水又東，右會溫泉水口，水發山北平地，方數十步，泉源沸湧，冬夏湯湯，望之則白氣浩然，言能瘳百病云，洗浴者，皆有硫黃氣，赴集者，常有百數。

此段指出，沔陽溫泉有硫黃氣，能瘳百病，又如卷三十一〈滍水注〉「滍水出南陽魯陽縣西之堯山」條，記述魯陽溫泉之源流、地理位置及溫度、療法、療效，描狀逼眞，例極特殊。注云：〔註33〕

> 滍水又歷太和川，東，逕小和川，又東，溫泉水注之。水出北山阜，七源奇發，炎熱特甚。闞駰曰：縣有湯水，可以療疾。湯側又有寒泉焉，地勢不殊，而炎涼異致，雖隆火盛日，肅若冰谷矣。渾流同溪，南注滍水。滍水又東逕胡木山，東流，又會溫泉口，水出北山阜，炎勢奇毒，痾疾之徒，無能澡其衝漂，救癢者，咸去湯十許步別池，然後可入。湯側有石銘，云：皇女湯，可以療萬疾者也。故杜彥達云：然如沸湯，可以熟米，飲之，癒百病，道士清身沐俗，

〔註31〕同註9，卷十三，頁8。
〔註32〕同註9，卷二十七，頁3。
〔註33〕同註9，卷三十一，頁1～2。

　　一日三飲，多少自在，四十日後，身中萬病愈，三蟲死。學道遭難
　　逢危，終無悔心，可以牢神存志。即《南都賦》所謂湯谷湧其後者
　　也。然宛縣有紫山，山東有一水，東西十五里，南北二百步，湛然
　　沖滿，無所通會，冬夏常溫，世亦謂之湯谷也。

此外，溫泉利用之資料中，亦有用於農業生產者，如卷三十九〈耒水注〉「又
北過便縣之西」條，所記便縣溫泉水，即是其例。注云：〔註34〕

　　縣界有溫泉水，在郴縣之西北，左右有田數千畝，資之以溉，常以
　　十二月下種，明年三月穀熟，度此水冷，不能生苗，溫水所溉，年
　　可三登。

溫泉用于農業生產之記載，自來並不多見，故酈注此記，彌足珍貴。

　　《水經注》書中，凡載溫泉三十八處〔註35〕，水溫不同，用詞則異，其
用「溫」之例，若卷三十一〈滱水注〉之紫山湯谷，「冬夏常溫」〔註36〕；用
「炎」之例，若卷三十一〈滱水注〉之北山阜溫泉，「炎勢奇毒」〔註37〕；用
「灼」之例，若卷十三〈灅水注〉之橋山溫泉，「是水灼焉」〔註38〕；用「湯」
之例，若卷二十七〈沔水注〉之沔陽溫泉，「泉源沸涌，冬夏湯湯」〔註39〕，
等級分明，一目瞭然，洵爲研究古今溫泉之水溫，及變遷情形，不可或缺之
資料也。章鴻釗氏劃分吾國溫泉分布，蓋有七區，即閩、粵、臺區，山東、
遼東區，太行山區，雲楚區，陝甘區，雲貴區，淮揚區〔註40〕。酈書所載，
遍及各區，而尤以太行山區及陝甘區爲多。除卷一〈河水注〉之迦羅維越國
溫池〔註41〕，固非中土外，《水經注》記載之溫泉，附圖如下頁圖二〔註42〕。
溫泉名稱，即附圖之編號，可參閱表七。

〔註34〕同註9，卷三十九，頁6。
〔註35〕同註5，頁78。
〔註36〕同註9，卷三十一，頁2。
〔註37〕同註9，卷三十一，頁1。
〔註38〕同註9，卷十三，頁8。
〔註39〕同註9，卷二十七，頁3。
〔註40〕參見章鴻釗〈中國溫泉之分布與地質構造之關係〉，載《地理學報》，1934
　　　　年第二卷第三期。
〔註41〕同註9，卷一，頁7。
〔註42〕同註5，頁79～81。

圖二：《水經注》所載溫泉分布圖

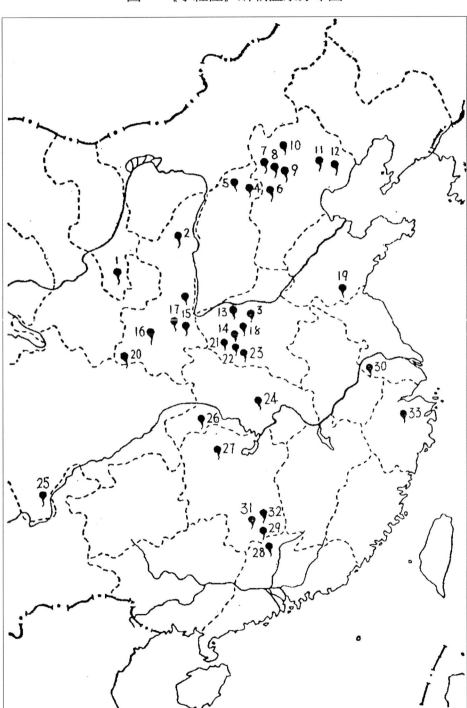

表七：《水經注》所載溫泉簡表

編號	溫泉名稱	卷　　　　　次	備　　　　考
1	三水縣溫泉	卷二〈河水〉	
2	奢延水溫泉	卷三〈河水〉	
3	婁山溫泉	卷五〈河水〉	
4	暄谷溫泉	卷十一〈滱水〉	
5	武周湯井	卷十三〈灅水〉	
6	桑乾城溫湯	卷十三〈灅水〉	
7	綾羅澤	卷十三〈灅水〉	
8	橋山溫泉	卷十三〈灅水〉	
9	大翮山溫泉	卷十三〈灅水〉	
10	狼山溫泉	卷十四〈沽河〉	
11	北山溫泉	卷十四〈鮑邱水〉	
12	溫溪溫泉	卷十四〈濡水〉	
13	北山鄩溪溫泉	卷十五〈洛水〉	
14	新城縣溫泉	卷十五〈伊水〉	
15	麗山溫池	卷十六〈漆水〉、卷十九〈渭水〉	渭水注作麗山溫泉
16	太一山溫泉	卷十八〈渭水〉	
17	霸縣溫泉	卷十九〈渭水〉	
18	廣成溫泉	卷二十一〈汝水〉	
19	溫泉陂	卷二十五〈沂水〉	
20	沔陽縣溫泉	卷二十七〈沔水〉	
21	北山阜溫泉	卷三十一〈滍水〉	即魯陽縣湯水
22	胡木山溫泉	卷三十一〈滍水〉	即皇女湯
23	紫山湯谷	卷三十一〈滍水〉	
24	新陽縣溫水	卷三十一〈溳水〉	
25	溫都邛水	卷三十六〈若水〉	
26	㑮山縣溫泉	卷三十七〈夷水〉	計有二處

27	北山溫泉	卷三十七〈灃水〉	
28	曲江湯泉	卷三十八〈溱水〉	
29	圓水	卷三十九〈耒水〉	即除泉
30	江乘半湯泉	卷三十九〈耒水〉	
31	便縣溫泉水	卷三十九〈耒水〉	
32	侯計山溫泉	卷三十九〈耒水〉	
33	鄭公泉	卷四十〈漸江水〉	

　　《水經注》記載之溫泉，不僅爲研究古代溫泉不可或缺之資料，且透過古今溫泉之對比，以研究吾國溫泉之變遷，亦極富價值，例如卷十三〈灅水注〉「灅水出鴈門陰館縣，東北過代郡桑乾縣南」條，記綾羅澤溫泉云：〔註43〕

　　　　祁夷水又東北，熱水注之，水出綾羅澤，澤際有熱水亭。

《水經注》「熱」字描述之溫泉，乃水溫較高之一級，然此溫泉，楊熊《水經注疏》則云：〔註44〕

　　　　今名暖泉，在蔚州西三十里綾羅里，其水夏涼冬暖。

說明綾羅澤溫泉，今水溫已明顯降低矣。至若卷四十〈漸江水注〉中記載之鄭公泉〔註45〕，據嘉泰會稽志所載〔註46〕，在會稽縣東南五雲鄉，是知南宋時，此溫泉猶在，然今已不可見矣。凡此，以《水經注》爲基礎，取現存溫泉之記載，進行對比，則吾國古今溫泉變遷之梗概，亦可瞭然矣。

二、記載植物地理

　　《水經注》記載植物地理之資料，頗爲詳細。書中所載植物之種類，凡百有餘也，有針葉之松、柏，有闊葉之樟、欓，有吾國土生土長之桃、荔枝，有分布域外之婆羅、菩提，有水生之菖蒲、麻黃草，有旱生之胡桐、檉柳，有野生之酸棗、龍鬚，有栽培之藷藇、吉貝，種類繁多，不一而足。僅竹一項，酈注所載，即有竹、細竹、小竹、筍、篁、楸竹、邛竹、虎竹等等，可謂詳矣。而注中且載竹林分布之情況，如卷九〈淇水注〉「淇水出河內隆慮縣

〔註43〕同註9，卷十三，頁12。
〔註44〕參見楊熊合《疏水經注》，卷十三，江蘇古籍出版社，1989年出版，頁1166。
〔註45〕同註9，卷四十，頁10。
〔註46〕參見《嘉秦會稽志》，卷十一「泉」條。

西大號山」條云：〔註47〕

> 詩云：瞻彼淇澳，菉竹猗猗。毛云：菉，王芻也；竹，編竹也。漢武帝塞決河，斬淇園之竹木以爲用，寇恂爲河內，伐竹淇川，治矢百餘萬，以輸軍資。今通望淇川，無復此物，惟王芻編草，不異毛興。

從上述注文可見，古代淇河流域竹類生長甚盛，直至後漢初期，產量仍多，足以治矢百萬也，唯至北魏，此地區之竹類，不復見矣，說明後漢初期至北魏，五百餘年中，此地區植物變遷之過程。又如卷二十二〈渠水注〉「渠出榮陽北河，東南過中牟縣之北」條云：〔註48〕

> 澤多麻黃草，故述征記曰：踐縣境便睹斯卉，窮則知踰界，今雖不能，然諒亦非膠，詩所謂東有圃草也。

此注可見，直至晉代述征記撰寫時，圃田澤地區，仍多麻黃草，後因圃田澤之縮小、湮廢，北魏時代，此地已不復見此種植物矣。凡此，皆爲研究古代植被變遷之珍貴資料也。

《水經注》所載古代植物，其中今名與科屬，有不可知者，僅卷一〈河水注〉中，即有：須河、貝多樹、佛樹、春浮樹、木禾珠樹、玉樹、璇樹、不死樹、絳樹、碧樹、瑤樹等多種。然注中，亦有隨文直接描述植物種類者，例如卷一〈河水注〉「屈從其東南流入渤海」條云：〔註49〕

> 阿育王起浮屠于佛泥洹處，雙樹及塔，今無復有也。此樹名娑羅樹，其樹花名娑羅佉也（按：佉是梵音）。此花色白如霜雪，香無比也。

又如卷三十六〈溫水注〉「東北入于鬱」條云：〔註50〕

> 惟檳榔樹，最南遊之可觀，但性不耐霜，不得北植。

又如卷三十七〈葉榆河注〉「東南出益州界」條云：〔註51〕

> 山溪之中，多生邛竹、桄榔樹，樹出麵，而夷人資以自給，故蜀都賦曰：邛竹緣嶺，又曰：麵有桄榔。

上述所舉，皆隨文直接描述植物之種類者，若此之例，不勝枚舉。此外，《水經注》書中，亦記載有關植物之地名，例如卷八〈濟水注〉「其一水東南流，

〔註47〕同註9，卷九，頁18。
〔註48〕同註9，卷二十二，頁19。
〔註49〕同註9，卷一，頁6。
〔註50〕同註9，卷三十六，頁22。
〔註51〕同註9，卷三十七，頁3～4。

其一水從縣東北流入鉅野澤」條云：〔註52〕

　　豫章以樹氏郡，酸棗以棘名邦。

又如卷十六〈沮水注〉「沮水出北地直路縣東，過馮翊役詡縣北，東入于洛」條云：〔註53〕

　　（沮水）又東逕蓮芍縣故城北，十三州志曰：縣以草受名也。

又如卷十〈濁漳水注〉「又東北過扶柳縣北，又東北過信都縣西」條云：〔註54〕

　　扶柳縣故城，在信都城西，衡水逕其西，縣有扶澤，澤中多柳，故曰扶柳也。

上舉注文，記載古代地名，而兼敘植物種類，洵有裨益於古代植物品種及其分布之研究也。

三、記載動物地理

　　《水經注》書中，記載動物之種類，百有餘種，其記脊椎動物門者，有哺乳綱之象、犀、虎、猴、野馬，有爬行綱之鼉、髯蛇、黿，有兩棲綱之鯢魚、蛤蟆，有鳥綱之孔雀、白雉、雁，有魚綱之鱣、鮪、鮒；其記節肢動物門者，有昆蟲綱之蚊、白蛾，甲殼綱之蝦、蟹；其記軟體動物門者，有頭足綱之烏賊魚；至若傳說中之動物，則有龍、蛟、鳳凰等等，種類繁多，不勝枚舉，實爲研究古代動物之種類、分布，極富價值之資料也。

　　酈注所載動物，有至今仍可判定其科屬者，如卷十五〈伊水注〉「又東北至洛陽縣南，北入于洛」條，記載鯢魚。注云：〔註55〕

　　鯢魚聲如小兒啼，有四足，形如鯪鱧，可以治牛，出伊水也。司馬遷謂之人魚，故其著史記曰：始皇帝之葬也，以人魚膏爲燭。徐廣曰：人魚似鮎而四足，即鯢魚也。

此段注文，敘述伊水流域之鯢魚，今稱大鯢（Megalo-batrachus davidianus），俗稱娃娃魚，以聲如小兒啼而得名，屬兩棲綱大鯢科動物。又如卷三十七〈葉榆河注〉「過交趾麊泠縣北，分爲五水，絡交阯中，至東界復合爲三水，東入海」條，描述髯蛇。注云：〔註56〕

〔註52〕同註9，卷八，頁2。
〔註53〕同註9，卷十六，頁26。
〔註54〕同註9，卷十，頁17。
〔註55〕同註9，卷十五，頁20。
〔註56〕同註9，卷三十七，頁5。

山多大蛇，名曰髯蛇，長十丈，圍七八尺，常在樹上伺鹿獸。鹿獸
過，便低頭繞之，有頃，鹿死，先濡令濕訖，便吞，頭角骨皆鑽
皮出，山夷始見蛇不動時，便以大竹籤籤蛇頭至尾，殺而食之，
以爲珍異。故楊氏南裔異志曰：髯惟大蛇，既洪且長，采色駁華，
其文錦章，食豕吞鹿，腴成養創，賓享嘉宴，是豆是觴。言其養
創之時，肪腴甚肥，搏之，以婦人衣投之，則蟠而不起走，便可得
也。

此段注文，記載中南半島之動物，今稱蟒蛇（python molurus bivittatus），屬爬
行綱蟒蛇科。若此之例，雖古今稱謂不同，別名雜出，然據注文描述，仍可
判定其科屬者也。至於傳說中之動物，欲細分其目，則恐難矣。

　　動物學家系分吾國大陸動物區，爲秦嶺以南之東洋界，及以北之古北界
等兩大區域。《水經注》記載之動物，兼及此二界，乃研究古代動物分布之珍
貴資料也。例如卷三十六〈溫水注〉「東北入于鬱」條，描述今中南半島之動
物分布。注云：〔註57〕

咸驩屬九眞。咸驩巳南，麏鹿滿岡，鳴咆命疇，警嘯聒野，孔雀飛
翔，蔽日籠山。

此段注文，記載中南半島上，麏麇滿岡，孔雀飛翔之狀。又如卷三十七〈葉榆
河注〉「過交趾麊泠縣北，分爲五水，絡交趾郡中，至南界，復合爲三水，東入
海」條，亦有今中南半島原始森林中，動物分布情形之記載。注云：〔註58〕

深林巨藪，犀象所聚，羊牛數千頭，時見象數十百爲群。

上述有關中南半島動物分布之記載，即今視之，亦有其眞實性。除分布區域
以外，《水經注》書中，對於動物活動之季節性，記載亦詳，卷三十七〈葉榆
河注〉「益州葉榆河出其縣北界，屈從縣東北流」條之弔鳥山，即是其例。注
云：〔註59〕

郡有葉榆縣，縣西北八十里，有弔鳥山，眾鳥千百爲群，其會，鳴
呼啁哳，每歲七、八月至，十六、七日則止，一歲六至。

弔鳥山之群鳥，其活動之季節性，每歲七、八月至，十六、七日則止，一歲
六至，酈注記載甚詳。此外，道元且注意魚類活動之季節性，如卷五〈河水

〔註57〕同註9，卷三十六，頁18。
〔註58〕同註9，卷三十七，頁7。
〔註59〕同註9，卷三十七，頁1。

注〉「又東過鞏縣北」條，敘述鮪渚之生活狀況，即是其例。注云：〔註60〕

> （鞏）縣北有山臨河，謂之釜原邱，其下有穴，謂之鞏穴，言潛通
> 淮浦，北達于河，直穴有渚，謂之鮪渚。成公子安大河賦曰：鱣鯉
> 王鮪，春暮來遊。周禮：春薦鮪。然非時及佗處則無，故河自鮪穴
> 已上，又兼鮪稱。

由此注可知，鮪穴之得名，蓋因鮪魚春暮洄游之故，而黃河此一段落，乃兼稱鮪水也。此外，長江流域亦有季節性洄游之淡水魚，卷三十三〈江水注〉「又東過魚復縣南，夷水出焉」條，記載丙穴，即是其例。注云：〔註61〕

> （陽元水）東北流，丙水注之，水發縣東南柏枝山，山下有丙穴，
> 穴方數丈，中有嘉魚，常以春末遊渚，冬初入穴，抑亦褒漢丙穴之
> 類也。

此段注文，記述丙穴嘉魚，春末遊渚、冬初入穴之情形。以上所舉，有關動物分布區域性與季節性之記載，皆爲研究古代動物地理不可或缺之資料也。

四、記載熱帶地理

《水經注》書中，所載熱帶地理，散見各篇，範圍廣泛，廣東（包括海南島）、廣西、雲南各省，及中南半島等區域，皆屬是焉。其內容豐富，描繪細致，洵爲西元六世紀前，有關熱帶景觀之珍貴資料也。茲舉數例，以明其概。卷三十六〈溫水注〉「東北入于鬱」條，記載太陽移動與熱帶地區二者之關係。注云：〔註62〕

> 區粟八尺表，日影度南八寸，自此影以南，在日之南，故以名郡。
> 望北辰星，落在天際，日在北，故開北戶以向日，此其大較也。

此段注文，「在日之南，故以名郡」，指西漢所建日南郡也，今地屬越南中部，約北緯十七度南北，故夏至前後，約五十天，太陽在北，此「日南」所以得名也。至若注所謂「望北辰星，落在天際」，乃觀察北極星仰角大小，用以確定地理位置之偏南，此實已涉及緯度與北回歸線之概念。注文「區粟建八尺表，日影度南八寸」，所謂「八尺表」，爲古人確定地理位置之儀器。區粟古屬林邑國，今約越南順化等地，北緯十六度附近〔註63〕，酈注此段記其大較，

〔註60〕同註9，卷五，頁4。
〔註61〕同註9，卷三十三，頁18。
〔註62〕同註9，卷三十六，頁16。
〔註63〕參見馮承鈞譯《西域南海史地考證》二編，頁136。

雖不中亦不遠矣。

《水經注》所載地區中，位於日南郡以北，而每年仍有若干時日可「開北戶以向日」，即位于北回歸線以南之郡縣，爲數甚多，列表如下：〔註64〕

表八：《水經注》所載北回歸線以南郡名位置表

郡 名	緯度位置	現 今 地 名	原名出處
交趾郡	北回歸線以南	漢置，在今越南北部。	溫水注、葉榆河注、浪水注、沅水注。
九眞郡	北回歸線以南	漢置。故治在今越南北部（河內以南，順化以北）。	溫水注、葉榆河注、浪水注。
日南郡	北回歸線以南	漢置。其地在今越南南部。	溫水注、浪水注。
合浦郡	北回歸線以南	漢置。即今廣西合甫縣治。	溫水注、葉榆河注、浪水注。
朱崖郡	北回歸線以南	漢置朱盧，後漢作朱崖，故治在今廣東瓊山縣東南。	溫水注。
儋耳郡	北回歸線以南	漢置。即今廣東儋縣治。	溫水注。
九德郡	北回歸線以南	三國吳置，與九眞郡轄境部分相同。在今越南北部。	溫水注、葉榆河注、浪水注。
永昌郡	轄境跨北回歸線南北	故治在今雲南保山縣治。	葉榆河注。
牂柯郡	轄境跨北回歸線南北	漢置。在今貴州德江縣西。	存水注、溫水注、葉榆河注。
郁林郡	轄境跨北回歸線南北	漢置。故城在今廣西貴縣南。	存水注、溫水注、浪水注。
蒼梧郡	轄境跨北回歸線南北	漢置。即今廣西蒼梧縣治。	溫水注、葉榆河注、沅水注、浪水注、湘水注。
南海郡	轄境跨北回歸線南北	秦置。今廣東省除西南部外皆其地，治番禺。	溫水注、葉榆河注、浪水注、溱水注。
興古郡	轄境跨北回歸線南北	晉置。故治在今貴州普安縣西百里。	溫水注。
象 郡	轄境跨北回歸線南北	秦置。今廣東舊雷州、廉州、高州諸府，廣西舊慶遠、太平及梧州府南境，以至越南北部。	溫水注、葉榆河注。

上表所列，僅指古代屬北回歸線以南之郡名，實則，《水經注》所記載之熱帶範圍，並不止此，例如河水注之多摩梨帝國（今印度加爾各答附近）、溫水注

〔註64〕同註5，頁140。

之林邑國（今越南順化等地）、扶南（今緬甸東部地）諸國，皆位于北回歸線以南，溫水注之句町國（今雲南蒙自一帶），及葉榆河之哀牢國（在今雲南保山、永平二縣一帶），則跨北回歸線南北。因知，《水經注》所載熱帶區，範圍廣闊，內容豐富，乃研究古代熱帶地理，不可或缺之資料也。

　　《水經注》書中，有關熱帶植物之記載，例如卷三十六〈溫水注〉「東北入于鬱」條，敘述古代林邑國都典沖城郊之自然植被。注云：〔註65〕

　　　　林棘荒蔓，榛梗冥鬱，藤盤笙秀，參錯際天，其中香桂成林，氣清
　　　　煙澄。

寥寥數語，勾繪熱帶原始森林之景觀，其重視植物生態，說明地理分布，有如身歷其境，頗能移人之情也。此外，《水經注》所載典型熱帶植物，有溫水注之椰子、檳榔，葉榆河注之桄榔等。注文描述檳榔之生態。曰：〔註66〕

　　　　惟檳榔樹最南遊之可觀，但性不耐霜，不得北植。

說明此熱帶植物之特點，頗為清晰。對于熱帶植物（注文稱為「南方草木」）之地理分布，道元亦極重視，如卷三十〈淮水注〉「又東至廣陵淮浦縣，入于海」條，描述郁洲，即是其例。注云：〔註67〕

　　　　東北海中有大洲，謂之郁洲，《山海經》所謂郁山在海中者也。言是
　　　　山自蒼梧徙此云，山上猶有南方草木。

郁洲島在今江蘇連雲港以東海中，近已與大陸相連，位于北緯三四度四十分，與蒼悟郡相去甚遠，道元竟能留心兩地植物種屬上之相似性，其用心誠可貴矣。

　　除植物以外，《水經注》書中，且記載熱帶動物，如卷三十六〈溫水注〉「東北入于鬱」條，描述九眞郡咸驩（今越南榮市以北地區）一帶原始生物景觀，注云：〔註68〕

　　　　咸驩屬九眞，咸驩已南，麈鹿滿岡，鳴咆命疇，警嘯聑野，孔雀飛
　　　　翔，蔽日籠山。

又如卷三十七〈泿水注〉「其一又東過縣東，南入于海」條，記載熱帶河口三角洲之生物景觀，注云：〔註69〕

〔註65〕同註9，卷三十六，頁22。
〔註66〕同註9，卷三十六，頁22。
〔註67〕同註9，卷三十，頁19。
〔註68〕同註9，卷三十六，頁18。
〔註69〕同註9，卷三十七，頁20。

> 負山帶海，博敞渺目，高則桑土，下則沃衍，林麓鳥獸，于何不有，
>
> 海怪魚鱉，黿鼉鮮鰐，珍怪異物，千種萬類，不可勝記。

酈注書中，有關熱帶生物景觀之記述，爲例頗多，其內容翔實生動，種類繁多，道元隨文抒述：熱帶山地中飛禽走獸、一片喧騰絮聒之景象，維妙維肖，引人入勝，誠爲研究古代熱帶地理極爲重要之文獻也。

　　《水經注》書中，記載熱帶人文地理，內容豐富，值得重視，如卷三十六〈溫水注〉「東北入于鬱」條，敘述海南島人口及居民概況。注云：〔註70〕

> 大海中南極之外，對合浦徐聞縣，清朗無光之日，徑望朱崖州，如
>
> 囷廩大，從徐聞對渡，北風舉帆，一日一夜而至，周迴二千餘里，
>
> 徑度八百里，人民可十萬餘家，皆殊種異類，被髮雕身，而女多姣
>
> 好，白晰、長髮、美鬢，犬羊相聚，不服德教。

此段注文，記載海南島之風俗民情，可謂詳矣。此外，溫水注描述日南郡文狼人，云：〔註71〕

> 朱吾以南，有文狼人，野居無室宅，依樹止宿，食生魚肉，採香爲
>
> 業，與人交市，若上皇之民矣。

又溫水注亦記林邑國居民，云：〔註72〕

> 外夷皆裸身，男以竹筒掩體，女以樹葉蔽形，外名狼朖，所課裸國
>
> 者也。雖習俗裸袒，猶恥無蔽，惟依暝夜，與人交市，闇中臭金，
>
> 便知好惡，明朝曉看，皆如其言。

溫水注又記述儋耳郡居民，則云：〔註73〕

> 民好徒跣，耳廣垂以爲飾，雖男女褻露，不以爲羞，暑褻薄日，自
>
> 使人黑，積習成常，以黑爲美。

若此者多矣，使人一覽卷，古熱帶部族之生活狀況，栩栩如生，如在目前，爲研究古代熱帶地區部族之分部、語言及風俗習慣等等，提供重要之資料也。

五、記載城市地理

　　夫《水經注》者，以吾國百餘水道爲之經，以記述地理、人物、古蹟、

〔註70〕同註9，卷三十六，頁24。
〔註71〕同註9，卷三十六，頁19。
〔註72〕同註9，卷三十六，頁23。
〔註73〕同註9，卷三十六，頁24。

景貌為之緯，舉凡一地之地理位置、山川形勢、城桓建築、城市規模等等，靡不詳盡記載，誠為研究吾國古代城市地理不可多得之資料。例如卷十九〈渭水注〉「又東過長安縣北」條，敘述秦、漢故都長安城，即是其例。注云：〔註74〕

> （長安城），漢惠帝元年築，六年成，即咸陽也。秦離宮無城，故城之，王莽更名常安，十二門，東出北頭第一門，本名宣平門，王莽更名春王門……凡此諸門，皆通逵九達，三途洞開，隱以金椎，周以林木，左出右入，為往來之徑，……又東逕長安縣南，東逕明堂南，舊引水為辟雍處，在鼎路門東南七里，其制上圓下方，九宮十二堂，四嚮五室，堂北三百步，有靈臺。……飛渠引水入城，東為倉池，池在未央宮西，池中有漸臺。……北有玄武闕，即北闕也，東有蒼龍闕，闕內有閭闔、止車諸門。未央殿東有宣室、麒麟、含章、白虎、鳳皇、朱雀、鵷鸞、昭陽諸殿，天祿、石渠、麒麟三閣。未央宮北，即桂宮也，周十餘里，內有明光殿、走狗臺、柏梁臺，舊乘複道，用相逕通，……明渠又東逕漢高祖長樂宮北，本秦之長樂宮也，周二十里，殿前列銅人，殿西有長信、長秋、永壽、永昌諸殿。

此段注文，舉凡城門、城郭、街衢、宮殿、園苑等等，鉅細靡遺，無一不載，宋程大昌繪製「漢長安城圖」，即以《水經注》為底本，其詳盡細致，可見一斑。又如卷十三〈灅水注〉「灅水出雁門陰館縣，東北過代郡桑乾縣南」條，勾繪北魏舊都平城之概貌，亦云詳矣。注云：〔註75〕

> 魏天興元年，遷都于此（平城），大和十六年，破太華、安昌諸殿，造太極殿，東西堂及朝堂，夾建象魏、乾元、中陽、端門、東西二掖門、雲龍、神虎、中華諸門，皆飾以觀閣……太和殿之東北，接紫宮寺，南對承賢門，門南即皇信堂，堂之四周，圖古聖忠臣烈士之容，刊題其側，是辯章郎彭城張僧達、樂安蔣少遊筆。堂前對白臺，臺其高廣，臺基四周列壁，閣道自內而升，國之圖籙秘籍，悉積其下。臺西即朱明閣，直侍史官，出入所由也。其水夾御路南流，逕蓬臺西，魏神瑞三年又建白樓，樓甚高竦，加觀榭于其上，

〔註74〕同註9，卷十九，頁8～11。
〔註75〕同註9，卷十三，頁5～8。

表裡飾以石紛，皛曜建素，赭白綺分，故世謂之白樓也。……又南逕皇舅寺西，有五層浮圖，其神圖像，皆合青石爲之，加以金銀火齊，眾綵之上，煒煒有精光。又南逕永寧七級浮圖西，工在寡雙。又南遠出郊郭，弱柳蔭街，絲楊被浦，公私引裂，用周園溉，長塘曲池，所在布濩，故不可得而論也。……明堂上圓下方，四周十二戶九室，而不爲重隅也。室外柱內，綺井之下，施機輪，飾縹碧，仰象天狀，畫北道之宿焉，蓋天也。每月隨斗所建之辰，轉應天道，此之異古也。加靈臺于其上，下則引水爲辟雍，水側結石爲塘，事準古制，是太和中之所經建也。

此段注文，從城市建築歷史、地理位置、交通條件、水利設施，以至城門方位、街市布局、園苑結構、宮殿建築、人物事故等等，莫不載焉，誠爲研究古代都市地理之重要資料也。

《水經注》書中，記載城郭規模之例極多，範圍遠及域外都城，如卷二〈河水注〉之古西域諸國城，卷十四〈浿水注〉之高句麗國城，卷一〈河水注〉之波羅奈城、巴連弗邑、王舍新城、瞻婆國城等等即是。然其中以卷三十六〈溫水注〉「東北入于鬱」條，所載古林邑國區粟城與國都典沖城，最爲詳細，此段文字，乃今古籍載述此二城市之孤本，特不殫繁瑣，全予抄錄。注云：〔註76〕

《林邑記》曰：城去林邑步道四百餘里。……其城治二水之間，三方際山，南北瞰水。東西澗浦，流湊城下，城西折十角，周圍六里，一百七十步，東西度六百五十步，磚城二丈，上起磚牆一丈，開方隙孔。磚上倚板，板上五重層閣，閣上架屋，屋上架樓，樓高者七八丈，下者五六丈。城開十三門，凡宮殿南向，屋宇二千一百餘間，市居周繞，阻峭地險，故林邑兵器戰具，悉在區粟。

此段注文，記述區粟城之地理位置、山川形勢、城桓建築、城市規模等等，詳細明白，讀之者宛如身歷其境。又同條，記林邑國都典沖城，亦云詳矣。注云：〔註77〕

浦西，即林邑國都也，治典沖，去海岸四十里。……其城西南際山，東北瞰水，重塹流浦，周繞城下，東南塹外，因傍薄城，東西

〔註76〕同註9，卷三十六，頁16。
〔註77〕同註9，卷三十六，頁21～22。

横長，南北縱狹，北邊西端，迴折曲入，城周圍八里，一百步，甎城二丈，上起甎牆一丈，開方隙孔，甎上倚板，板上層閣，閣上架屋，屋上構樓，高者六七丈，下者四五丈，飛觀鴟尾，迎風拂雲，緣山瞰水，騫翥嵬崿，但制造壯拙，稽古夷俗，城開四門，東爲前門，當兩淮渚濱，于曲路有古碑，夷書銘贊前王胡達之德。西門當兩重塹，北迴上山，山西即淮流也。南門度兩重塹，對溫公壘，升平二年，交州刺史溫放之，殺交趾太守杜寶別駕阮朗，遂征林邑，水陸累戰，佛保城自守，重求請服，聽之。今林邑東城南五里，有溫公二壘是也。北門濱淮，路斷不通，城內小城，周圍三百二十步。合堂瓦殿，南壁不開，兩頭長屋，脊出南北，南擬贊曰西區城，內石山順淮面陽，開東向殿，飛檐鴟尾，青璅丹墀，楱題枅橑，多諸古法。閣殿上柱，高城丈餘五，牛屎爲堊，牆壁青光迴度，曲掖綺牖，紫窗椒房，嬪媵無別，宮觀，路寢，永巷，共在殿上，臨踞東軒，逕與下語，子弟臣侍，皆不得上。屋有五十餘丘，連甍接棟，檐宇相承，神祠鬼塔，小大八廟，層臺重榭，狀似佛刹。郭無市里，邑寡人居，海岸蕭條，非生民所處，而首渠以永安，養國十世，直久存哉？

此份記載，乃現今研究中南半島之區粟城、典沖城等等，唯一可據之資料，其價值昭昭，不可言說也。法人伯希和（P. Pelliot）推究酈注所言，謂「林邑國都似在廣南」〔註78〕；馬司帛洛（H. Maspero）則云「《水經注》卷三十六所志六世紀初年之林邑都城，得爲十世紀之因陀羅補羅」〔註79〕；鄂盧梭（L. Aunouseau）所作《占城史料補遺》一文，對照《水經注》卷三十六所記，鑒別考證，闡明細節，提出「區粟在承天府西南，同林邑都城在荼蕎」之論〔註80〕。諸家研究古城，悉賴《水經注》爲佐證，是知酈注有助于古代城市地理之探索，其玉石朱紫，由此定矣。

六、記載兵要地理

《水經注》一書，集歷代輿地之大成，啓後世學者之宗師，洵曠代之作也；其於形勢險要，行軍用兵之道，鑒遠洞微，憂深慮廣，語尤綦詳，有志

〔註78〕參見《交廣印度兩道考》，頁48～59。
〔註79〕參見馮承鈞譯《宋初越南半島諸國考》，頁126。
〔註80〕同註63，頁136。

安內攘外者，不可不讀是書也。

　　《水經注》書中所載戰役，凡三百有餘〔註81〕，注文記載，有繁有簡。其繁者，足以考知戰役中，山岳、關隘、河川、渡口、橋梁、聚落、倉儲等等兵要地理之主要內容。例如卷十七〈渭水注〉「又東過陳倉縣西」條，注云：〔註82〕

> 縣有陳倉山，……魏明帝遣將軍太原郝昭築陳倉城成，諸葛亮圍之，亮使昭鄉人靳祥說之，不下，亮以數萬攻昭千餘人，以雲梯，衝車、地道逼射昭，昭以火射連石拒之，亮不利而還。

此段注文，寫陳倉戰役之情形。陳倉占地利之優勢，山崖險絕，谿水縱橫，難用行軍，諸葛亮兵力雖強，終究失利。孫子有言，不知山林險阻沮澤之形者，不能行軍，不用鄉導者，不能得地利，酈氏書其軌則，龜鏡方來，結語謂「今使前軍斫治此道，以向陳倉，足以扳連賊勢，使不得分兵東行者也」〔註83〕，其孤懷宏識，深謀遠慮，誠有在言語文字之外者。又如卷三〈河水注〉「屈從縣北東流」條，寫山岳之形勢險要，戰爭中最宜于防守。注云：〔註84〕

> 東逕高闕南，史記趙武靈王既襲胡服，自代並陰山下，至高闕爲塞，山下有長城。長城之際，連山刺天，其山中斷，兩岸雙闕，娥然雲舉，望若闕焉，即狀表目，故有高闕之名也。自闕北出荒中，闕口有城，跨山結局，謂之高闕戍，自古迄今，常置重捍以防塞道。漢元朔五年，衛青將十萬人敗右賢王于高闕，即此處也。

衛青爲漢代名將，其調度軍隊，指揮戰爭，素有能稱。此注寫衛青善用地理形勢，終敗匈奴于高闕之役焉。山岳之外，河川于戰役中，亦有其重要性，例如卷三十一〈淯水注〉「又南過新野縣西」條，注云：〔註85〕

> 謝沈《後漢書》：甄阜等敗光武于小長安東，乘勝南渡黃淳水前營，背阻兩川，謂臨比水，絕後橋，示無還心。漢兵擊之，三軍潰，溺死黃淳水者二萬人。

上注記甄阜阻兩川澗爲營，背水而戰，終因河川阻擋，難獲勝機之經過。又

〔註81〕同註5，頁177。
〔註82〕同註9，卷十七，頁13。
〔註83〕同註82。
〔註84〕同註9，卷三，頁4。
〔註85〕同註9，卷三十一，頁12。

如卷二十七〈沔水注〉「又東過成固縣南，又東過魏興安陽縣南，洋水出自旱山北注之」條，注云：〔註86〕

> 山有黃金峭，水北對黃金谷，有黃金戍，傍山依峭，險折七里，氐
> 掠漢中，阻此為戍，與鐵城相對，一城在山上，容百餘人，一城在
> 山下，可置百許人，言其險峻，故以金鐵制名矣。昔楊難當令魏興
> 太守薛健據黃金，姜寶據鐵城，宋遣秦州刺史蕭思話西討，話令陰
> 平太守蕭坦攻拔之，賊退酉水矣。

此注記載黃金戍與鐵城等聚落之地理形勢，軍事價值，及其戰爭經歷等等。孫子曰，地形者，兵之助也，料敵制勝，計險阨遠近，上將之道也，知此而用戰者必勝，不知此而用戰者必敗；又曰，途有所不經，城有所不攻，地有所不爭，夫不熟審於險阨遠近，烏知途之所必由，城之所必攻，地之所必爭，是故有事於天下者，必熟審形勢利害，以策攻守之略。夫道元隨經抒述，掇籍宏鋪，學者一展卷，而疆域之分合，形勢之輕重，了然於中。第以歷時既久，疆域地名，代有變遷，水陸交通，日形便易，學者遂疑其書為陳跡。殊不知疆域地名，雖代有變遷，而天地大塊，固巋然獨存；水陸交通，雖日形便易，而山川險要，固不能棄而不用也。後有起者，考求險要，辨別攻守，遠而周知天下之故，近而都邑之間，非子之書，何所適從焉。

七、記載農業地理

《水經注》書中，有關農田之記載極多，包含各個地區，各種類型農田之資料，為研究古代農業發展史，乃至耕作制度、農田水利等方面極重要之文獻也。

酈注所載農田，多分布于平川沃野、水利條件優越之處，故注文每兼及水利設施與灌溉面積等等，例如卷十六〈沮水注〉「沮水出北地直路縣，東過馮翊祋翊縣北，東入于洛」條，記載鄭渠灌溉農田之情形，注云：〔註87〕

> 沮水東注鄭渠。昔韓欲令秦無東伐，使水工鄭國間秦，鑿涇引水，
> 謂之鄭渠。渠首上承涇水于中山西邸瓠口，所謂瓠中也。爾雅以為
> 周焦穫矣，為渠並北山，東注洛，三百餘里，欲以溉田，中作而覺。
> 秦欲殺鄭國，鄭國曰：始臣為間，然渠亦秦之利，卒使就渠，渠成

〔註86〕同註9，卷二十七，頁9～10。
〔註87〕同註9，卷十六，頁25。

而用，注填閼之水，溉澤鹵之地，四萬餘頃，皆畝一鐘，關中沃野，

無復凶年，秦以富彊，卒并諸侯，命曰鄭渠。

此注記載關中農田，因開鑿鄭渠，引涇水灌溉，而改造四萬餘頃之鹽鹹化土
地，關中沃野，無復凶年，秦卒併諸侯矣。此外，酈注於耕作制度，敘述亦
詳，例如卷三十六〈溫水注〉「東北入于鬱」條，即是其例。注云：〔註88〕

九眞太守任延，始教耕犁，俗化交土，風行象林，知耕以來，六百

餘年，火耨耕藝，法與華同，名曰白田，種白穀，七月火作，十月

登熟，名赤田，種赤穀。十二月作，四月登熟，所謂兩熟之稻也。

至于草甲萌芽，穀月代種，種稑早晚，無月不秀，耕耘功重，收穫

利輕，熟速故也。

此段注文，敘述古林邑國一年兩熟之耕作制度，包括播種、收割之季節等等，
無不詳細明白，洵爲研究古代農業地理，不可或缺之資料也。

八、記載工業地理

《水經注》所載工業資料，舉凡工業之地理分布，燃料與原料之供應，
生產過程之技術，以及產品遠銷範圍等等，鉅細靡遺，洵有助於古代工業發
展、礦藏分布等方面之研究也。

酈注記載採礦工業，亦云詳矣，而其中以鹽礦，鹽場，包括海鹽、池鹽、
井鹽、岩鹽等，費力最多，記述最詳，如卷三十三〈江水注〉「又東過魚復縣
南，夷水出焉」條，即是其例。注云：〔註89〕

南流歷縣，翼帶鹽井一百所，巴川資以自給。粒大者方寸，中央隆

起，形如張傘，故因名之曰傘子鹽，有不成者，形亦必方，異于常

鹽矣。王隱《晉書‧地道記》曰：入湯口四十三里，有石煮以爲鹽，

石大者如升，小者如拳，煮之，水竭鹽成，蓋蜀火井之倫，水火相

得，乃佳矣。

此段注文，記朐忍縣井鹽採製業，凡夫產區位置、鹽井規模、產品形狀、供
銷範圍及製造過程等等，無不俱載。又如卷六〈涑水注〉「又西南過安邑縣
西」條，注云：〔註90〕

《地理志》曰：鹽池在安邑西南。許愼謂之鹽。長五十一里，廣七

〔註88〕同註9，卷三十六，頁22～23。

〔註89〕同註9，卷三十三，頁17。

〔註90〕同註9，卷六，頁20～21。

里，周百一十六里，從鹽省古聲。……今池水東西七十里，南北十七里，紫色澄渟，潭而不流，水出石鹽，自然印成，朝取夕復，終無減損。惟山水暴至，雨澍潢潦奔泆，則鹽池用耗，故公私共塌水徑，防其淫濫，謂之鹽水，亦謂之爲塌水，《山海經》謂之鹽販之澤也。

此注記載安邑鹽池之製鹽情形，與自然概況，並取漢書所載之鹽池與北魏之鹽池，比較面積之大小，洵爲研究古代鹽池分布與變遷之珍貴資料也。

關於石油，酈注稱爲石漆，卷三〈河水注〉「又南過上郡高奴縣東」條，記載兩處。注云：〔註91〕

《博物志》稱：酒泉延壽縣南，山出泉水，大如筥，注地爲溝，水有肥如肉汁，取著器中，始黃後黑，如凝膏，然極明，與膏無異。膏車及水碓缸，甚佳，彼方人謂之石漆。水肥亦所在有之，非止高奴縣洧水也。

此注所載石油產區，一在上郡高奴縣（今陝西延安附近），一在酒泉郡延壽縣（今甘肅玉門附近），至今，此二區仍以石油蘊藏而著名，是知酈書所載，殆非虛言也。此外，道元亦重視金屬礦物，而尤以冶鐵工業，記載最詳，例如卷二〈河水注〉「其一源出于闐國南山，北流，與蔥嶺所出河合」條，注云：〔註92〕

釋氏《西域記》曰：屈茨北二百里有山，夜則火光，晝日但煙，人取此山石炭，冶此山鐵，恆充三十六國用。故郭義恭廣志云：龜茲能鑄冶。

此段注文，資料完整，礦石、燃料及成品市場等等，記載無遺。「夜則火光，晝日但煙」，說明西域龜茲國治鐵工業發達之情形，足見其冶煉技術已具水準矣。

除上述採礦及冶金工業外造，酈注所載工業，尚有卷三十一〈潕水注〉、卷四十〈漸江水注〉之刀劍等武器製造，卷三十四〈江水注〉、卷三十八〈湘水注〉之造船業，卷五〈河水注〉、卷三十九〈耒水注〉之釀酒業，卷二十二〈渠注〉之陶器業，卷三十九〈耒水注〉之造紙業等等，種類繁多，不勝枚舉。凡此皆爲研究古代工業地理、資源分布等等之重要資料也。

〔註91〕同註9，卷三，頁21。
〔註92〕同註9，卷二，頁9。

九、記載水利工程

《水經注》記載吾國古代河川資料極多，而其中有關水利設施，至堪重視。酈注所載古代水利工程，按其名稱，有陂湖、堤、塘、堰、堨、堋、墱、水門、石逗等等，為研究古代灌溉、防洪、航運及水產養殖等方面之重要文獻也。

陂湖水利工程之地理分布，《水經注》言之詳矣，例如卷三十〈淮水注〉「又東過廬江安豐縣東北，決水從北來注之」條，即是其例。注云：〔註93〕

> 地理志：汝南郡有富陂縣，建武二年，世祖改封平鄉侯王霸為富陂侯。十三州志曰：漢和帝永元九年，分汝陰置，多故塘以溉稻，故曰富陂縣也。

又如卷三十一〈淯水注〉「又南過新野縣西」條，敘述朝水沿岸之二九陂，注云：〔註94〕

> 朝水又東南分為二水，一水枝分東北，為樊氏陂，陂東西十里，南北五里，俗謂之凡亭陂。陂東有樊氏故宅，樊氏既滅，庾氏取其陂，故諺曰：陂汪汪，下田良，樊子失業，庾公昌。昔在晉世，杜預繼信臣之業，復六門陂，過六門之水，下結二十九陂，諸陂散流，咸入朝水。

凡此諸例，皆為陂湖水利之重要紀錄也。此外，《水經注》所載灌溉工程，言及開溝鑿渠者，不乏其例，例如卷十四〈鮑邱水注〉「又南過潞縣西」條，注云：〔註95〕

> 魏使持節、都督河北道諸軍事、征北將軍、建城鄉侯沛國劉靖，字文恭，登梁山以觀源流，相漯水以度形勢，嘉武安之通渠，羨秦民之殷富。乃使帳下丁鴻，督軍士千人，以嘉平二年，立遏于水，導高梁河，造戾陵遏，開車箱渠，其遏表云：高梁河水者，出自并州，潞河之別源也。長岸峻固，直截中流，積石籠以為主遏，高一丈，東西長三十丈，南北廣七十餘步。依北岸立水門，門廣四丈，立水十丈。山水暴發，則乘遏東下，平流守常，則自門北入。灌田歲二千頃。

〔註93〕同註9，卷三十，頁7。
〔註94〕同註9，卷三十一，頁11。
〔註95〕同註9，卷十四，頁7。

此段注文，記載車箱渠工程，從勘測、設計、施工及至完成後之灌溉效益，資料完整，不可多得。

除灌溉之外，《水經注》亦記述防洪之水利工程，例如卷五〈河水注〉「又東過滎陽縣北，蒗蕩渠出焉」條，記王景治河修堤事，注云：〔註96〕

> 漢明帝永平十二年，議治汳渠，上乃引樂浪人王景問水形便，景陳利害，應對敏捷，帝甚善之，乃賜《山海經》、《河渠書》、《禹貢圖》及以錢帛。後作堤，發卒數十萬，詔景與將作謁者王吳治渠，築隄防，修堨，起自滎陽，東至千乘海口，千有餘里。景乃商度地勢，鑿山開澗，防過衝要，疏決壅積，十里一水門，更相迴注，無復滲漏之患。明年渠成，帝親巡行，詔濱河郡國，置河堤員吏，如西京舊制，景由是顯名，王吳及諸從事者，皆增秩一等。

本文所述蒗蕩渠乃古代黃河流域重要水利工程之一，其記修鑿之經過，讚揚王景卓異之功蹟，可謂至矣。夫司馬彪續漢書不志河渠，東漢後無可考據，賴有《水經注》存其所敘，洵爲研究吾國水利史之重要資料也。

十、記載古蹟建築

夫道元好遊，讀萬卷書，行萬里路，每至一處，有聞必錄，故酈書且載古蹟建築，如古塔、園林、陵墓、宮殿、橋梁、寺院等等，不勝枚舉，其保存古蹟之用心，亦云極矣。《水經注》記載中外古塔，凡三十餘處。其個中翹楚，當屬洛陽永寧寺九層浮圖，卷十六〈穀水注〉「又東過河南縣北，東南入于洛」條，注云：〔註97〕

> 水西有永寧寺，熙平中始創也，作九層浮圖，浮圖下基方十四丈，自金露槃下至地四十九丈，取法代都七級而又高廣之，雖二京之盛，五都之富，利刹靈圖，未有若斯之搆。按釋法顯行傳，西國有爵離浮圖，其高與此相狀，東都西域，俱爲莊妙矣。

洛陽永寧寺九層浮圖，建于北魏熙平元年（西元 516），其規模宏偉，近代學者稱之，謂乃吾國佛教建築之黃金時代中，寺塔建築之代表作〔註98〕，其價值昭昭，不可言說，而道元生逢其時，目睹其成，以淹雅之才，發據文筆。

〔註96〕同註9，卷五，頁7～8。
〔註97〕同註9，卷十六，頁14。
〔註98〕參見孫宗文〈中國歷代宗教建築藝術的鳥瞰〉，載《中國建築》，1934 年 4 月號，頁 39～40。

此段注文，乃現今唯一之目擊資料，吉光片羽，彌足珍貴〔註99〕。近世考古學家之發掘，證成酈說，其論如下：〔註100〕

> 永寧寺九層浮圖，塔基位于寺院正中，今殘存高大臺基，殘高約八米左右，塔基平面呈方形，分三層而上，頂上兩層在今地面上，屹立可見。底層臺基近方形，東西約一〇一米，南北約九十八米，基高約二點一米；中層面積小，呈正方形，東西、南北各長五十米，高約三點六米，頂層臺基係用土塊堆砌，呈正方形，面積約有十米見方，殘高二點二米。這與《水經注》所載永寧寺「浮圖下基方十四丈」，面積相近。

酈注之作，隨經抒述，記載翔實，信而有徵，考古所得，已證之矣，而吾國古代建築技術之發展，斯亦見焉。

酈書所載古代園林，範圍兼及域外，其中尤以洛陽芳林園與華林園等等，敘述最詳。卷十六〈穀水注〉「又東過河南縣北，東南入于洛」條，注云：〔註101〕

> 孫盛《魏春秋》曰：景初元年，明帝愈崇宮殿，雕飾觀閣，取白石英及紫石英及五色大石，于太行穀城之山，起景陽山于芳林園，樹松竹草木，捕禽獸以充其中。于時百役繁興，帝躬自掘土，率群臣三公已下，莫不展力。山之東，舊有九江，陸機《洛陽記》曰：九江直作圓水。水中作圓壇三破之，夾水得相逕通。《東京賦》曰：濯龍芳林，九谷八溪，芙蓉覆水，秋蘭被涯。今也，山則塊阜獨立，江無復髣髴矣。

如上注，雖則芳林園至北魏時，已荒蕪敗落，無復彷彿，然當年「八谷九溪」之園林勝景，賴酈注所載，尚可歷歷在目也。又同條注華林園云：〔註102〕

> 穀水又東，枝分南入華林園，歷疏圃南，圃中有古玉井，井悉以珉玉爲之，以錙石爲口，工作精密，猶不變古，璨焉如新。又逕瑤華宮南，歷景陽山北，山有都亭，堂上結方湖，湖中起御坐石也。御坐前建蓬萊山，曲池接筵，飛沼拂席，南面射侯夾席，武峙背山，

〔註99〕按：永寧寺于北魏永熙三年（西元534），付之一炬，見存十餘載耳，故道元而外，竟無人焉能目睹記之。
〔註100〕參見〈漢魏洛陽城初步勘查〉，載《考古》，1973年第四期。
〔註101〕同註9，卷十六，頁8。
〔註102〕同註9，卷十六，頁9。

　　堂上則石路崎嶇，巖嶂峻險，雲臺風觀，縈巒帶阜，遊觀者升降阿
　　閣，出入虹陛，望之狀㒼沒鷰舉矣。其中引水飛皐，傾澗瀑布，或
　　枉渚聲溜，潺潺不斷，竹柏蔭于層石，繡薄叢于泉側，微飆暫拂，
　　則芳溢于六空，實爲神居矣。

此段注文，勾繪華林園之布局、結構及景致，生動細膩，乃研究古代園林建
築之寶貴資料也。

　　酈注且載古代陵墓，其稱謂有：陵、墓、冢、坟、窆等等，凡此陵墓之
歷史地名，于考古學或歷史地理學等方面，均有非常之價值。例如卷二十九
〈淯水注〉「淯水出酈縣北芬山，南流過其縣東，又南過冠軍縣東」條，注
云：〔註103〕

　　碑之西有魏征南軍司張詹墓，墓有碑，碑背刊云：白楸之棺，易朽
　　之裳，銅鐵不入，丹器不藏，嗟矣後人，幸勿我傷。自復古墳舊冢，
　　莫不夷毀，而是墓至元嘉初，尚不見發。六年大水，蠻饑，始被發
　　掘。說者言，初開，金銀銅錫之器，朱漆雕刻之飾爛然，有二朱漆
　　棺，棺前垂竹簾，隱以金釘，墓不甚高，而內極寬大。虛設白楸之
　　言，空負黃金之實，雖意錮南山，寧同壽乎？

此段注文，記載張詹墓冢之制度，其時厚葬害民之陋俗，令人觸目驚心，而
道元愛憎之情，亦可見焉。此外，酈注所載宮殿建築，規模宏偉者，不乏其
例，如卷十九〈渭水注〉「又東過長安縣北」條，注云：〔註104〕

　　高祖在關東，令蕭何成未央宮，何斬龍首山而營之，山長六十餘里，
　　頭臨渭水，尾達樊川，頭高二十丈，尾漸下，高五、六丈，土色赤
　　而堅。……山即基，闕不假築，高出長安城，北有玄武闕，即北闕
　　也；東有蒼龍闕，闕內有閭閻、止車諸門。未央殿東有宣室、玉堂、
　　麒麟、含草、白虎、風皇、朱雀、鵷鸞、昭陽諸殿，天祿、石渠、
　　麒麟三閣。未央宮北，即桂宮也，周十餘里，內有明光殿、走狗臺、
　　柏梁臺，舊乘複道，用相逕通。

此段注文，舉凡未央宮之建築經過，其附屬宮殿之名稱、位置，及宮殿間之
道路聯系等等記載，無不詳細明白。是知賴酈注之保存，古代建築之布局結
構，至今猶可略窺其彷彿也。

〔註103〕同註9，卷二十九，頁12。
〔註104〕同註9，卷十九，頁11。

南北朝時，佛教鼎盛，寺刹浮圖，遍於天下。據通鑑所記，北魏一朝，各地寺院，如雨後春筍，多達一千三百六十七處〔註105〕，是知道元注中涉及寺院建築，乃勢所必然也。《水經注》卷十六〈穀水注〉「又東過河南縣北，東南入于洛」條，注云：〔註106〕

> 穀水又南逕白馬寺東，昔漢明帝夢見大人金色，項佩白光，以問群臣。或對曰：西方有神名曰佛，形如陛下所夢，得無是乎？于是發使天竺，寫致經像，始以榆欀盛經，白馬負圖，表之中夏，故以白馬為寺名。此榆欀後移在城內愍懷太子浮圖中，近世復遷此寺，然金光流照，法輪東轉，創自此矣。

此注所記白馬寺，乃吾國建築史上第一所寺院，意義非凡。此寺建築精麗，由注文「金光流照，法輪東轉」，可見一斑焉。又如卷十四〈鮑邱水注〉「又南至雍奴縣北，屈東入于海」條，記載觀雞寺，注云：〔註107〕

> 水東有觀雞寺，寺內起大堂，甚高廣，可容千僧，下悉結石為之，上加塗墍，基內疏通，枝經脈散，基側室外，四出爨火，炎勢內流，一堂盡溫。蓋以此土寒嚴，霜氣肅猛，出家沙門，率皆貧薄，施主慮闕道業，故崇斯構，是以志道者多栖托焉。

此注記述觀雞寺之規模，可容千僧，又具有保溫結構，炎勢內流，一堂盡溫，其制作宏偉，建築特殊，悉為研究古代建築史之寶貴資料也。

往者禹平水土，主名山川，職方辨州，惟表山藪川浸，司馬遷作史記，昔人謂其能言山川條例，得禹貢之遺意焉。自班志而後，續漢書之述水道，極為草率，若非道元矜奇炫博，掇籍宏鋪，後魏以前地志，搜羅殆盡，沿波及瀾，瑣而不雜，則唐以前地理，有不足言之嘆矣。

夫道元隨經抒述，剖說十倍于前文，揮述半陟其躬履，總其概而覽之，凡所敘述，範圍極廣：東北起朝鮮浿水，東臨海，南極扶南西屠國，西南至印度新頭河摩訶剌，西北跨安息西海，北被流沙。而注中所載，或眾援以明謬，或極辨而較是，或衰遜以昭邁，或廓無而續有。故凡過歷之皋維，夾竝之坻岸，環閒之亭郵，跨俯之城陸，鎮被之巖嶺，迴注之谿谷，瀕枕之鄉聚，

〔註105〕參見《通鑑》，卷一四七〈梁紀三〉，武帝天監八年，時當北魏永平九年（西元509）。

〔註106〕同註9，卷十六，頁15～16。

〔註107〕同註9，卷十四，頁12。

聳映之臺館，建樹之碑碣，沈淪之基落，靡不旁萃曲收，左摭右采，豈曰水經之詁釋，實所以粉飾漏闕，銓次疆隅，乃相濟而爲編者也。有國有家者，使能因酈注之理，引申觸類，以施於政，何患不地平而天成乎？故清代地理學家，如胡渭〔註108〕、顧祖禹〔註109〕輩，並致力於是書，而王先謙嘗謂三十年足跡所至，必以自隨〔註110〕。是知酈氏《水經注》者，爲宏覽之山淵，方輿之鍵轄，古地理家之淵海，固不可抹殺。

第二節　地望釋名之祖庭

　　夫地理志始于班固，最爲雅馴，其書所載地名，約四千五百餘爲，釋其名者，四十有餘，乃研究吾國地名學之嚆矢也。魏晉以降，地志盛行，如京相璠之《春秋志地名》、王隱之《晉書・地道記》、袁山松之《郡國志》、常璩之《華陽國志》、闞駰之《十三州志》、盛弘之《荊州記》、庾仲雍之《湘中記》、劉道眞之《錢塘記》、顧野王之《輿地志》等等，皆其著者。諸書所記，兼及地名淵源之解釋，乃研究吾國古代地名之祖庭，唯其中貢獻最大，內容亦詳者，首推道元之《水經注》一書。近人陳橋驛讚揚酈注於地名學之成就，有言曰：〔註111〕

> 《水經注》以後，在我國的許多地理著作中，地名淵源的研究，幾乎成爲必備的項目，但是所有這些書籍的地名淵源研究，不論在廣度和深度上，都沒有超過《水經注》的水平，這也就是說，在我國傳統的地名學研究中，《水經注》已經標誌了成熟的階段。

由是可知，酈注影響吾國地名學之研究，可謂至深且鉅矣。

　　《水經注》一書，總結古來地方命名之原則，並系統化之，其論詳見卷二〈河水注〉「又東入塞，過敦煌、酒泉、張掖郡南」條，注云：〔註112〕

> 凡郡：或以列國，陳、魯、齊、吳是也。或以舊邑，長沙、丹陽是也。或以山陵，太山、山陽是也。或以所出，金城，城下得金；酒

〔註108〕按：清・胡渭《校水經注》，未傳。參見李振裕《禹貢錐指》，序文。

〔註109〕按：清・顧祖禹《校水經注》，未傳，然所著《讀史方輿紀要》，每引酈注，多所補正，學者取之。

〔註110〕參見王先謙《合校水經注》，序文。

〔註111〕同註5，頁318～319。

〔註112〕同註9，卷二，頁14。

泉，泉味如酒；豫章，樟樹生庭；雁門，雁之所育，是也。或以號
令，禹合諸侯，大計東冶之山，因名會稽，是也。

此命名原則，吾國上古郡名之淵源，可概括無遺矣。而酈書所載，尙不止此，
舉凡山川湖澤、井泉陂塘、橋梁津渡、道路關塞、宮殿樓閣、寺觀陵墓、城
邑鄉鎮、亭里村墟等等地名，莫不探其淵源，釋其得名之緣由，洵爲研究吾
國古代地名學之寶典也。特不殫繁瑣，將《水經注》所載地名，分項說明。
按各項舉例，爲方便計，各列五條，以求統一，初無軒輊之意也。

一、史跡地名

此類地名，蓋因歷史事件而命名者，其例如卷二十二〈渠水注〉「又屈南
至扶溝縣北」條之「萬人散」，注云：〔註113〕

王莽之篡也，東郡太守翟義興兵討莽，莽遣奮威將軍孫建擊之于圉
北，義師大敗，尸積萬數，血流溢道，號其處爲萬人散。

此注記萬人散之得名。又如卷二〈河水注〉「其一源出于闐國南山，北流與蔥
嶺所出河合」條記「牢蘭海」，注云：〔註114〕

澤在樓蘭國北扞泥城，其俗謂之東故城，去陽關千六百里，西北去
烏壘千七百八十五里，至墨山國千八百六十五里，西北去車師千八
百九十里。土地沙鹵少田，仰穀旁國，國出玉，多葭葦檉柳胡桐白
草，國在東垂，當白龍堆，乏水草，常主發導，負水擔糧，迎送漢
使，故彼俗謂是澤爲牢蘭海也。

此注記牢蘭海之得名。又如卷二〈河水注〉「又東過金城允吾縣北」條之「候
馬亭」，注云：〔註115〕

漢武帝聞大宛有天馬，遣李廣利伐之，始得此馬，有角爲奇，故漢
武帝天馬之歌曰：天馬來兮歷無草，逕千里兮循東道。胡馬感北風
之思，遂頓羈絕絆，驤首而馳，晨發京城，夕至敦煌北塞外，長鳴
而去，因名其處曰候馬亭。

此注記候馬亭之得名。又如卷十〈濁漳水注〉「又東北過曲周縣東，又東北過
鉅鹿縣東」條之「薄落津」，注云：〔註116〕

〔註113〕同註9，卷二十二，頁29。
〔註114〕同註9，卷二，頁7。
〔註115〕同註9，卷二，頁31。
〔註116〕同註9，卷十，頁14。

　　漳水又歷經縣故城西，水有故津，謂之薄落津，昔袁本初還自易京，

　　上巳屆此，率其賓從，禊飲于斯津矣。

此段注文，記薄落津之得名。又如卷三十五〈江水注〉「鄂縣北」條之「敗舶灣」，注云：〔註117〕

　　樊口之北有灣，昔孫權裝大船，名之曰長安，亦曰大舶，載坐直之

　　士三千人，與群臣泛舟江津，屬值風起，權欲西取蘆洲谷，利不從，

　　乃拔刀急上，令取樊口薄舶船，至岸而敗，故名其處為敗舶灣。

此段注文，記敗舶灣之得名。《水經注》書中，史跡地名，不勝枚舉，而其內容有正史不記或疏缺者，因而具有重要之價值。

二、人物地名

　　此類地名，實即史跡地名，乃以某一歷史事件中，某一具體人物為命名依據，因數量極多，故另分一類焉。《水經注》卷七〈濟水注〉「與河合流，又東過成皋縣北，又東過滎陽縣北，又東至礫溪南」條之「項羽堆」，即是其例，注云：〔註118〕

　　濟水又東逕東廣武城北，楚項羽城之，漢破曹咎，羽還廣武，為高

　　壇，置太公其上，曰：漢不下，吾烹之。高祖不聽，將害之。項伯

　　曰：為天下者不顧家，但益怨耳。羽從之，今名其壇曰項羽堆。

此段注文，記項羽堆之得名。又如卷九〈沁水注〉「又東過野王縣北」條之「白起臺」，注云：〔註119〕

　　長平城在郡之南，秦壘在城西，二軍共食流水澗，相去五里，秦坑

　　趙眾，收頭顱，築臺于壘中，因山為臺，崔嵬桀起，今仍號之曰白

　　起臺。

此段注文，記白起臺之得名。又如卷十〈濁潭水注〉「又東北過扶柳縣北，又東北過信都縣西」條之「石勒城」，注云：〔註120〕

　　南逕蒲吾縣故城西，又東南流，逕桑中縣故城北，世謂之石勒城，

　　蓋趙氏增城之，故擅其目。

此段注文，記石勒城之得名。又如卷二十八〈沔水注〉「又東過荊城東」條之

〔註117〕同註9，卷三十五，頁9。
〔註118〕同註9，卷七，頁7。
〔註119〕同註9，卷九，頁12。
〔註120〕同註9，卷十，頁18。

「子胥瀆」，注云：〔註121〕

> 城西南有赤坂岡，岡下有瀆水，東北流入城，名曰子胥瀆，蓋吳師
> 入郢所開也。

此段注文，記子胥瀆之得名。又如卷二十七〈沔水注〉「又東過成固縣南，又
東過魏興安陽縣南，涔水出自旱山，北注之」條之「張良渠」、「韓信臺」，注
云：〔註122〕

> 水北有七女池，池東有明月池，狀如偃月，皆相通注，謂之張良渠，
> 蓋良所開也。壻水逕樊噲臺南，臺高五六丈，上容百許人，又東南
> 逕大成固北，城乘高勢，北臨壻水，水北有韓信臺，高十餘丈，上
> 容百許人，相傳高祖齋七日，置壇設九賓禮，以禮拜信也。

此段注文，記張良渠、韓信臺得名之由來，凡此皆屬人物類地名也。

三、故國地名

吾國地名，各級行政區如州、郡、縣，及某些城邑，或其它聚落之命名，
每依據此區故國之名稱，包括春秋列國與兩漢分封之列國等等。例如《水經
注》卷二十二〈潁水注〉「又東南至新陽縣北，滶蕩渠水從西北來注之」條之
「胡城」，注云：〔註123〕

> 地理志曰：細水出細陽縣，東南入潁。潁水又東南流，逕胡城東，
> 故胡子國也。

此段注文，記胡子國之得名。又如卷三十〈淮水注〉「又東過鍾離縣北」條之
「鍾離縣」，注云：〔註124〕

> 《世本》曰：鍾離，嬴姓也。應劭曰：縣，故鍾離子國也。楚滅之
> 以爲縣，《春秋左傳》所謂吳公子光伐楚，拔鍾離者也。

此段注文，記鍾離縣之得名。又如卷二十七〈沔水注〉「東過南鄭縣南」條之
「南鄭縣」，注云：〔註125〕

> 縣，故襃之附庸也，周顯王之世，蜀有襃漢之地，至六國，楚人兼
> 之，懷王衰弱，秦略取焉。周赧王二年，秦惠王置漢中郡，因水名

〔註121〕同註9，卷二十八，頁16。
〔註122〕同註9，卷二十七，頁8。
〔註123〕同註9，卷二十二，頁7。
〔註124〕同註9，卷三十，頁11。
〔註125〕同註9，卷二十七，頁5～6。

也。《耆舊傳》云：南鄭之號，始于鄭桓公，桓公死于犬戎，其民南奔，故以南鄭爲稱。

此段注文，記南鄭縣之得名。又如卷三十一〈淯水注〉「南過鄧縣東」條之「鄾城」，注云：〔註126〕

淯水又南逕鄧塞東，又逕鄾城東，古鄾子國也。蓋鄧之南鄙也，昔巴子請楚與鄧爲好，鄾人奪其幣，即是邑也，司馬彪以爲鄧之鄾眾矣。

此段注文，記鄾城之得名。凡上所舉，皆屬故國類地名也。

四、部族地名

　　古代部族聚居之處，每爲地方命名之由來。此類部族地名，乃今日研究古代部族分布、遷徙、文化與生產等概況，極珍貴之資料也。例如《水經注》卷三十三〈江水注〉「又東南過僰道縣北，若水淹水合，從西來注之，又東，渚水北流注之」條之「僰道縣」，注云：〔註127〕

縣，本僰人居之，《地理風俗記》曰：夷中最仁，有仁道，故字從人。秦紀所謂僰僮之富者也，其邑高后六年城之，漢武帝感相如之言，使縣令南通僰道，費功無成，唐蒙南入，斬之，乃鑿石開閣，以通南中，迄于建寧，二千餘里，山道廣丈餘，深三四丈，其鑿鑿之跡猶存。王莽更曰僰治也。

此段注文，記僰道縣之得名。又如卷三十六〈溫水注〉「東北入于鬱」條之「文狼究」，注云：〔註128〕

朱吾以南，有文狼人，野居無室宅，依樹止宿，食生魚肉，採香爲業，與人交市，若上皇之民矣。縣南有文狼究，下流逕通。

此段注文，記文狼究之得名。又如卷六〈汾水注〉「汾水出太原汾陽縣北管涔山」條之「秀容城」，注云：〔註129〕

又南逕秀容城東。魏土地記曰：秀容，胡人，徙居之，立秀容護軍治，東去汾水六十里。

此段注文，記秀容城之得名。又如卷十四〈大遼水〉「又東南過房縣西」條之

〔註126〕同註9，卷三十一，頁13。
〔註127〕同註9，卷三十三，頁9。
〔註128〕同註9，卷三十六，頁19。
〔註129〕同註9，卷六，頁2。

「倭城」，注云：〔註130〕

> 水出西北平川，東流逕倭城北，蓋倭地人徙之。

此段注文，記倭城之得名。又如卷十七〈渭水注〉「又東過冀縣北」條之「平襄縣」，注云：〔註131〕

> 北則溫谷水，導平襄縣南山溫溪，東北流，逕平襄縣故織南，故襄戎邑也，王莽之所謂平相矣。

此段注文，記平襄縣之得名。凡此諸例，皆屬部族類地名也。

五、方言地名

酈注考究邦邑之代襲，探竅名號之緣由，可謂爲地文音義之疏通者也。《水經注》書中，有關方言之地名，例如卷一〈河水注〉「屈從其東南流入于渤海」條之「半達鉢愁」，注云：〔註132〕

> 菩薩于瓶沙隨樓那果園中住一日，日暮便去半達鉢愁宿。半達，晉言白也；鉢愁，晉言山也。白山北去瓶沙國十里。

此段注文，記半達鉢愁之得名，按：「半達」據發音似爲梵語पांड，「鉢愁」則似爲पर्वत〔註133〕。卷一〈河水注〉所載區域，乃古梵語流行之地，故半達鉢愁物之命名，殆源自梵語也。又如卷二〈河水注〉「又東過隴西河關縣北」條之「唐述山」，注云：〔註134〕

> 河北有層山，山甚靈秀，山峰之上，立石數百丈，亭亭桀豎，競勢爭高，……每時見神人往還矣，蓋鴻衣羽裳之士，練精餌食之夫耳。俗人不悟其仙者，乃謂之神鬼。彼羌目鬼曰唐述，復因名之爲唐述山。

此段注文，記唐述山之得名，蓋取羌目鬼曰唐述，故也。又如同條之「可石孤城」，注云：〔註135〕

> 灕水又北，逕可石孤城西，戎之名也。

此記可石孤城之得名，蓋出自戎方也。又如卷六〈汾水注〉「汾水出太原汾陽

〔註130〕同註9，卷十四，頁22。
〔註131〕同註9，卷十七，頁3。
〔註132〕同註9，卷一，頁8。
〔註133〕同註5，頁321。
〔註134〕同註9，卷二，頁18。
〔註135〕同註9，卷二，頁19。

縣北管涔山」條之「侯莫干城」，注云：〔註136〕

> （汾水）又南出二城間，其城角倚，翼枕汾流，世謂之侯莫干城，
> 蓋語出戎方，傳呼失實也。

此記侯莫干城之得名，亦出自戎方也。又如卷十三〈㶟水注〉「㶟水出鴈門陰館縣，東北過代郡桑乾縣南」條之「河頭水」，注云：〔註137〕

> 脩水又東南逕馬城縣故城北。《地理志》曰：東部都尉治。……俗謂
> 是水爲河頭，河頭出戎方，土俗變名耳。

此段注文，記河頭水之得名，酈注書中所載地名，包舉華夏，囊括古今，有水道之異，有地域之別，是以方俗異音，多而凌亂，此類方言地名，實可資小學研究之參考也。

六、動物地名

《水經注》所載，有關動物地名之例頗多，乃研究古代動物種類、分布等之珍貴資料也。如卷一〈河水注〉「屈從其東南流入于渤海」之「鹿野」，注云：〔註138〕

> 城之東北十里許，即鹿野。苑本辟支佛住此，常有野鹿栖宿，故以
> 名焉。

此段注文，記鹿野苑之得名。又如卷二十七〈沔水注〉「又東過成固縣南，又東過魏興安陽縣南，洧水出自旱山，北注之」條之「猴徑灘」，注云：〔註139〕

> 漢水又東逕猴徑灘，山多猴猿，好乘危綴飲，故灘受斯名焉。

此段注文，記猴徑灘之得名。又如卷三十四〈江水注〉「又東過夷陵縣南」條之「黃牛灘」，注云：〔註140〕

> 江水又東逕黃牛山下，有灘名曰黃牛灘，南岸重嶺疊起，最外高崖
> 間，有石色如人負刀牽牛，人黑牛黃，成就分明，既人跡所絕，莫
> 得究焉。

此段注文，記黃牛灘之得名。又同條之「白鹿巖」，注云：〔註141〕

〔註136〕同註9，卷六，頁1。
〔註137〕同註9，卷十三，頁15。
〔註138〕同註9，卷一，頁12。
〔註139〕同註9，卷二十七，頁9。
〔註140〕同註9，卷三十四，頁6。
〔註141〕同註9，卷三十四，頁7。

江水又東逕白鹿巖，沿江有峻壁百餘丈，猨所不能遊，有一白鹿陵
峭登崖，乘巖而上，故世名此巖爲白鹿巖。

此段注文，記白鹿巖之得名。又如卷三十五〈江水注〉「湘水從南來注之」條
之「龍穴洲」，注云：〔註142〕

港水東南流，注于江，謂之洋口，南對龍穴洲，……文帝車駕發江
陵至此，黑龍躍出，負帝所乘舟，左右失色，上謂長史王曇首曰：
乃夏禹所以受天命矣，我何德以堪之。故有龍穴之名焉。

此段注文，記龍穴洲之得名。上舉諸例，皆動物類之地名也。

七、植物地名

《水經注》書中，且載植物類地名，如卷二〈河水注〉「又南入葱嶺山，
又從葱嶺出而東北流」條之「葱嶺」，即是其例，注云：〔註143〕

葱嶺在敦煌西八千里，其山高大，上生葱，故曰葱嶺也。

此段注文，記葱嶺之得名。又如卷三〈河水注〉「又南過西河圜陽縣東」條之
「榆林塞」，注云：〔註144〕

其水東逕榆林塞，世又謂之榆林山，即《漢書》所謂榆溪舊塞者也。
自溪西去，悉榆柳之藪矣。……王恢云：樹榆爲塞，謂此矣。

此段注文，記榆林塞之得名。又如卷十三〈灅水注〉「灅水出鴈門陰館縣，東
北過代郡桑乾縣南」條之蘗桑河」，注云：〔註145〕

（于延水）水側有桑林，故時人亦謂是水爲蘗桑河也。斯乃北土寡
桑，至此見之，因以名焉。

此段注文，記蘗桑河之得名。又如卷三十五〈江水注〉「又東北至江夏沙羨縣
西北，沔水從北來注之」條之「苦菜夏浦」，注云：〔註146〕

東得苦菜夏浦，浦東有苦菜山，江逕其北，故浦有苦菜之名焉，山
上有菜苦，可食。

此段注文，記苦菜夏浦之得名。又卷二十九〈湍水注〉「湍水出酈縣北芬山，
南流過其縣東，又南過冠軍縣東」條之「菊水」，注云：〔註147〕

〔註142〕同註9，卷三十五，頁5。
〔註143〕同註9，卷二，頁1。
〔註144〕同註9，卷三，頁16。
〔註145〕同註9，卷十三，頁16。
〔註146〕同註9，卷三十五，頁7。
〔註147〕同註9，卷二十九，頁12。

（菊）水出西北石澗山芳菊溪，亦吉出析谷，蓋溪澗之異名也。源
傍悉生菊草，潭澗滋液，極成甘美。

此段注文，記菊水之得名。凡此諸例，皆植物類地名，乃現今研究古代植物
地理之寶貴資料也。

八、地形地名

地形類地名，即按地形高下之變化而命名者。此類地名，《水經注》書
中，俯拾可得，如卷五〈河水注〉「又東北過楊虛縣東，商河出焉」條之「平
原縣」，即是其例，注云：〔註148〕

河水又北，逕平原縣故城東。《地理風俗記》曰：「原，博平也，故
曰：平原矣」。縣，故平原郡治矣。

此段注文，記平原縣之得名。又如卷五〈河水注〉「又東北過茌平縣西」條之
「茌平縣」，注云：〔註149〕

河水衝其西南隅，又崩于河，即故茌平縣也。應劭曰：茌，山名也，
縣在山之平地，故曰茌平縣也。

此段注文，記茌平縣之得名。又如卷七〈濟水注〉「屈從縣東南流，過隰城
西，又南當鞏縣北，南入于河」條之「平皋城」注云：〔註150〕

（濟水）又東逕平皋城南，……以其在河之皋，勢處平夷，故曰平
皋。

此段注文，記平皋縣之得名。又如卷十五〈洛水注〉「又東過陽市邑南，又東
北過于父邑之南」條之「一合塢」，注云：〔註151〕

洛水又東逕一合塢南，城在川北原上，高二十丈，南北東三箱，天
險峭絕，惟築西面即爲固，一合之名，起于是矣。

此段注文，記一合塢之得名。又如卷二十五〈泗水注〉「又南過高平縣西，洸
水從西北來，流注之」條之「高平山」，注云：〔註152〕

泗水南逕高平山，山東西十里，南北五里，高四里，與眾山相連，
其山最高，頂上方平，故謂之高平山，縣亦取名焉。

〔註148〕同註9，卷五，頁34。
〔註149〕同註9，卷五，頁26。
〔註150〕同註9，卷七，頁5。
〔註151〕同註9，卷十五，頁5。
〔註152〕同註9，卷二十五，頁7。

此段注文，記高平山之得名。上舉諸例，皆地形類地名也，乃研究古今地形變遷，不可或缺之資料。

九、色澤地名

色澤地名，蓋取河流之含沙量、湖泊之浮游生物、山嶽之岩性，及土壤之類別等等特色，以爲命名之原則。此類地名，《水經注》書中，不勝枚舉，如卷二十〈漾水注〉「又東南至廣魏白水縣西，又東南至葭萌縣，東北與羌水合」條之「白水」，注云：〔註153〕

> 白水西北出于臨洮縣西南西傾山，水色白濁。

此段注文，記白水之得名。又如卷三十三〈江水注〉「又東過魚復縣南，夷水出焉」條之「赤胛山」，注云：〔註154〕

> 江水又東，逕赤岬城西，是公孫述所造，因山據勢，周迴七里一百四十步，東高二百丈，西北高千丈，南連基白帝山，甚高大，不生樹木，其石悉赤。土人云：如人袒胛，故謂之赤岬山。淮南子曰：徬徨于山岬之旁，注曰：岬，山脅也。郭仲產曰：斯名將因此而興矣。

此段注文，記赤岬山之得名，又如卷十一〈滱水注〉「又東過唐縣南」條之「黑水池」，注云：〔註155〕

> 盧奴城內西北隅，有水淵而不流，南北百步，東西百餘步，水色正黑，俗名曰黑水池。

此段注文，記黑水池之得名。又如卷二十〈丹水注〉「又東南過商縣南，又東南至于丹水縣，入于均」條之「墨山」、「丹崖山」等等，注云：〔註156〕

> 黃水北有墨山，山石悉黑，繢彩奮發，黝焉若墨，故謂之墨山。今河南新安縣有石墨山，斯其類也。丹水南有丹崖山，山悉頳壁，霞舉若紅雲，秀天二岫，更爲殊觀矣。

此段注文，記「墨山」、「丹崖山」之得名。上舉諸例，是皆色澤類之地名也。

十、數字地名

冠以數字之地名，《水經注》書中，屢屢可見。其所冠數字，或概括同類

〔註153〕同註9，卷二十，頁10。
〔註154〕同註9，卷三十三，頁19。
〔註155〕同註9，卷十一，頁14。
〔註156〕同註9，卷二十，頁18。

地名，或形容道里長度，故其來源，一望便知。如卷四〈河水注〉「又東過河北縣南」條之「七里澗」，即是其例，注云：〔註157〕

> 河水又東得七里澗，澗在陝城西七里，故因名焉。

此段注文，記七里澗之得名。又如卷三十〈淮水注〉「淮水出南陽平氏縣胎簪山，東北過桐柏山」條之「九渡水」，注云：〔註158〕

> 有九渡水注之。水出雞翅山，溪澗縈委，沿溯九渡矣。其猶零陽之九渡水，故亦謂之為渡焉。

此段注文，記九渡水之得名。又如卷九〈淇水注〉「淇水出河內隆慮縣西大號山」條之「九十曲美溝」、「十二崿」此段注文，注云：〔註159〕

> 水出朝歌西北大嶺下，東流逕駱駝谷，于中逶迤九十曲，故俗有美溝之目矣。歷十二崿，崿流相承，泉響不斷，返水捍注，捲復深隍。

此段注文，記九十曲美溝及十二崿之得名。又如卷十五〈洛水注〉「又東北出散關南」條之「八關」，注云：〔註160〕

> 惠水又南流，逕關城北二十里者也。其城西阻塞垣，東枕惠水。靈帝中平元，以河南尹何進為大將軍，率五營士屯都亭，置函谷、廣城、伊闕、大谷、轘轅、旋門、小平津、孟津等八關，都尉官治此。函谷為之首，在八關之限，故世人總其統目，有八關之名矣。

此段注文，記八關之得名。又如卷三十七〈沅水注〉「沅水出牂柯且蘭縣，為旁溝水，又東至鐔成縣為沅水，東過無陽縣」條之「五溪」，注云：〔註161〕

> 武陵有五溪，謂雄溪、橫溪、無溪、酉溪、辰溪其一焉。夾溪悉是蠻左所居，故謂此蠻，五溪蠻也。

此段注文，記五溪之得名。凡上所舉，皆屬數字類之地名也。

十一、比喻地名

此類地名，因設詞比喻而來，要皆以自然地理事物之外貌、特點等等，即狀表目，加以命名，乃研究古代自然地理之珍貴資料也。《水經注》書中，所載比喻地名之例，不勝枚舉，如卷三〈河水注〉「屈從縣北東流」之「高

〔註157〕同註9，卷四，頁17。
〔註158〕同註9，卷三十，頁2。
〔註159〕同註9，卷九，頁17。
〔註160〕同註9，卷十五，頁8。
〔註161〕同註9，卷三十七，頁15。

關」，即是其例，注云：〔註162〕

> （河水）東逕高闕南。史記趙武靈王既襲胡服，自代並陰山，下至
> 高闕爲塞，山下有長城。長城之際，連山刺天，其山中斷，兩岸雙
> 闕，善能雲舉，望若闕焉。即狀表目，故有高闕之名也。

此段注文，記高闕之得名，乃即狀表目也。又如卷十五〈洛水注〉「又東北過
宜陽縣南」條之「熊耳山」，注云：〔註163〕

> 洛水之北，有熊耳山，雙巒競舉，狀同熊耳。

此段注文，記熊耳山之得名。又如卷九〈洹水注〉「東過隆慮縣北」條之「雞
翹洪」，注云：〔註164〕

> 水出木門帶，帶即山之第三級也，去地七里，懸水東南注壑，直瀉
> 巖下，狀若雞翹，故謂之雞翹洪。

此段注文，記雞翹洪之得名。又如卷二十七〈沔水注〉「又東過成固縣南，又
東過魏興安陽縣南，涔水出自旱山，北注之」條之「黃金戍」、「鐵城」，注
云：〔註165〕

> 漢水又東逕小大黃金南，山有黃金峭，水北對黃金谷，有黃金戍，
> 傍山依峭，險折七里，氐掠漢中，阻此爲戍，與鐵城相對，一城在
> 山上，容百餘人，一城在山下，可置百許人，言其險峻，故以金鐵
> 制名矣。

此段注文，記黃金戍、鐵城之得名，緣其險峻，故以金鐵制名矣。又如卷三
十四〈江水注〉「又東過夷陵縣南」條之「虎牙山」，注云：〔註166〕

> 江水又東，歷荊門、虎牙之間。荊門在南，上合下開，闇徹山南，
> 有門像虎牙在北，石壁色紅，間有白文，類牙形，並以物像受名。

此段注文，記虎牙山之得名，以物像受名也。凡上所舉，皆比喻類之地名
也。

十二、傳訛地名

某一地名，因讀音傳訛之故，遞變爲另一地名，且長期沿用者，稱傳訛

〔註162〕同註9，卷三，頁4。
〔註163〕同註9，卷十五，頁6。
〔註164〕同註9，卷九，頁29。
〔註165〕同註9，卷二十七，頁9。
〔註166〕同註9，卷三十四，頁7。

地名。此類地名，《水經注》書中，亦頗見之，如卷十一〈滱水注〉「又東過
博陵縣南」條之「寡婦城」，即是其例，注云：〔註167〕

> 其城東側，因阿仍墉築一城，世謂之寡婦城。賈復從光武追銅馬五
> 幡於北平所作也。世俗音轉，故有是名矣。

此段注文，記寡婦城之得名，乃光武城音轉故也。又如卷十四〈濡水注〉「濡
水從塞外來，東南過遼西令支縣北」條之「難河」，注云：〔註168〕

> （濡水）又東北注難河。難河右則汙水入焉，水出東塢南，西北流，
> 逕沙野南。……西北入難河，濡難聲相近，狄俗語訛耳。

此段注文，記難河之得名，乃濡、難二字聲相近，狄俗語訛故也。又如卷十
五〈洛水注〉「又東過洛陽縣南，伊水從西來注之」條之「光祿澗」，注云：
〔註169〕

> 洛水又東，合水南出半石之山，北逕合水塢，而東北流，注于公路
> 澗，但世俗音訛，號之曰光祿澗。

此段注文，記光祿澗之得名，乃公路澗音訛所致也。又如卷二十六〈巨洋水
注〉「又東北過壽光縣西」條之「角林山」，注云：〔註170〕

> 巨洋水又東北流，堯水注之，水出劇縣南角崩山，即故義山也，俗
> 人以其山角若崩，因名為角崩山，亦名為角林山，皆世俗音譌也。

此段注文，記角林山之得名，乃角林山音譌故也。又如卷二十七〈沔水注〉「沔
水出武都沮縣東狼谷口」條之「漢武堆」，注云：〔註171〕

> 漢水又東逕漢廟堆下，昔漢女所遊，側水為釣臺，後人立廟于臺
> 上，世人睹其頹基崇廣，因謂之漢廟堆，傳呼乖實，又名之為漢武
> 堆。

此段注文，記漢武堆之得名，乃漢廟堆傳呼乖實所致也。上舉諸例，是皆傳
訛類之地名也。此類方俗異音之地名，有水道之異，有地域之別，頗存語音
演變之跡，實可資小學研究之參考也。

　　夫《水經注》者，斟酌土風，網羅舊聞，書中所載地名，種類繁多，範

〔註167〕同註9，卷十一，頁19。
〔註168〕同註9，卷十四，頁13。
〔註169〕同註9，卷十五，頁10。
〔註170〕同註9，卷二十六，頁7。
〔註171〕同註9，卷二十七，頁5。

圍廣泛。其記沿河所經，所在受名，遙情受用，取材富，考覈精，以河川方面言之，除江河川瀆外，尚包括伏流、水口、河曲、瀑布等等；以山岳方面言之，峰巒山嶺而外，且含丘阜、岩崖、峽谷、穴窟等等。此外，諸如湖陂井泉，橋梁津渡，關塞道路，州郡縣城，鄉里村墟，寺觀佛塔，宮殿樓閣，園苑陵墓等等之命名淵源，靡不俱載，其範圍遍及海內，遠至域外，提供地名學、歷史學、語言學、民族學、考古學，尤其歷史地理學等等研究者，取之弗盡，用之不竭之泉源，道元用功之勤，於斯可見矣。故曰《水經注》者，乃名淵源之祖庭也。

第三節　治經徵史之鴻寶

　　夫經籍者，機神之妙旨，聖哲之能事，所以經天地，緯陰陽，正綱紀，弘道德，顯仁義也。學之者將殖焉，不學者將落焉。大業學之則成，欽明之德，匹夫克念，則有王公之重，其王者所以樹風聲流顯號，美教化，移風俗，何莫由乎斯道，典籍之研究尚矣。惜自書契之興，歷今數千載，著錄所及，淼如煙海，，雖隨時興廢，求全實難也。

　　秦用李斯，謀天下之統一，三代古籍盡付一炬。漢興，力改秦人之弊，廣開獻書之路，然其所得，經書而外，未多聞焉。及至武帝（前140～前87），歎書缺簡脫，禮壞樂崩，乃建藏書之策，置寫書之官，於是六經諸子，並充祕府。降及成帝（前32～前7），簡冊頗多散亡，遂命陳農廣求天下遺書，使劉向等分校之。向一一著錄，論其指歸，辨其訛謬，敘而奏之。向卒，哀帝（前6～前1）使其子歆，嗣父之業，校理祕文，總括群篇，撮其旨要，著為七略，凡三萬三千九十卷。王莽之亂，簡籍圖書，再遭火劫，散亡殆盡。光武中興（西元25～西元57），篤好文雅，熱心蒐集，藏之蘭臺石室，存之東觀仁壽閣，舉班固、傅毅等典掌之，固因編《漢書・藝文志》，凡萬三千二百六十九卷。董卓之變，獻帝（西元189～西元220）西遷，繼而兩京大亂，所存簡籍，又散佚逸亡，掃地皆盡。及曹魏之立（西元220～西元226），復興蒐集，藏在秘書中外三閣。魏祕書郎鄭默始制《中經》，秘書監荀勗又因《中經》更作《新簿》，分為四部，總括群書：一曰甲部，紀六藝及小學等書；二曰乙部，有古諸子家，近世子家，兵家，術數；三曰丙部，有史記，舊事，皇覽簿，雜事；四曰丁部，有詩賦，圖讚，汲冢書等；大凡四部，合二萬九

千九百四十五卷，但錄題及言，盛以縹囊，書用緗素，至於作者之意，無所
論辯。西晉之末，胡狄內侵，惠懷之亂，京華蕩覆，渠閣文籍，靡有孑遺。
東晉之初，漸更鳩聚，著作郎李充，以勘舊簿校之，其見存者，但有三千一
十四卷，比之劉歆《七略》卷數，相去豈不懸殊！

　　至於中原，則戰爭相尋，干戈是務，文教之盛，苻姚而已。宋武入關，
收其圖籍，府藏所有，纔四千卷，赤軸青紙，文字古拙。後魏始都燕代，南
略中原，粗收經史，未能全具；孝文徙都洛陽，雄據中原，百餘年間，人文
熾盛，陵轢江左，祕府之中，博贍宏富，蔚矣其文。惜暨乎爾朱之亂，朝市
改易，陵谷變遷，北魏典籍，散落亡佚，其見于《魏書》及《隋唐史志》者，
今已百不存一焉，良可慨也〔註172〕。後齊遷鄴，頗更搜聚，迄於天統、武平
（北齊後主，西元 565～西元 575），校寫不輟。後周始基關右，外逼強鄰，
戎馬生郊，日不暇給，保定之始（北周武帝，西元 561），書止八千，後稍加
增，方盈萬卷。周武平齊，先封書府，所加舊本，纔至五千，此又北朝歷代
典籍之大要也。

　　夫吾國地學之最大特色，即在富含經世之思想也。其記載山川疆域，考
據典制史蹟，正史而外，搜羅遍及雜史，碑官野乘，山經地志，譜牒簿錄，
以暨諸子百家，詩文別集，釋老異教，旁及鐘鼎尊彝，碑碣斷闕之文，盡取
以供佐證，參伍錯綜，比物連類，互相檢照。蓋蒭蕘之言，明王必擇，蔚菲
之體，詩人不棄，故學者有博舊事，多識奇物；若不窺別錄，不討異書，專
治周孔之章句，直守遷固之紀傳，亦何能數因革之宜，較得失之勢乎？故北
魏一代，道元努力地理之學，嘆《山海經》之不備，《漢書・地理志》之不
周，《禹貢》、《職方》簡陋，都賦所述粗略，退而注《水經》。酈注博覽經籍，
旁引百家，奇書圖志，包羅萬象，分類計之，屬經部者八十四種，史部者二
百零八種，子部者六十二種，集部者八十二種。細分計之：易類五種，書
類二十種，詩類八種，禮類八種，春秋類二十四種，孝經類二種，四書類五
種，樂類二種，小學類十種；正史類四十一種，編年類三種，別史類十四種，
雜史類九種，詔令奏議類三種，傳記類十九種，家譜類四種，載記類十種，
地理類九十六種，職官類六種，政書類二種，目錄類一種；儒家類五類，法
家類二種，醫家類一種，術數類二種，藝術類六種，雜家類十七種，類書

<hr>

〔註172〕按：朱祖延纂《北魏佚書考》，搜集北魏一代佚文，自群經注疏音義，旁及子
　　　　　史類書，考錄佚書，凡六二部。

類四種，小說類二十三種，道家類二種；楚詞類一種，別集類四十二種，雜文類二十八種，詩曲類五種，闕名者六種〔註173〕。計以篇卷，遠超李充三千之數，故事僻典，賴以傳世，佚書逸文，因以保存，誠學術界之奇觀，亦古今之偉績也。以下茲就酈氏所徵引故籍圖書，其足校今本之譌誤，或補今書之闕罅者，舉例說明之。所錄各書，甲乙部居，一遵《隋書・經籍志》，首經部，次史部，次子部，次集部。四部之中，又各以子目分類。而《水經注》引書，或舉書名而略作者，或舉作者而略書名，書名與作者並舉者亦有之。本文凡徵引各書，必注明其在王先謙合校本首見之卷次，書目之下，備記卷數、作者。其撰人、卷數或著者之不可考者，蓋闕如也。

一、經 部

《水經注》所引經部圖書，其可補今書之闕，可證今本之譌者，層見疊出，古書舊圖，往往賴以保存，皆治經之鴻寶也。易類，如卷三十之《連山易》，即是其例；

> 今存馬氏輯本一卷。《隋志》梁元帝《連山》三十卷，《唐志》《連山》十卷，司馬膺注，又梁元帝《連山》三十卷。馬國翰輯本序：「桓譚《新論》稱《連山》八萬言，蓋漢時此書尚存，桓君及見之，而傳者甚少，故漢隋《志》皆不錄。皇甫謐《帝王世紀》，酈道元《水經注》，李淳風《乙巳占》，皆引《連山》。謐晉人，道元北魏人，皆在劉炫前；淳風所引姮娥奔月，枚筮有黃，與張衡靈憲同，決爲古之佚文。其它以韻爲爻，與《易林》頗似，縱非古經，要與《三墳》所載《山墳》爲《連山》，出於毛漸手序者，迥不侔矣。梁元帝亦有《連山》三十卷，段成式謂每卦設歸藏斗圖，立成委化，焦林及焦

〔註173〕參見鄭德坤《水經注》引書考。按：《水經注》徵引文獻，明嘉靖原版黃省曾校本《水經注》卷首，列一六四種；王國維校明刊本卷首列一六九種；馬念祖《水經注》等八種古籍引用書目匯編，列《水經注》引書共三七五種，大陸中華書局出版，1960年；侯仁之主編《中國地理學簡史》，指出《水經注》引用書箱，多至四百三十，大陸科學出版社，1962年；陳橋驛《水經注研究》第二集，則謂有四七七種之多，上海人民出版社，1987年。上舉諸說，以鄭德坤所計，既詳考其著錄流略，作者卷軼，得失存亡，犖然成具，而其評語，尤有足述。反觀陳氏之說，分合之間，每有重複，如言地理類，既有《山海經》，又有《山經》、《西山經》、《中山經》、《海外西經》、《海內東經》、《大荒西經》等篇，且各爲書名，宜其統計之多于鄭書也。故本書所錄，一遵鄭說。

贛易林，今亦亡佚，或者後人稱述，不能區別歟？」按連山歸藏，《漢志》不載，其亡已久，道元《水經注》引《連山易》云：「有崇伯鯀伏于羽山之野」是元魏時，尚有其書。

又如卷四之《易妖占》，十二卷，京房撰：

> 《隋志》，《周易占》十二卷，京房撰，梁《周易妖占》十三卷，京房撰。此注作《易妖占》，亦變文耳。今亡。

書類，如卷二之《尚書》今文，二十九卷：

> 《漢志》、《隋志》、《舊唐志》、《唐志》、《宋志》俱有著錄，以注家不同，分卷亦異，詳見各志。《水經注》所引《尚書》，有《書序》、《禹貢》、《洛誥》、《仲虺》之誥諸篇，而以《禹貢》爲最多，蓋《禹貢》爲中國最古之地理書，論上古地理，則《禹貢》尚矣。《水經注》所引，有可校今本之誤者，如卷二〈河水注〉：「《禹貢》所謂『導河自積石』也」。今本《禹貢》無自字，說者多生異議，酈氏引文，存有自字，疑隋唐間脫也。

卷三十八之《金簡玉字書》：

> 注曰：「禹治洪水，血馬祭衡山，得《金簡玉字》之書。」楊氏要刪曰：「《金簡玉字》，見《吳越春秋》，《御覽》八十二引之。此宋人僞造岣嶁碑之見端。」〔註174〕

卷二十五之《龍華圖》：

> 注曰：「泗水西有龍華寺，是沙門釋法顯，遠出西域，浮海東還，持《龍華圖》，首創此制，法流中夏，自法顯始也。」此蓋西域寺觀建築圖也。

春秋類，如卷二之〈春秋傳〉，三十卷，左丘明撰：

> 《漢志》，《左氏傳》三十卷，左丘明魯太史。《水經注》引此傳極多，或稱《春秋左傳》，或稱左傳，左氏傳，或不稱傳而合于經，或直稱春秋，皆酈氏行文之轉變也。所引傳文，屢可校今本之譌，例如卷二十二注云：「猶秦之有具圃。」今本左傳「圃」作「圈」，傳寫之誤也，杜預注：「原圃，具圃，皆圃名」可證，且高誘注呂覽，《初學記》河南道引並作具圃，盧氏鍾山札記已辨之，趙戴不詳考，反據今本改此注，誤甚。又如卷二十五注云：「有大庭氏之庫。」今本

〔註174〕參見楊守敬《水經注疏要刪》下冊，卷三十八，頁6。

左傳昭公五年作大庫之庭，以下文「有炎之庫」例之，今本左傳爲傳寫倒轉之誤無疑。

又如卷二十二之《春秋左傳音》，師氏撰：

注云：「春秋昭公九年遷城父人于陳，以夷濮田益之。京相璠曰：『以夷之濮西田益也。』杜預亦言：『以夷田在濮水西者與城父人。』服虔曰：『濮，水名也。』且字類音同，津瀾邈別，不得爲北濮上源，師氏傳音於其上矣。」細玩注文，是酈氏參校師氏傳音立說，謂其在服氏之上，然師氏不知何人，注中未見再舉，所未詳也。

小學類，如卷一之《爾雅》，三卷：

《漢志》，《爾雅》三卷二十篇，《隋志》三卷，漢中散大夫樊光注。今本三卷十九篇，《漢志》蓋合序篇言之，然考諸書所徵引，以有佚句。《水經注》所引有今本脫文，茲舉例于次：卷四注云：「《爾雅》曰：鱣鮪也。」今本《爾雅》無此文，然《御覽》九百三十六亦引此文，「鮪」下多「鯉」字耳。又卷二十六云：「水出其前左爲營邱。」今本《爾雅》無前字，然此注下文又言「由《爾雅》出前左之文」云云，知酈氏所據，本有前字，蓋營有環義，出其前左，是爲環邱也。又《禮記·檀弓正義》、《史記集解》、《元和郡縣志》引，並有前字，今本《爾雅》脫「前」字無疑。

又如卷二之《說文解字》，十五卷，許愼撰：

《隋志》，《說文》十五卷，許愼撰，《兩唐志》，《宋志》同。此注所引《說文》頗夥，其可校今本之誤者，略舉數條如次：

卷六注云：「汎水出西河中陽縣之西。」趙氏據今本改「之西」爲「北沙」，沈西雍《說文古本考》既以「北沙」爲非，戴何不考而妄從趙考耶？

卷十六注云：「漆水出古扶風杜陽縣。」今本《說文》作杜陵，杜陵屬京兆尹，不屬右扶風，當據此訂正。

卷二十一注云：「鄭玄云未聞。」荊州無湛水，故鄭玄云未聞。《說文》卷十一〈水部〉：「湛，沒也。從水甚聲。一曰湛水，豫州浸。」是改周之荊爲豫矣。獨怪許愼既有此說，康成何以未聞，而酈氏亦不引許說；疑《說文》一曰云云爲後人據《水經注》增之。〔註175〕

〔註175〕同註174，卷二十一，頁3。

卷三十一注云：「又東過上蔡縣南，東入汝。」《説文》作「入潁」，段玉裁曰蓋合潁而入汝也。按潁汝各入淮，瀙水何得合潁入汝。又按《山海經》、《漢志》並作入汝，與此注同，説文「潁」爲「汝」之誤無疑。

二、史　部

正史類，如卷二之《史記》，百三十卷，司馬遷撰；

《漢志》，《太史公》百三十篇，十篇有錄無書；《隋志》《史記》一百三十卷，目錄一卷，蓋晉後著錄改從今名。酈注引史記頗多，舉其可以校正今本者如下：

卷四注云：「按秦始皇二十一年長狄十二見于臨洮，長五丈餘。」按《漢書‧五行志》引《史記》作二十六年，而今本秦本紀無此文。

卷五注云：「梁惠成王二年，齊田壽帥師伐我，圍觀，觀降。」按《史記‧田完世家》，齊威王九年敗魏于濁澤，而圍惠王，惠王請獻觀以和解，即是役也。唯「濁」爲「觀」字之譌。史表魏哀王二年，齊敗我觀澤，「觀」字雖不誤，而「哀」字錯矣。

卷七注云：「高祖與項羽臨絕澗對語。」《史記》作臨廣武間而語，據此則當作「澗」，《類聚》九引史記亦作「澗」。

卷十注云：「《史記》秦破趙將扈輒于武隧，斬首十萬。」梁玉繩謂酈氏蓋引李牧傳文，而不知牧傳言武遂是誤文。河間之武連分屬韓燕，屬燕者爲李牧所拔，屬韓者爲秦所取，趙安得有武遂乎？

著指李牧所拔之燕武遂，而秦實未嘗攻趙新有之武遂也。考〈趙世家〉秦攻武城，扈輒率師救之，軍敗死焉。據此則牧傳言武遂城，乃誤衍一「遂」字。

卷二十六注云：「漢武帝元鼎中，封膠東康王子延爲侯國。」《史》表延下蓋脱年字，《漢》表作劉延年，趙據增是也。

卷三十三注云：「出巴符關者也。」《史記‧西南夷傳》作巴蜀筰關。按康蒙從此關入見夜郎侯。《漢志》豚水出夜郎，《水經》溫水出夜郎；據酈注豚水即今北盤江，溫水即今南盤江，皆發今雲南境。又今貴州桐梓縣有竹王祠；是夜郎在今貴州南境。從巴入夜郎正經符關，此注作符關，正可證今本《史記》作筰關之誤，「符」、「筰」形

近易譌。

又如卷二之《漢書》，百一十五卷，班固撰；

《漢書》，《地理志》，酈注徵引最多，蓋道元最信班說，幾乎引用全書。其可校今本《漢書》之譌者，處處可見，略舉如下：

卷二注云：「王莽之監羌也。」今本《漢志》作臨羌，按《漢志》例，凡縣名上一字稱「臨」者，王莽多改作「監」，當依此作監羌。

卷三注云：「又東逕廣牧縣故城，北有東部都尉治。」按河水先逕廣牧，後逕渠搜，則廣牧在渠搜之西。而廣牧下云東部都尉治，渠搜下云中部都尉治，是東、中二部，東西倒置矣。檢漢志亦然，當是漢志先譌，後人據以改此注也。考《元和志・九原縣》曰：「本漢之廣牧舊地，中部都尉所理。」則廣牧爲中部，渠搜爲東部審矣。

卷三注云：「河水又東逕副陽城」。趙戴據今本《漢志》改「副」爲「稒」，不省此注文下言河水又東逕稒陽縣故城南也。此作副陽，非縣名，乃塞障也。應據此注以訂正《漢志》之譌。

卷四注云：「縣有堯由，有祠，雷首山在南。」趙戴據今本《漢志》改「有」字爲首山，不讀下文雷首山在南，與堯山別，若是首山祠，則應係於雷首山下，此有祠者，有堯山祠也。當據此注以訂《漢志》之譌，趙戴相襲以改酈書，誤矣。

卷五注云：「王莽之播亭也。」今本漢志「播」下脫「亭」字，應據此補。

卷十注云：「漢景帝中元年爲廣平郡。」《漢志》但云征和二年置爲平于國，而不言先爲郡。可據此文補《漢志》之闕。

卷二之《後漢書》；

姚之駰蒐輯《後漢書》之不傳於今者八家：「凡《東觀漢記》八卷，謝承《後漢書》四卷，薛瑩《後漢書》，張璠《後漢記》、華嶠《後漢書》、謝沈《後漢書》、袁山松《後漢書》，各一卷，司馬彪《續漢書》四卷。《舊唐志》又載劉義慶《後漢書》五十八卷。《梁書・蕭子顯傳》又稱「子顯著《後漢書》一百卷，據眾家後漢，考正同異，爲一家之言。」合今存范曄《後漢書》，計十一種。《水經注》除薛氏、劉氏、黃氏三種外，均標名徵引。然細考引文，其不出于

所標八種之內者，亦屢有所見，其為他家《後漢書》無疑，酈氏未出書名作者，或有脫漏，茲據楊守敬《水經注疏要刪》，舉其要者於次：

卷二注云：「投河墜坑而死者八百餘人。」范氏《後漢書·段熲傳》，延熹二年分兵擊石城羌，斬首溺死者千百餘人，即指此事。死者數異，酈氏當本他家《後漢書》。

卷二注云：「山東有三水縣故城，⋯⋯召主簿張祁入于羌前。」今本張奐傳不言治三水，亦不載張祁，應是參以他家《後漢書》。

卷五注云：「從五社津渡攻溫。」今本〈光武紀〉、〈馮異傳〉、〈寇恂傳〉俱載此事，惟恂傳稱其渡鞏河攻溫，注直稱其從五社渡，當別本他家《後漢書》。

卷十一注云：「范曄《漢書》云：中山簡王之薨也，厚其葬，採涿郡山石以樹墳塋陵隧，碑獸並出此山。」今本范書云大為修冢塋開神道，又云發常山鉅鹿涿郡柏黃腸雜木，無山石云云。此當是他家《後漢書》文，傳寫誤為范書也。

卷十四注云：「耿況迎之于居庸關。」今本寇恂傳更始使者徇郡國，恂從耿況迎於界上，不言居庸關，此當本他家《後漢書》。

卷十八注云：「永元二年，更封彰侯耿秉為侯國。」今本耿秉傳不載封彰侯事。注卷十八亦云，永元元年彰侯，二年更封美陽。此亦云永元二年更封美陽，言之鑿鑿，蓋據他家《後漢書》也。

卷二十四注云：「故崇自號尤徠三老矣。」今本劉盆子傳樊崇轉入秦山，自號三老，無尤徠二字，此當別本他家《後漢書》。

卷三十二注云：「宮左步右騎。」左右形近易訛，故此與本傳互異，未能定為孰是。趙謂習用謝書，不關范史，非。熊會負以為范前有九家《後漢書》，安見獨用謝書耶？甚是。

卷三十二注云：「伏波將軍馬援上言。」今本《後漢書》不載，當本東觀漢記及他家《後漢書》文。

又如卷九之《三國志》，六十五卷，陳壽撰；

《隋志》，《三國志》六十五卷，敘錄一卷，陳壽撰。《舊唐志》分《魏》三十卷，《蜀》十五卷，《吳》三十一卷，惟《魏志》入正史，《蜀》、

《吳》二志入編年，未妥。酈注稱《魏志》，乃道元筆法，未必分爲三書也。《水經注》引此書甚夥，其可校勘今本之誤者，略舉如下：

卷十三注云：「又逕昌平郡東。」今本《魏志》作平昌郡。按魏郡當仍漢昌平舊名，故所領有昌平縣。卷十四注又云：「昌平縣水曰昌平水，《魏土地記》曰：『昌平城西有昌平河。』」是知今本《魏志》訛倒無疑，當據此注訂正。

卷十四注云：「公孫淵遣將軍畢衍拒司馬懿于遼隧。」今本《魏志‧公孫淵傳》作卑衍，當以此訂正。

卷二十二注云：「袁紹進臨官渡，起土山地道以逼壘。」今本《魏志》無「以逼壘」三字，蓋脱文也，當以此訂正。

又如卷二之《晉書》；

《史通》，《外篇》稱唐貞觀中，詔前後晉史十八家，未能盡善，敕史官更加纂撰。《隋志》所錄《晉書》，有：臧榮緒百一十卷，王隱八十六卷，謝靈運三十六卷，傅暢二十二卷，虞預二十六卷，朱鳳十卷，何法盛七十八卷，蕭子雲十一卷，沈約一百一十卷諸家。《水經注》屢引《晉書》而不著撰者，或其出處，疑其爲他家《晉書》，茲舉數例如下：

卷二注云：「昔慕容吐谷渾自燕歷陰山西馳，而創居于此（罕开）。」《晉書‧吐谷渾傳》但有西附陰山，無創居罕开之說，此當本別家《晉書》文。

卷二十三注云：「渦水南有譙定王司馬士會冢。」《晉書‧譙王遜傳》子定王隨立，薨。惠帝紀稱隨薨于太安元年正月庚子，不詳其官位，以此云士會證之，其即定王隨無疑。當是本他家《晉書》。

卷二十五注云：「范懽擒慕容忠于此（湖陵）。」《晉書‧桓溫傳》檀玄執慕容忠於湖陵，酈氏作范懽，當是本他家《晉書》。

又如卷十五之《宋書》，百卷，沈約撰。

《隋志》，錄《宋書》三：齊孫嚴六十五卷，宋徐爰六十五卷，梁沈約一百卷。《水經注》所引乃沈約《宋書》，卷二十五〈泗水篇〉已明言之。道元所引，有可補《宋書》之闕者，例如：

卷五注云：「宋元嘉二十七年以王玄謨爲寧朔將軍，前鋒入河平磧

磽守之。」按今本《宋書》闕到彥之傳。《南史》本傳不著其北伐年月，以《宋書·文帝本紀》核之，在元嘉七年（西元 430），不言其拔磝磝事。此當是《宋書》本傳文，酈氏載之，必有所本。王元謨之北侵，在二十七年（西元 450），今注脫失，賴全氏據《通典》增存之。戴氏刪到彥之事，憚於詳考也。

編年類，如卷三之《竹書紀年》，十二卷。

《隋志》，《紀年》十二卷汲冢書，《舊唐志》，《紀年》十四卷《汲冢書》，《唐志紀年》十四卷，今存本二卷。《晉書·束晳傳》，晉太康二年汲縣人發魏襄王冢得古書七十五篇，有《竹書紀年》十三篇。《四庫提要》〔註176〕據《束晳傳》、杜預《左傳注》、郭璞《穆天子傳注》、《隋書·經籍志》、《水經注》、《史通》、《文選注》、《開元占經》、《史記索隱》、《穀梁傳疏》、《元豐九域志》、《路史》、《路史注》、《戰國策注》，《廣川書跋》等書所引，證今本爲明人鈔合諸書之僞作，可爲確論。《水經注》引紀年凡九十八條〔註177〕，所引可與古文本相校勘者，舉例如下：

卷六注云：「竹書紀年曰：『莊伯以曲沃叛。』」今本《竹書》莊伯上有十月二字，以焚禾事繫于家谷下，此注既繫十二年於焚禾上，而莊伯之叛又在十月，則今本竹書誤。

卷七注云：「齊鄭伐衛荀瑤城宅陽。」《史記·魏世家》惠王五年與韓會宅陽城，即此事，而年數乖迕，蓋《史記》往往與紀年不合。今本《紀年》脫荀瑤以下五字。

卷八注云：「父子景賈率師伐鄭，韓明戰于陽。」今本《紀年》陽作韓，涉上文韓明而誤。案此應作濮陽，故酈氏引於此，注文脫濮字耳。

卷十一注云：「趙靈王及代人救濁鹿，敗燕師于勾梁者也。」今本《竹書》繫此于周顯王十七年，是當趙成侯二十二年，下距武靈之立且二十六年，其誤明矣。

雜史類，如卷四之《國語》，二十一卷，左丘明撰。

〔註176〕參見《四庫全書總目提要》，卷四十七〈史部三〉，編年類，頁 273。

〔註177〕參見勤炳琅〈水經注引書考〉，載《師大國文研究所集刊》，民國 61 年 6 月第十六號上冊，頁 78～82。按：《四庫提要》云七十六次，語見註176。

《漢志》，《國語》二十一篇，左丘明著，今存。酈注所引《國語》，雖不爲多，然其可校正今本者有之，其非出《國語》者亦有之，今各舉一例于下：

卷四往云：「左丘明《國語》云：『華岳本一山當河，河水過而曲行，河神巨靈手盪腳蹋，開而爲兩。』」朱箋曰：「案巨靈事在薛綜西京賦注引古語云云，非左氏國語也，此乃誤記耳。」朱說是也。

卷二十六注云：「即國語所謂具水矣。」按楚語：「昔齊驅馬繻以胡公入於貝水。」天聖本及宋公序本並作「貝」。《史記索隱》引宋衷亦作「貝」，或以樂浪之浿水當之，大謬。此注作具水是也，當據以訂正今本《國語》。〔註178〕

地理類，如卷一之《山海經》，二十三卷；

酈道元最信《山海經》，注中稱引，處處可見。其所引經文，爲今本逸文者有之，可據以校今本者亦有之，試舉其要者如左：

卷一注云：「河水又出陽紆陵門之山，而注于馮逸之山。」今本脫「而注」下七字。

卷七注云：「西北流注于秦澤。」今本秦作泰，畢沅曰：「秦澤當即滎澤。」其說是也，秦滎聲近，作泰誤。趙戴乃據以改酈書，非是。

卷八注云：「濟水絕鉅野往渤海。」今本作鉅鹿澤誤，《初學記》引亦作鉅野。

卷十五注云：「出上洛西山。」今本脫「上」字。

卷十二注云：「澧水東流注于㵎水。」今本作視，涉上下之視而譌也。此㵎水爲葉縣之陂水，在今舞陽、葉二縣界，俗名濃河，與出舞陰注汝水之瀙水異。全氏不能據酈注以訂《山海經》之視，反以《山海經》之澧爲誤〔註179〕。而道元之㵎水無著矣。

卷三十一注云：「洧水出弘農盧氏縣攻離山。」戴氏據今本《山海經》改爲支離，然文選張平子南都賦注引《山海經》亦作攻，則今本作支，誤也無疑。

卷三十四注云：「丹山在丹陽，屬巴。」今本《山海經·海內南經》

〔註178〕同註174，卷二十六，頁2。
〔註179〕同註174，卷二十二，頁5。

誤以郭注爲經文，當據此訂正。

卷三十六注云：「生崑崙山西附，西極也。」今本此八字作郭注，其下更有「其華光赤下地」六字，據《離騷》王逸注引，皆經正文也。

又如卷一之《山海經》注，二十三卷，郭璞撰；

《隋志》，《山海經》二十三卷，郭璞注。今存。兹舉《水經注》所引可校正今本者如左：

卷一注云：「郭璞曰：『此自別有小崑崙也。』」此爲《海內西經》注文，今本脫。

卷一注云：「《山海經》曰：『不周之山，不周之北門，以納不周之風。』」此不周之山云云，孫星衍以爲今本脫之，郝箋疑本郭注，今脫之。按《西山經》有「不周之山」四字，疑郭氏據《淮南子》注「不周之北門以納不周之風」，而酈氏遂並引之。戴氏刪此十一字，非也。〔註180〕

卷八注云：「郭景純曰：『齊白滎陽至樂安博昌入海，今河竭。』」此《海內東經》注文，「今河竭」三字作「今碣石」，誤，當以此正之。

卷十六注云：「世謂之孝水也。」以上文紵麻百答慈澗例之，此六字亦郭氏注文，《御覽》卷六十三引有此六字，今本脫之也。

又如卷二十之《漢中記》；

《水經注》屢引《漢中記》，未著撰者，史志及他書亦未見。唯《寰宇記》山南西道興道引七女池事，亦只稱《漢中記》，不著撰者，故未詳也。

三、子　部

藝術類，如卷三十三之《琴清英》，揚雄撰；

《漢志》載揚雄所序三十八篇，《中樂》四篇，《琴清英》則其一也。《隋志》、《兩唐志》均不錄，其佚亡久矣。馬氏輯存一者，凡六條，此注一條外，其餘出唐代諸類書。

又如卷三之《琴操》，二卷，蔡邕撰。

《隋唐志》均不錄，今存二卷。案馬瑞辰以蔡邕本傳有《敘樂》而

無《琴操》，疑其即在《敘樂》中，猶《琴道》爲《新論》之一篇。然考《書鈔》九十六引蔡邕《敘樂》云與《續漢禮儀志》所引蔡邕禮樂意同，知所謂《敘樂》乃十意中禮樂意之敘文，非成書之《琴操》也。書鈔又引蔡邕《琴賦》諸條，又與《琴操》合，然則此書爲蔡邕所作，固信而徵矣。又按《琴操》序有河間雅歌二十一章，今本殘缺。故此注所引琴愼相知雅歌當在河間雅歌中，應據以補今本之闕。《水經注》卷五〈河水篇〉：「《琴操》以爲孔子臨狄水而歌。」今本亦無此文，應據補之。

雜家類，如卷五之《呂氏春秋》，二十六卷，呂不韋撰；

《史記》〈十二諸侯年表〉曰：「不韋上觀尚古，刪拾《春狄》，集六國時事，以〈八覽〉，〈六論〉，〈十二紀〉，爲《呂氏春秋》。」今存二十六篇，然以〈十二紀〉，〈八覽〉，〈六論〉相次，稍與古異。畢沅有校本，梁玉繩有校補及續補，陳昌齊有正誤。《水經注》卷三十引「《呂氏春秋》曰……辛壬癸甲爲嫁娶日也。」今本脫此條。

又如卷二之《墨子》，七十一卷，墨翟撰。

《漢志》，《墨子》七十一篇，其書宋世已亡九篇，久無善本；四庫本外，畢沅有校本，孫詒讓有《墨子閒詁》。《水經注》所引《墨子》佚文，或可補今本之闕，茲舉二例于次：

卷二注云：「《墨子》有金城湯池之言矣。」今本《墨子》無此文，然薛瓚注《漢志》金城郡亦引之。

卷二十四注云：「堯堂高三尺，土階三等。」今本《墨子》亦無此文，然司馬遷自序亦引，其爲《墨子》脫文無疑。

小說類，如卷十九之《漢武帝故事》，二卷，班固撰。

《隋志》，《漢武帝故事》二卷，不著撰者。四庫存一卷，題漢班固撰，然史不云固有此書也〔註181〕。此書有關漢代宮殿之建築，記載甚詳，古籍徵引者，如《史記·孝武本紀正義》，《三輔黃圖》，《北堂書鈔》卷一四〇，《初學記》卷二十四，《藝文類聚》卷六十二、六十五，《續談助》卷三，《御覽卷》一七三、三八〇、四九三、七七四等均有引及，唯諸書所引，殆皆寥寥數語耳，尚不足以窺及漢

〔註181〕同註176，卷一四二，字部五二，小說家類三，頁755。

代宮殿建築之規模。而《水經注》卷十九〈渭水注〉「又東，豐水從南來注之」條，則引用上列古籍所未引及之內容，注文云：「漢武帝故事曰：建章宮北有太液池，池中有漸臺三十丈。漸，浸也，爲池水所漸；一說星名也。南有璧門，三層，高三十餘丈，中殿十二間，階陛咸以玉爲之，鑄銅鳳五丈，飾以黃金，棲屋上。橡首，薄以玉璧，因曰璧玉門也。」〔註182〕此段文字，獨見于《水經注》中，藉此吾輩今日始得窺及漢建章宮之建築規模矣。

四、集　部

別集類，如卷三十三之《李固集》，十二卷，李固撰；

《隋志》，《後漢司空李固集》十二卷，《范書》十一篇，七錄十卷，兩唐志同。錢氏《補續漢書・藝文志》十二卷，有章表、奏議、教令、對策、記銘，凡十一篇。嚴目輯存議二、教二、策三、奏記二、疏三、上書二、書四、勅一，共九十篇。然《水經注》卷三十三所引「與弟圖書」，乃興平初爲左中郎將之李固，嚴氏輯存此條。

又如卷十五之《傅毅集》，二十八卷，傅毅撰；

《隋志》，《後漢車騎司馬傅毅集》二卷，梁五卷，兩唐志同。後漢本傳稱二十八篇。今存嚴輯目。賦五、誄二、頌三、七激一、銘一、書一，凡十三篇。《水經注》卷十五所引則「反都賦」，嚴氏輯存。

又如卷五之《應瑒集》，一卷，應瑒撰；

《隋志》，《魏太子文學應瑒集》一卷，梁有五卷，錄一卷，亡，兩唐志二卷。嚴目輯存賦十四、書一、釋賓一、論一、奕勢一，凡十八篇。《水經注》卷五引「靈河賦」、卷二十二引「西征賦」，嚴氏並輯存。

又如卷十之《魏武帝集》，二十四卷，魏武帝撰；

《隋志》，《魏武帝集》二十六卷，梁三十卷，錄一卷。今存嚴氏輯本。《水經注》卷十引「登臺賦」，嚴氏輯存。

再如卷十之《魏文帝集》，十卷，魏文帝撰。

《隋志》，《魏文帝集》十卷，梁二十三卷。今存嚴氏輯本。《水經注》卷十引「述征賦」，嚴氏輯存。

〔註182〕同註9，卷十九，頁7。

雜文類，如卷十一之《李克書》，七卷，李克撰；

　　《漢志》，儒家《李克》七篇。此書隋、唐志不錄，亡佚已久，惟劉
　　淵〈魏都賦注〉及《水經注》各引一條明標《李克書》。今存馬氏輯
　　本。《水經注》卷十一所引《李克書》，係見趙一清據《魏書‧地形
　　志》注補〈滹沱水〉篇，是以馬氏未采輯之。

又如卷二十一之《奏土論》，唐勒撰；

　　《史記‧屈原列傳》曰：「屈原既死之後，楚有宋玉、唐勒、景差之
　　徒者，皆好辭而以賦見稱，然皆祖屈原之從容辭令，終莫敢直諫。」
　　《水經注》卷二十一引唐勒《奏土論》曰：「我是楚也，世霸南土，
　　自越以至葉，垂弘境萬里，故號曰萬城也。」〔註183〕乃此文今獨存
　　者，嚴氏輯存亦僅此段而已。

又如卷二十六之《問書讚》，張逸撰；

　　嚴氏輯張逸遺文，僅「令閉口，寒具不得入」一句耳，而《水經注》
　　卷二十六引張逸《問書讚》曰：「我先師棘下生何時人？鄭玄答云：
　　齊田氏時，善學者所會處也。齊人號之棘下生，無常人也。」〔註184〕
　　此段文字，嚴氏失採。

又如卷十九之〈華嶽碑〉，張昶撰；

　　嚴氏據《文選》遊沈道士館詩注，《類聚》七，《初學記》五，及《古
　　文苑》輯存，作〈西嶽華山堂闕碑銘〉。《水經注》卷十九作〈華嶽
　　碑〉，又作〈華嶽銘〉，乃省文也。然所引「漢武慕其靈，築宮在其
　　後」〔註185〕，又「秦晉爭其祠，立城建其左」〔註186〕二條，嚴氏
　　均失採。

又如卷十之〈趙都賦〉，劉劭撰；

　　此三國劉劭，非宋時劉劭也。《水經注》卷十引劉劭〈趙都賦〉曰：
　　「結雲閣于南宇，立叢臺于少陽」〔註187〕，此段文字，嚴氏輯存。

又如卷十六之〈與兄書〉，朱超石撰；

　　嚴氏輯存此書，凡六條，據《類聚》，《御覽》及《水經注》也。

〔註183〕同註9，卷二十一，頁9。
〔註184〕同註9，卷二十六，頁17。
〔註185〕同註9，卷十九，頁26。
〔註186〕同註9，卷十九，頁28。
〔註187〕同註9，卷十，頁10。

再如卷十一之〈與子書〉，公孫瓚撰；

> 嚴氏輯存公孫瓚文，未及與子書，《水經注》卷十一所引：「袁氏之攻，狀若鬼神，衝梯舞于樓上，鼓角鳴于地中」〔註188〕，此段文字，可補嚴氏之闕。

吾國輿地之學，自《禹貢》、《職方》、《漢志》、《水經》而後，兩晉南北朝間，接足踵武，益臻發達。《水經》為河渠溝洫後專言水道之書，綜述禹域百三十七水之名稱、經流、分合、原委，而讀者病其簡略。北魏酈道元乃博采地記故事以注之，模山範水，溯流窮源，訪跡尋圖，雜以仙佛神怪，遂集斯學之大成。酈氏《水經注》所引經籍，凡達四百三十餘種，而以史籍居多，徵引地理書之富，隋唐以前無能出其右者。考酈書所載地志，有關乎全國地理者，如《山海經》、《禹貢》、《職方》、《漢書·地理志》、《十三州記》等等即是；有關乎區域地理者，如《齊記》、《趙記》、《湘州記》、《廣州記》等等；有關乎河川地理者，如《水經》、《江水記》、《漢水記》等等；有關乎山岳地理者，如《崑崙說》、《羅浮山記》、《廬山記》等等；有關乎域外地理者，如《法顯傳》、《外國事》、《林邑記》等等。包羅四方，應有盡有。清王謨曾據朱謀㙔《水經注》箋輯佚，作《漢唐地理書鈔》一書，成就卓著，故清陳運溶《荊州記》序評之曰：「酈注精博，集六朝地志之大成。」明楊升菴謂酈注所載事，多他書傳所未有〔註189〕，楊惺吾謂道元所引書，多有不見於隋唐志者〔註190〕，不惟久佚古籍，賴以保存，而其間繁富之史料，尤堪珍異，清顧祖禹亦謂酈注掇拾遺聞，參稽往蹟，良為考古之助〔註191〕。蓋其中蘊有豐富之史料也。

至若華嶠〔註192〕、謝沈〔註193〕、謝承〔註194〕、袁山松〔註195〕等之《後

〔註188〕同註9，卷十一，頁8。

〔註189〕參見明·楊慎《水經注》序，收錄於楊氏《升庵文集》中，又見於趙一清《水經注釋》附錄下。

〔註190〕參見楊守敬《水經注疏要刪》，凡例，頁8。

〔註191〕按：清·顧祖禹《水經注校》，未傳，然所著《讀史方輿紀要》一書，徵引酈注，多所補正，學者取之。

〔註192〕按：晉·華嶠《後漢書》九十七卷，見《水經注》卷十六所引。

〔註193〕按：晉·謝沈《後漢書》八十五卷，見《水經注》卷三十一所引。

〔註194〕按：晉·謝承《後漢書》百三十卷，見《水經注》卷十三所引。

〔註195〕按：晉·袁山松《後漢書》九十五卷，見《水經注》卷五所引。

漢書》，張璠之《後漢紀》〔註196〕，徐廣之《晉紀》〔註197〕，車頻之《秦書》〔註198〕，王粲之《漢末英雄記》〔註199〕，張顯之《逸民傳》〔註200〕，以至魚豢之《典略》〔註201〕等等，失名之世本，久佚之閟籍，亦幸賴酈注存其鱗爪，集腋成裘，足補正史所未備。他如稱引《周易》、《詩說》、《禮記》、《說文解字》、《史記》、《漢書》等經史諸書，其可補今書之闕，可證今本之譌者，層見疊出，皆治經之鴻寶也。而道元以《禹貢》釋桓水，歷引鄭玄、馬融、王肅之說〔註202〕，融會貫通，亦甚精審，且有獨出己見，爲諸家所不能詳者；又如〈禹貢山水澤地所在〉一篇，疏分證明，尤資考古徵史之輔助，胡渭《禹貢錐指》得力於是書者〔註203〕，何可勝舉。且書中所徵引，《史記》、《漢書》封國之處，多司馬貞所不能知者，實與裴松之《三國志注》、劉孝標《世說新語注》、劉昭《續漢書注》、顏師古《漢書注》等等，並稱鼎足，同爲史家之至寶也。

〔註196〕按：晉・張璠《後漢紀》三十卷，見《水經注》卷十六所引。

〔註197〕按：南朝・宋徐《廣晉紀》四十五卷，見《水經注》卷三所引。

〔註198〕按：《車頻秦書》三卷，見《水經注》卷八所引。

〔註199〕按：後漢・王粲《漢末英雄記》八卷，見《水經注》卷九所引。

〔註200〕按：《張顯逸民傳》七卷，見《水經注》卷二十二所引。

〔註201〕按：魏魚豢《典略》八十九卷，見《水經注》卷九所引。

〔註202〕按：漢鄭玄《尚書注》九卷，馬融《尚書傳》十一卷，王肅《尚書注》十一卷，見《水經注》卷三十六所引。

〔註203〕按：清・胡渭《校水經注》，未傳。參見李振裕《禹貢錐指序文》。

第七章 《水經注》之評價（中）

第一節 金石碑銘之珍藪

金石之傳於世者，三代之間，有金而無石，秦漢以後，石多而金少，而金亦無足重，然此但言金石之起源。至於金石學，則當起源於漢，約而言之，有四事焉：一曰時代之審定，如《史記・封禪書》載，李少君見上，上有銅器，問少君，少君曰，此器齊桓公十年，陳於柏寢，已而案其刻，果齊桓公器；二曰文字之考釋，如《漢書・郊祀志》載，是時美陽得鼎獻之，下有司議，多以爲宜薦諸宗廟，如元鼎故事，張敞好古文字，案鼎銘勒，而知周鼎，乃大臣子孫刻銘其先功，不宜薦諸宗廟；三曰文字之互證，如許慎《說文解字》謂，郡國亦往往於山川得鼎彝，其銘即前代之古文，皆自相似；四曰文字之存錄，如司馬遷作《史記》，於〈始皇本紀〉錄秦之刻石凡有：泰山刻石、瑯琊臺刻石、之罘刻石、之罘東觀刻石、碣石刻石、會稽刻石及二世刻石等等，凡此皆以見史公之留意金石，藉碑以證秦以巡遊無度爾。

金石學既肇始於漢，歷魏晉南北朝，乃更見演進，其可得而述者如次：一曰史學之考訂，如孟康註漢書律歷志，據漢景帝時，零陵文學奚景於泠道舜祠下得白玉琯，古以玉作管，不但竹也，以證《漢志》之說不盡然，又如張晏註《漢書・儒林傳》，案碑而知伏生名勝；又如晉灼註《漢書・地理志》，魏郡黎陽，據山上碑所云，縣取山之名，取水在其陽以爲名，以證地之名黎陽，不名黎陰也，等等即是。二曰撰述之引用，如酈道元撰《水經注》，凡引漢碑百，魏碑二十，引晉碑、宋碑亦不少；又如楊衒之著《洛陽伽藍記》，引寺中所有碑志，約二十條，並及漢魏石經；又如魏收撰《魏書》，仿善長《水

經注》，於「地形志」府縣下，每引漢魏以來石刻，等等即是。三曰專著之始創，如梁元帝嘗集錄碑文，著碑集百卷，見所撰《金樓子》，是爲金石學專著之祖，惜其書不傳：又《隋志》載梁顧烜著《錢譜》一卷，亦佚，今存者有：梁陶宏景《古今刀劍錄》一卷，梁虞荔《鼎錄》一卷，然眞偽雜揉，難以取信，要之，金石專著之始於梁，則可信也。四曰石經之著錄，魏晉南北朝間之著述，言及石經者，有《洛陽記》、《西征記》、《後漢書》、《水經注》、《洛陽伽藍記》及《北齊書》等等，然以《漢熹平石經》、《魏正始石經》，其時相接，其地又同，故諸書所記，往往互誤，此可見古人考核之欠精。漢魏石經今已亡闕，得此猶可考見一二，其功亦不可泯也。自茲厥後，吉金樂石，流傳漸廣，講求者亦不乏人，至宋而歐陽、薛、呂、趙諸氏，藏獲愈富，始摹揭辨識，著錄成書，金石之學，可謂盛矣。

北魏一代，道元撰注《水經》，因地致詳，鉤稽明晰，凡魏以前故事舊文，皆可考求而得。而注中且博收古碑，巨細不遺，至于林邑外夷，亦在記述。計酈氏所引金石碑刻，凡三百五十八種〔註1〕，以形式而言，有銅器銘文、碑碣、石刻及摩崖題刻等等，其詳如附表九：

表九：《水經注》徵引金石碑銘一覽表

編號	名　稱	卷　　次	備　　　　　考
1	李尤盟津銘	卷一〈河水注〉	此銘除《水經注》外，鮮見引及，殆亡佚已久。
2	阿育王塔柱銘	卷一〈河水注〉	按此柱銘，當是梵字。
3	泥犁城石柱銘	卷一〈河水注〉	按此柱銘，當是梵字。
4	高祖講武碑	卷三〈河水注〉	此碑唐宋以來無著錄，殆早佚矣。
5	後魏廣德殿碑	卷三〈河水注〉	《魏書·始祖紀》，不載刻此碑事，自來金石家亦未見焉，酈注所引，蓋碑文之僅存者。凡四十字，四言一句。

〔註1〕 按：酈氏所引碑刻銘文，近人研究者有二：陳橋驛〈水經注金石錄〉，舉其目凡三五七種，載《水經注研究》二集，山西人民出版社，1987 年，頁 540～616。又施蟄存撰《水經注碑錄》，細考酈書所引碑銘二七八件，天津古籍出版社，1987 年。二家並有所得，唯陳氏考校過簡，而施氏所錄，缺略頗多。

6	後魏廣德殿碑陰	卷三〈河水注〉	續上碑，碑陰題宣城公李孝伯，尚書盧遐等從臣姓名。
7	大夏龍雀銘	卷三〈河水注〉	凡三十二字，四字一句，銘刻于龍雀大鐶背。
8	龍門廟祠碑一	卷四〈河水注〉	今佚。
9	龍門廟祠碑二	卷四〈河水注〉	今佚。
10	龍門廟祠碑三	卷四〈河水注〉	今佚。
11	司馬遷碑	卷四〈河水注〉	今佚。
12	司馬遷廟碑	卷四〈河水注〉	《史記・索隱》曰：「司馬遷碑在夏陽西北四里。」又曰：「按遷碑，高門在夏陽西北，去華池三里。」此所云遷碑，當即永嘉四年（西元 310）殷濟所立者，蓋司馬貞猶及見之。永嘉之碑，則宋以來即無著錄，必久已亡失。
13	文母廟碑	卷四〈河水注〉	文母，太姒也。有莘氏之女，周文王之妃，武王之母。此碑向來不見著錄，酈道元亦未有引述，不知何代所立。《太平寰宇記》（郃陽）下云：「周文王娶有莘氏之女太姒，即邑人。今郡有文母祠，存祀典。」亦不言有古碑，則酈氏所見碑，宋以前已亡矣。
14	魏石堤祠銘	卷四〈河水注〉	此刻或為記通治水利事，惜酈氏略其辭，今已無考矣。
15	金狄銘	卷四〈河水注〉	秦之李斯，號為工篆，諸山碑及銅人銘，皆斯書也。
16	晉崤道銘	卷四〈河水注〉	此刻惟見于酈注，別無著錄。
17	恬漠先生翼神碑	卷四〈河水注〉	此刻惟見于酈注，別無著錄。
18	五戶祠銘	卷四〈河水注〉	五戶，灘名也。黃河三門峽崖壁間，漢以來銘刻累累，皆治水記錄，然棧道高下，屢有移易，舊時摩崖，輒經鑿廢。此銘刻，當在五戶神祠中，亦不見後人著錄，疑已與崖岸同墮矣。
19	洛陽北界碑	卷五〈河水注〉	四字，津水二渚分屬之也。
20	河平侯祠碑	卷五〈河水注〉	酈氏時已佚，後無著錄。
21	漢夷齊廟碑一	卷五〈河水注〉	此碑，唐宋以來不見著錄。

22	漢夷齊廟碑二	卷五〈河水注〉	此碑，唐宋以來不見著錄。
23	漢黎陽山碑	卷五〈河水注〉	酈氏此文，但引晉灼漢書音義，以釋黎陽之義，未嘗親見此碑。
24	魏伍仔胥廟碑	卷五〈河水注〉	此碑不見於其他著錄，魏青龍二十三年間（西元234～西元235），史籍亦不載有關伍子胥事，酈氏此文，絕無敘錄，立碑緣由，無可考察。所謂「廟前有碑」者，亦未必為伍子胥廟碑，今姑揭其目于此。
25	趙金露盤銘	卷五〈河水注〉	此銘，後世無聞焉。
26	苻秦鄧艾廟碑	卷五〈河水注〉	集古錄、金石錄、廣川書跋均有鄧艾碑題跋，通志金石略有「方城侯鄧艾碑」，此四家著錄者，同一碑也，然非酈氏所見者。
27	魏沇州刺史劉岱碑	卷五〈河水注〉	劉岱，漢人也，酈注稱魏者，蓋碑為魏時所立耳。此碑自酈注後，無著錄者。
28	伏生墓碑	卷五〈河水注〉	此碑，酈注所述，涉及濟南伏生事跡，而唐宋人已不得見，故其文不傳于世。酈注所記，亦史料之可注意者。
29	晉太原成王碑	卷六〈汾水注〉	《晉書·宗室傳》：「太原成王輔，乃安平獻王孚之第三子。魏末為野王太守，武帝受禪，封渤海王。秦始三年，之國。後為衛尉，出為中郎將。咸寧四年，徙為太原王，監并卅諸軍事。太康四年，入朝。五年，薨。追贈鎮北將軍，後更贈衛將軍，開府儀同三司。」又《武帝紀》云：「太康五年冬十一月甲辰，太原王輔薨。」據此可知為晉太原王司馬輔之碑。碑題獨稱鎮北將軍，蓋薨後即營葬立碑也。
30	介子推祠碑	卷六〈汾水注〉	介子推，左傳作介之推，史記以後，始作介子推。《魏書·地形志》云：「晉陽有介子推祠。」其碑則別無著錄，不知何時所立，蓋酈氏亦已不能辨也。
31	漢郭林宗碑	卷六〈汾水注〉	郭泰，字林宗，太原界休人，漢末名士。其墓碑文及蔡邕所撰，全文今存。郭、蔡均有大名，故此碑學者寶之。
32	漢宋子浚碑	卷六〈汾水注〉	此碑後人無記述，其名字幸存酈注中，史籍所不載也。
33	石棺銘	卷六〈汾水注〉	此事乃古代神話，後人好事，于霍太山健飛廉墓，故未有睹此石棺者，譙周古史考已斥其妄矣。
34	堯廟碑	卷六〈汾水注〉	此碑不見其他著錄，歐、趙、鄭、洪諸家所錄堯廟碑，皆在濟陰，明非此碑。惟寒山堂金石林，古今碑刻，天下金石志等，皆著錄「堯廟碑」于山西平陽府，此三事皆鈔取舊志，不足信也。
35	堯神屋石碑	卷六〈汾水注〉	魏土地記，北魏人所作，其云堯廟在汾水東，即晉元康所移建也，故此碑亦當為晉元康時（西元291～西元299）所立。

36	漢上谷長史侯相碑	卷六〈汾水注〉	上谷長史侯相，其人不見于漢史，其碑文，酈注而外，別無著錄。酈注稱「故漢」，殆碑額之文也，信如是者，則此非漢碑矣。
37	司馬子政廟碑	卷六〈原公水注〉	《晉書‧宗室傳》：「子政名斌，任城景王陵第三子。魏中郎。武帝受禪，封陳王，邑千七百十戶，三年，改封西河，咸寧四年薨，諡曰繆。」碑所云與史合。宋時歐、趙、洪、鄭諸家，均無著錄。
38	漢石門銘	卷七〈濟水注〉	王景、王吳共修浚儀渠事，詳見《後漢書‧王景傳》。石門在滎陽山北一里，漢成帝陽嘉年間（前24～前17）所立。
39	漢滎口石門碑	卷七〈濟水注〉	此碑唐以後，即無人見之。王誨、司馬登諸人，均不見于漢史，頌石銘者邊韶，《後漢書》有傳，以「腹笥便便」著名之文士也，其文集久已失傳。若使酈道元不錄此碑，則司馬登等充國惠民之功，終于不彰，而邊韶此文亦不得傳之後人也。此文隸釋《水經注碑目》，題作〔王誨碑〕
40	魏李勝祠石的銘	卷七〈濟水注〉	李勝事見《魏志‧曹爽傳》。此碑在原武城北，乃原武民頌德而立。
41	秦相魏冉碑	卷七〈濟水注〉	穰侯魏冉，《史記》有傳，其碑當為後代所立。司馬貞《史記索隱》引王劭云：「定陶見有魏冉冢。」王劭，隋時人，可知魏冉墓至隋時尚存，碑則自酈道元後無著錄者。
42	漢丁昭儀墓碑一	卷七〈濟水注〉	此碑酈注而外，別無著錄。西漢時尚無墓碑，王姬陵前亦尚無刻石，此所云「崩碑二所」，若非後世所建，則或是窆石耳。
43	漢丁昭儀墓碑二	卷八〈濟水注〉	見上注。
44	漢酸棗令劉孟陽碑	卷八〈濟水注〉	歐陽修得此碑，而未得其額，故不知其人為酸棗令，碑文但云：「君諱熊，字孟口。」下一字泐失，故又不知其人之姓與字，碑文有「俞鄉侯之季子也」，遂題作〔俞鄉侯季子碑〕。趙明誠《金石錄》，卷十九，跋尾九，始據《水經注》此文，識其為〔酸棗令劉孟陽碑〕。若使酈氏錄此碑時，不舉其字而舉其名，則後世殆無從知劉熊字孟陽者矣。洪氏《隸釋》卷二十，始著錄此碑全文，碑文已不見「酸棗」二字，但曰「我邦」。
45	漢冀州刺史王紛碑	卷八〈濟水注〉	此碑酈道元後未有著錄。
46	項羽墓碣	卷八〈濟水注〉	《史記正義》引括《地志》云：「項羽墓在濟州東阿縣東二十七里，谷城西三里。」又引《述征記》云：「項羽墓在谷城西北三里，半許毀壞有碣『項王之墓』。」酈氏蓋即據此書之。
47	漢劉衡碑	卷八〈濟水注〉	今本《水經注》無「有漢相劉衡碑」句，其下亦無「又」字，茲據名勝志所引補入。〔劉衡碑〕，《金石錄》、《隸釋》均有著錄。衡終于趙相，故趙、洪二書均題作〔漢趙相劉衡碑〕，蓋酈氏文誤奪趙字也。

48	魏任照先碑	卷八〈濟水注〉	任照先，史作昭先，名蝦，樂安博昌人，其事跡見《後漢書‧鄭玄傳》。碑不見後人著錄。
49	漢沇州刺史薛季像碑	卷八〈濟水注〉	薛季像，史無傳焉。
50	漢沇州刺史楊叔恭碑	卷八〈濟水注〉	楊叔恭，史無傳焉。
51	漢沇州刺史班孟堅碑	卷八〈濟水注〉	建和乃漢桓帝年號（西元 147～西元 149），止于三年，次年即改元和平，豈得有十年？酈氏此句，必有訛謬，無從校正。
52	漢荊州刺史李剛碑	卷八〈濟水注〉	李剛事不見史籍，此碑亦亡在宋以前，均莫可考。洪氏《隸續》著錄「漢荊州刺史李剛石室殘畫像」一軸，高不及咫，長一丈有半，所圖有「東都」、「君為荊州刺史時」、「郡太守」、「烏桓」等文字四榜，此酈注所未詳也。
53	漢司隸校尉魯峻碑	卷八〈濟水注〉	酈氏此注所引西征記，其書久已亡佚，然此段亦見《藝文類聚》。魯恭，《方輿志》、《寰宇記》之類皆作「魯峻」，蓋酈氏偶誤，或後人傳鈔致誤也。歐陽修、趙明誠均有著錄。碑立于漢熹平二年（西元 173），高一丈一尺五寸，廣四尺五寸，文十七行，行三十二字。碑額隸書二行，曰〔漢故司隸校尉忠惠父魯君碑〕。有穿。碑文見洪氏《隸釋》中。
54	漢桂陽太守趙越碑一	卷九〈清水注〉	趙越生平，史傳失載。此碑久已亡佚。
55	漢桂陽太守趙越碑二	卷九〈清水注〉	同上注。
56	漢立太公廟碑	卷九〈清水注〉	此碑漢崔瑗立，久已亡失，不見宋人著錄。
57	晉立太公呂望碑	卷九〈清水注〉	此碑晉盧無忌立，今存，碑為晉太康十年（西元 289）三月十九日造。有額，題云：「齊太公呂望表」。宋人著錄此碑者有《金石錄》、《廣川書跋》、《通志金石略》、《寶刻叢編》等書，然趙氏稱〔晉太公碑〕，董氏稱〔太公碑〕，陳氏稱〔晉立齊太公廟碑〕，似皆未見碑額，故不用本題。全文著錄始于《金石萃編》，文凡二十行，行三十字。
58	比干墓碑	卷九〈清水注〉	趙明誠《金石錄》，卷二，目錄二，第三百二十八著錄〔比干墓刻〕，不記年月，是否即此，不詳。
59	後魏孝文帝弔比干碑	卷九〈清水注〉	《魏書‧高祖記》：「太和十八年十一月，車駕幸鄴。甲申，經比干之墓。傷其忠而獲戾，親為弔文，樹碑而刊之。」此即酈氏所言碑也。碑立于太和十八年（西元 494）十一月，歐陽棐《集古錄目》、趙明誠《金石錄》并有著錄。
60	晉沁口石門銘	卷九〈沁水注〉	此銘未有後人著錄，或已湮沒。司馬孚，字仲達，《晉書》有傳。魏文帝時，嘗為河內典農中郎將，其治沁口水利，刻石立銘，當亦在魏文帝時（西元 220～西元 226）。

61	後魏孔子廟碑	卷九〈沁水注〉	趙明誠《金石錄》，卷二，目錄二，第三百二十四著錄〔後魏孔子廟碑〕，孝文帝太和元年（西元 477）立，當是此碑。
62	宣尼廟碑	卷九〈沁水注〉	趙明誠《金石錄》，卷二十一，跋尾十一〔後魏孔宣尼廟記〕云：「右魏后孔宣尼廟記，在今懷州界中，詞頗古質可喜。」
63	後魏華岳廟碑	卷九〈沁水注〉	此野王城北之華岳，非關中之西岳華山也。此太行山之〔華岳廟碑〕，酈道元以後，無著錄者。
64	漢李雲墓刻石	卷九〈淇水注〉	李雲，《後漢書》有傳。此碑無傳，今已無考矣。
65	晉魯國孔明碑	卷九〈淇水注〉	《太平寰宇記》云：「蕩縣有邸閣城，內有魯國孔翊清德碑，存。」孔翊，酈注作孔明，未知孰是。此碑唐宋間獨存，然不見歐、趙、洪諸家著錄，遂不可考矣。
66	晉李熹碑	卷十〈濁漳水注〉	李熹，《晉書》有傳。此碑亦未聞後世著錄。
67	趙西門豹祠碑	卷十〈濁漳水注〉	趙明誠《金石錄》，卷二，目錄二，第三百十三著錄〔僞趙西門豹祠殿墓記〕，建武六年（西元 335）八月立，此即酈注所言祠東之碑也。
68	魏臺粟窖銘	卷十〈濁漳水注〉	此石今已亡失，拓本不傳。
69	漢漳河神壇碑	卷十〈濁漳水注〉	《太平寰宇記》云：「邢州沙河縣有湯山，在縣西北七十一里，……有碑，題曰漳河神壇。」則此碑隋時獨存。《太平寰宇》引舊文而不云碑見存，《寶刻叢編》又引《太平寰宇記》所存錄，皆可知宋時已無此碑，故不見歐、趙、洪諸家著錄也。
70	漢冀州從事趙徵碑	卷十〈濁漳水注〉	此碑，道元不及見也，亦別無著錄。
71	魏冀州刺史丁紹碑	卷十〈濁漳水注〉	丁紹碑，魏青龍三年（西元 235）立，不見于宋人著錄，或已亡失。
72	後魏獻文帝南巡碑	卷十〈濁漳水注〉	《魏書·獻文帝紀》不載南巡信都事，惟文成帝凡四幸信都，此或文成帝南巡碑，酈氏誤云獻文帝也。
73	燕刻石	卷十一〈易水注〉	酈注此云：「尚傳鐫刻之石。」按：「之石」朱作「之名」，御覽引此作「俊列之名」。依注上文，「郭隗樂毅之徒，鄒衍劇辛之儔」，疑即所謂俊列之名矣。
74	漢冀州北界銘	卷十一〈滱水注〉	滱水即今之唐河，高氏山即恒山，古屬并州，今謂山上有冀州北界石，則是冀州轄境北展，以恆山爲并冀分界矣。
75	漢幽冀二州界石	卷十一〈滱水注〉	此碑《太平寰宇記》不錄，當已早佚。
76	後魏御射碑	卷十一〈滱水注〉	此碑文疑有脫落，《太平寰宇記》著錄靈邱縣南十八里有御射臺，下引《水經注》云：「臺南有御射碑，即文成帝和平二年南巡于此，路左有山，高七百仞，命群臣射之，不過

			半。帝乃射之，箭過其三十餘仞，落山南三百步。遂刻石，其碑見存，陰刊從臣姓名。」此蓋酈注之佚文也。歐、趙以來，均無著錄，《太平寰宇記》但引錄文獻，恐其時碑已亡失矣。
77	後魏北海王石碣	卷十一〈滱水注〉	《魏書·北海王元詳傳》云：「高祖自洛北巡，詳常與侍中，彭城王勰并在輿輦，陪侍左右。至高宗射銘之所，高祖停駕，詔諸弟及侍臣皆試射遠近，惟詳箭不及高宗箭所十餘步。高祖嘉之，拊掌大笑，遂詔勒銘。」此即酈注所云石碣也。《太平寰宇記》不載此刻，殆先亡矣。
78	北岳碑一	卷十一〈滱水注〉	此注謂漢末恒山間阻，無從祠祀，故于上曲陽立恒山下廟，以承祀典也。然考《漢書·郊祀志》云：「宣帝神爵元年，制詔太常，修五岳四瀆之祠。祠北岳常山于上曲陽。」則北岳祠祀，西漢時即在上曲陽，不因漢末喪亂，山道不通，遂置恒山下廟也。酈氏所言，蓋失考矣。北岳古碑見于宋人著錄者，惟有「晉北岳祠堂頌」，秦始六年立，金石錄有此碑目，而無跋文，遂不傳其梗概。
79	北岳碑二	卷十一〈滱水注〉	同上注。
80	漢張平仲碑	卷十一〈滱水注〉	宋人《天下碑錄》、《通志·金石略》、《寶刻叢編》均著錄有〔漢上谷太守張袆碑〕注，在安喜縣東六里。然歐、趙、洪諸家俱未得拓本。張袆之名，不見史傳，亦無可考。
81	漢孝子王立碑祖	卷十一〈滱水注〉	此碑與張平仲碑同，宋人碑目著錄，云在安喜縣東三十里。宋以來碑拓收藏家均無記述，其石存否，不可知矣。
82	後魏御射碑	卷十一〈滱水注〉	《魏書·世祖紀》云：「帝以太延元年十一月乙丑，行幸冀州。己巳，校獵于廣川。丙子，行幸鄴，祀密太后廟。十二月癸卯，遣使者以太牢祀北岳。」酈氏引碑文數語，即指此事。《太平寰宇記》：「滿城縣五迴山」，引此碑云，飛矢喻于嚴山三百餘步，後鎮軍將軍定州刺史樂良公乞文于射所立碑，中山安喜賈聰書。足補此注之逸。
83	徐水陰碑	卷十一〈滱水注〉	同上注。
84	徐水御射碑	卷十一〈滱水注〉	同上注。
85	徐水御射碑陰	卷十一〈滱水注〉	同上注。
86	郎山君碑	卷十一〈滱水注〉	此碑早佚，酈氏又未詳述其事，竟莫得而知矣。
87	觸鋒將軍廟碑	卷十一〈滱水注〉	早佚，未見後人著錄。
88	太白君碑	卷十一〈滱水注〉	太白君，郎山君之元子也。其碑早佚，其詳莫得而知矣。

89	晉康王碑	卷十二〈聖水注〉	唐王者，范陽王司馬綏也，諡曰康，故稱康王。此碑後世不復有著錄。
90	晉范陽王廟碑	卷十二〈聖水注〉	范陽王虓者，司馬綏之子，襲封爲范陽王也。此碑酈注以外，未見著錄，久已亡失矣。
91	後魏永固堂碑	卷十三〈㶟水注〉	永固縣，今山西省大同市。《魏書·高祖紀》云：「太和五年四月己亥，行幸方山，建永固石室于山上，立碑于石室之庭。又銘太皇太后終制于金冊。又起鑒玄殿。」此永固堂碑，乃太后生前所立頌德碑也。此碑不見于後世著錄，恐宋以前已亡失矣。
92	後魏郊天碑	卷十三〈㶟水注〉	《魏書·太祖紀》云：「天興二年正月甲子，初祠上帝于南郊，以始祖神元皇帝配，降壇視燎，成禮而返。」此平城郊天之始也。則此碑或天興四年所立，以紀大典，酈注云建興四年，殆後人傳鈔致誤耳。此碑後世未有著錄，亦亡矣。
93	後魏太和殿碑	卷十三〈㶟水注〉	此碑，酈注之外，別無著錄。
94	皇信堂書像題刻	卷十三〈㶟水注〉	刊題其側，是辨章郎彭城張僧達，樂安蔣少游筆。
95	寧先宮石柱建武題刻	卷十三〈㶟水注〉	此碑瑰麗，聲名籍甚，然唐宋以來，不更見著錄，則其亡亦久矣。
96	子丹碑	卷十三〈㶟水注〉	子丹，魏曹眞之字。曹氏諸碑，酈氏并有記述，獨曹眞碑未嘗詳言，而稱其雕鏤之精，則再三見。楊熊合撰《水經注疏》，卷十三，于此碑下云：「魏書不載子丹碑所在，書鈔二百二引述征記云，曹眞祠堂在北邙山，刊石既精，書亦甚工。」
97	後魏諸嶽廟碑	卷十三〈㶟水注〉	諸嶽廟碑，酈氏未舉其名，今所知者，惟華嶽、嵩嶽二碑耳。華嶽廟碑題曰：〔大代華嶽廟碑〕，此碑宋人均有著錄，歐陽修、趙明誠俱得拓本。〔中嶽嵩高靈廟碑〕，至今獨存，殘泐過半矣。
98	後魏祇洹碑	卷十三〈㶟水注〉	此碑僅見于此，別無著錄，蓋亡失久矣。
99	前燕銅馬銘	卷十三〈㶟水注〉	酈書著錄前燕石刻，有〔盧龍塞道銘〕與此〔銅馬銘〕共二通，皆已亡佚，遺文不傳。
100	晉立劉靖碑	卷十三〈㶟水注〉	劉靖事附見《魏書·劉馥傳》，馥之子也。王密表所謂「功加于民」者，指通治水利之功也。王密，史籍無徵，碑當是密所立。此碑宋元人未見，蓋亡失已久。
101	劉靖碑	卷十四〈鮑邱水注〉	靖字文恭，《魏書》失載，賴此文知之。
102	陽翁伯碑	卷十四〈鮑邱水注〉	此碑，酈氏以後無著錄，亡佚久矣。

103	前燕盧龍塞道碑	卷十四〈濡水注〉	《太平寰宇記》，平州盧龍縣有盧龍塞，在郡城西北二百里，即此地也。此刻不復見後世著錄。
104	漢武帝勒石	卷十四〈濡水注〉	大碣石山在右北平驪成縣西南，王莽改曰揭石，漢武帝嘗登之，以望巨海，而勒其石于此。
105	周王陵碑	卷十五〈洛水注〉	此碑未見後世著錄，酈氏又語焉不詳，周、秦、前漢，獨無墓碑，此碑恐為後漢人所建。
106	晉鄭袤碑	卷十五〈洛水注〉	鄭袤，《晉書》有傳，字林叔，滎陽開封人。據本傳則袤生時未拜司空之命，碑仍作司空者，當為卒後追贈。
107	晉鄭仲林碑	卷十五〈洛水注〉	鄭仲林之名，不見于《晉書》。其碑立于泰始六年（西元270），疑是袤之兄。《文選》〈竟陵文宣王行狀〉，李善注引潘岳〔司空密陵侯碑〕，《藝文類聚》卷四十七亦錄此碑文，才得其半，蓋唐人獨見之，此後則無著錄矣。
108	晉九山廟碑	卷十五〈洛水注〉	《太平寰宇記》云：「九山在鞏縣西南五十五里，山際有九山廟碑，晉永康二年立，文曰：『九山府君，太華元子之稱也。』」似此碑唐、宋間獨存，然別無著錄，莫得而詳。」
109	百蟲將軍顯靈碑	卷十五〈洛水注〉	此碑亦無其他記錄可考。西北一帶，多祀伯益，謂蝗螟之患，禱之輒應。蓋古史稱舜命益為虞官，馴原隰草木鳥獸，故民間相傳伯益為百蟲之王也。
110	晉潘岳父茈墓碑	卷十五〈洛水注〉	《文選》〈西征賦〉注，引《河南郡圖經》云：「潘岳父冢在鞏縣西南三十五里。」則此墓，隋唐時猶在。然歐、趙二錄均不載此碑，恐宋時已亡佚矣。
111	晉潘岳墓碑	卷十五〈洛水注〉	《文選》〈王文憲集序〉注，引潘尼〔潘岳碣〕文云：「君深達治體，垂化三宰。」此與酈道元所引，蓋碑文之僅存者。
112	晉宗均碑	卷十五〈伊水注〉	宗均，晉史無傳，碑亦欠佚，不見著錄。
113	漢大石嶺碑	卷十五〈伊水注〉	隱士通明，史籍未載，其所立碑，亦別無著錄。酈氏以其文字淺鄙而略之，遂使此漢碑內容，莫得而詳。
114	魏晉伊闕左壁石銘	卷十五〈伊水注〉	此石銘，蓋記水之漲減也。酈氏而外，未見著錄者。
115	魏晉伊闕右壁石銘	卷十五〈伊水注〉	晉惠帝永康紀元，僅一年（西元300）年，即改元永寧（西元301），亦一年而止，此文云永康五年，必有誤。
116	裴氏碑	卷十五〈瀍水注〉	此碑，酈氏而外，未見著錄。
117	晉帛仲理碑	卷十五〈瀍水注〉	《太平寰宇記》云：「河南縣有白君祠。」又引《郡國志》云：「瀍水西南有白仲理墓，前有祠堂。石碑題曰：『真人白君之表』，即晉永寧二年志之。」《郡國志》十卷，唐人撰，則此碑，唐時猶存，宋無著錄者，白與帛通。

118	魏毋邱興碑一	卷十六〈穀水注〉	此碑，宋時已不存，然在唐時，則大有名，《張懷瓘書斷》云：「索靖又善八分，……毋邱興碑，是其遺跡也。」《李嗣真書品》亦云：「毋丘興碑，云是索書，比蔡石經，無相假借。」則酈注所云二碑中，必有一碑爲索靖所書也。
119	魏毋邱興碑二	卷十六〈穀水注〉	同上注。
120	魏千金堨石人腹上刻勒	卷十六〈穀水注〉	酈氏錄千金堨諸銘刻甚詳，乃水利文獻之重要史料。石人者，水標也，今此石人已不可得見，其文惟賴酈氏錄存，厥功偉矣。
121	魏千金堨石人東脅下刻勒	卷十六〈穀水注〉	同上注。
122	魏千金堨石人西脅下刻勒	卷十六〈穀水注〉	同上注。
123	晉皋門橋銘刻	卷十六〈穀水注〉	此刻淪失已久，後世無著錄者。
124	洛中故碑	卷十六〈穀水注〉	此碑被移作九華臺基石，碑石數量及碑碣名稱，不得而知。
125	魏茅茨碑	卷十六〈穀水注〉	此碑早佚，後世無聞。
126	漢洛陽建春門橋柱銘	卷十六〈穀水注〉	建春門橋四柱，均沒于北魏孝文帝孝昌三年（西元527）大雨，此銘遂無見者。然趙明誠寒山堂碑目、周弘祖古今書刻，均有〔洛陽石柱銘〕，趙氏注云：「在建春門外石柱上。」皆據古志妄錄之，不足信也。
127	洛陽東石橋銘	卷十六〈穀水注〉	此刻不見後人著錄
128	洛陽望先寺碑	卷十六〈穀水注〉	望先寺在洛陽西城，檢《洛陽伽藍記》、《魏書》均未載。酈氏未言此是何碑，故亦無可考。
129	漢洛陽開陽門銘	卷十六〈穀水注〉	今洛陽城乃隋大業元年（西元605）所築，在舊城西十八里，古洛陽城僅存遺墟，此銘亦失之久矣。
130	蔡邕六經碑	卷十六〈穀水注〉	漢靈帝熹平四年（西元175）春三月，詔諸儒正五經文字，此即後世所謂〔漢石經〕也。以其經始于熹平四年（西元175），故亦稱「熹平石經」。「五經石碑」，酈氏所云光和六年（西元183），刻石鏤碑，載五經，殆畢工之歲，與此同一碑也。趙明誠《金石錄》，卷十六，跋尾六「漢石經遺字」云：「右漢石經遺字者，藏洛陽及長安人家，蓋靈帝熹平四年所立，其字，則蔡邕小字八分書也。」

131	魏三字石經	卷十六〈穀水注〉	此石經乃魏時所建，爲古文、篆、隸三體者，道元云共四十八石，然《洛陽伽藍記》則云：「漢國子學堂前有三種字石經二十五碑，表裡刻之，寫春秋二部，獨有十八碑，餘皆殘毀。」又云：「復有四十八枚，亦表裡隸書，寫周易、尚書、公羊、禮記四部。」其言甚明，似酈氏誤以漢石數爲魏刻也。宋人著錄，僅胡宗愈所刻八百十九字，歐、趙二家，並無著錄。洪氏隸續所錄，即胡宗愈摹本。光緒以來，殘石出土，遂有王國維、章炳麟之考釋，陳乃乾、孫海波之集錄也。此石經，據楊熊《水經注疏》云：「本衛恒『四體書勢』文。邯鄲淳，《魏志》附〈王粲傳〉。書此碑者，《魏書》〈江式傳〉直云，邯鄲淳書。……余謂〈衛恒傳〉，魏初傳古文者，出于邯鄲淳，祖敬侯，寫淳尚書，後以示淳，而淳不別。至正始中，立『三字石經』，轉失淳法，因蝌蚪之名，遂效其形。是明明謂衛敬侯初學古文于邯鄲淳，及書石經，乃轉失淳法，怪其不遵師法也。此石經即衛敬侯書無疑。」
132	魏典論碑	卷十六〈穀水注〉	《魏書·明帝紀》稱：「太和四年春二月戊子，詔太傅三公以文帝《典論》刊石，立于廟門之外。」此即酈注所謂「典論碑」也。此石本，在唐時已亡失，至宋寫本亦亡，今僅存遺文數十事耳。
133	漢太學贊碑	卷十六〈穀水注〉	《太平御覽》禮儀部引郭緣生《述征記》云：「漢陽嘉元年『太學贊碑』，太尉龐參、司徒劉錡、太常孔扶、將作大匠故廣等記。」此與酈道元引述陸機所嘗摹者，恐非一事。且陸機云「別一碑」，可知太學贊固有二刻矣。此碑不見于後世著錄，當亡于唐前。
134	石龜碑	卷十六〈穀水注〉	碑載蔡邕、韓說、堂谿典等名，今佚。
135	漢太學弟子贊碑	卷十六〈穀水注〉	同 134〔石龜碑〕備註。
136	晉辟雍行禮碑	卷十六〈穀水注〉	此碑，自道元後即不見著錄。
137	李尤鴻池陂銘	卷十六〈穀水注〉	《藝文類聚》九有引。
138	酈食其廟北石人銘	卷十六〈穀水注〉	此石像不復見著錄。
139	廣野君廟碑	卷十六〈穀水注〉	《水經注》著錄廣野君碑二通，其一在陳留，墓碑也，此在偃師，廟碑也。二碑皆久佚。「仰澄芳于萬古，贊清徽于廟像」，此二語當是成公綏所撰碑文。此碑晉時所建也。成公綏集久已散亡，此碑文今不可見。
140	漢邠州刺史趙融碑	卷十七〈渭水注〉	漢獻帝建安元年（西元 196）立，今佚。

141	太公碑	卷十七〈渭水注〉	今佚。
142	魏雍州刺史郭淮碑	卷十九〈渭水注〉	《太平御覽》居處部引《述征記》云：「青門外有魏車騎將軍郭淮碑。」青門，即霸城門，長安城東第三門也。郭淮，《魏書》有傳，字伯濟，太原陽曲人。碑久不存，無可考。
143	兩石人刻石	卷十九〈渭水注〉	石人今不復見。
144	晉立漢京兆尹司馬文預碑	卷十九〈渭水注〉	此碑自酈氏後，無聞于世。1952年，西安出土一殘碑，僅存上半截，額字云：「漢故司隸校尉兆尹司馬君之碑頌」，四行，行四字。碑陰上列故吏題名十四行，下列碑文存十八行，行一至三字，不成文句。此即酈氏所見碑也。
145	滕公石椁銘	卷十九〈渭水注〉	此銘，小說家言也。明人王佐輔撰匯堂摘奇一卷，有〔滕公石椁銘〕十七字，僞書欺世，亦好奇之過耳。
146	梁嚴碑	卷十九〈渭水注〉	安定梁嚴，未見史傳，其碑亦無著錄者。
147	漢王譚碑	卷十九〈渭水注〉	王譚，《漢書》有傳，字子元，漢成帝母王皇后之弟也。其碑則別無著錄，不可考也。
148	漢五部神廟碑	卷十九〈渭水注〉	趙明誠《金石錄》，卷一，目錄一，第一百六十四著錄〔漢郟阮君神祠碑〕，光和四年六月立，即是此碑。卷十七，跋尾七云〔右漢瑴阮君神祠碑〕。歐陽公《集古錄》云郟阮君祠今謂之五部神廟。此碑宋時猶存，元明以來，未聞藏碑家有其拓本。
149	秦昭王華山勒銘	卷十九〈渭水注〉	此道元引故志以著異聞，未嘗親見此刻也。惟昭王乃謚號，必無自稱昭王之理，果有此銘，亦當是後王所勒也。華山石刻，以此爲最古。
150	張昶華嶽碑	卷十九〈渭水注〉	此碑不記年月，張昶乃後漢建安時人，曾官給事黃門侍郎。同卷經「又東過華陰縣北」注云：「漢文帝廟有石闕數碑，一碑是建安中立，漢鎮遠將軍段熲更修祠堂碑文，黃門侍郎張昶造，昶自書之。」不知是否即是此碑，存疑。
151	漢文帝廟碑一	卷十九〈渭水注〉	同上注。
152	漢文帝廟碑二	卷十九〈渭水注〉	同上注。
153	漢文帝廟碑三	卷十九〈渭水注〉	同上注。
154	漢文帝廟碑四	卷十九〈渭水注〉	同上注。
155	華嶽銘	卷十九〈渭水注〉	道元謂此銘有「秦晉爭其祠，立城建其左」之語，今所傳〔華嶽碑〕中均不見此文。此碑未見傳錄，遂不可考。

156	張載銘	卷二十〈漾水注〉	今佚。
157	晉順陽太守丁穆碑	卷二十〈丹水注〉	丁穆，《晉書》有傳，此碑向無記錄者。
158	河南界石	卷二十一〈汝水注〉	此石不復見著錄，無可考。
159	洛陽南界石	卷二十一〈汝水注〉	此石不復見著錄，無可考。
160	後魏葉公廟碑	卷二十一〈汝水注〉	葉公，楚大夫沈尹戌之子，名諸梁，字子高，食邑于葉，故稱葉公，其于楚有安邦戡亂之功，此廟當爲楚人所創建。至魏時，縣長陳晞繕治舊宇，刻石紀之耳。此碑不著于後世，惜酈氏未錄存其數言。
161	張熹碑	卷二十一〈汝水注〉	平輿令張熹事，史事不載，此碑亦毀失久矣。
162	漢青陂碑	卷二十一〈汝水注〉	此漢人治水之紀錄也，碑久皆亡失，惟見于酈注。
163	漢許由廟碑	卷二十二〈潁水注〉	此碑早已亡佚，唐宋人皆無著錄。
164	漢郭奉孝碑	卷二十二〈潁水注〉	郭嘉，字奉孝，潁川陽翟人，《魏書》有傳。其碑別無著錄，亡失久矣。
165	九山祠碑	卷二十二〈潁水注〉	道元著錄九山祠碑有二：一在嵩山北麓，今鞏界縣；一則此碑，陽翟即今禹縣，在潁南矣。鞏縣之碑，晉時所立，祀九山府君。此碑或亦同之。酈氏未有敘述，不知此碑時間及內容，後亦未有著錄者。
166	魏受禪碑	卷二十二〈潁水注〉	《寰宇記》碑錄，訪碑一著錄魏〔受禪碑〕，八分書，黃初元年十月立，河南臨潁。
167	百官勸進碑	卷二十二〈潁水注〉	《太平寰宇記》云：「一是百官勸進碑，一是受禪碑。」皆敘魏受漢禪事。前一碑，集古錄題作〔公卿上尊號表〕，隸釋同。
168	魏賈逵碑	卷二十二〈潁水注〉	賈逵，字梁道，河東襄陵人，《魏書》有傳。此碑，小歐陽《集古錄目》、《寶刻叢編》、趙明誠《金石錄》、鄭樵《通志·金石略》均著錄之。歐陽修《集古錄》有跋。蓋此碑北宋時仍在項城賈逵祠中，後即不見著錄，殆亡于金元之世矣。
169	孫叔敖碑	卷二十二〈潁水注〉	趙明誠《金石錄》，卷一，目錄一，第八十三著錄〔漢孫叔敖碑〕，延熹三年五月立。又第八十四著錄〔漢姚敖碑陰〕，并于跋尾述之甚詳。唯酈氏此碑，未詳何時何人所立，無可核對。
170	漢蔡昭墓碑一	卷二十二〈潁水注〉	蔡昭，《史傳》不載，其人無可考。《通志·金石略》載此碑，然歐、趙、洪諸家均未著錄，恐其時已亡佚。道元得見二碑，以碑字淪碎，其言略也。

171	漢蔡昭墓碑二	卷二十二〈潁水注〉	同上注。
172	漢弘農太守張伯雅碑一	卷二十二〈洧水注〉	弘農太守張德，不見史籍，無可考。道元記此墓規制甚詳，必漢墓之極宏偉者。爾時已凋毀殆盡，故後人不復睹也。墓有三碑，其文必多可錄，酈氏僅錄其名字里籍，又失之略矣。今此三碑，無著錄可尋，殆亡失久矣。
173	漢弘農太守張伯雅碑二	卷二十二〈洧水注〉	同上注。
174	漢弘農太守張伯雅墓三	卷二十二〈洧水注〉	同上注。
175	晉都鄉碑	卷二十二〈渠水注〉	此碑潘岳撰，晉碑也。道元但引其文以釋清水，恐未必見碑石。此碑不見後世著錄，碑文亦無傳本，佚文僅見于此。嚴可均即據以錄入全晉文。
176	漢袁良碑	卷二十二〈渠水注〉	趙明誠《金石錄》，卷一，目錄一，第五十一著錄〔漢國三老袁良碑〕，永建六年三月立。洪氏《隸釋》著錄碑文，猶斑斑可讀。碑在開封之扶溝，自宋以後，未聞傳本。
177	漢相王君造四縣邸碑	卷二十二〈渠水注〉	此碑僅見于酈注，後世遂無著錄，酈氏已云「文字剝缺，不可悉識」，殆不久即亡失矣。
178	漢袁滂墓碑	卷二十三〈陰溝水注〉	袁良碑稱良有三子，元子光，中子騰，少子璋。又刊石立碑者為其孫衛尉滂，司徒掾弘。酈注所云諸袁碑，指滂、騰、光也。皆不見宋人著錄。
179	漢袁騰墓碑	卷二十三〈陰溝水注〉	同上注。
180	漢袁光墓碑	卷二十三〈陰溝水注〉	同上注。
181	晉中散大夫胡均碑	卷二十三〈陰溝水注〉	胡均其人，不見于史籍，其碑後世無著錄。
182	漢溫令許續碑	卷二十三〈陰溝水注〉	許續不見于史籍，其碑後世無著錄。
183	漢尚書令虞詡傳	卷二十三〈陰溝水注〉	虞詡，《後漢書》有傳，其碑後世無錄者。
184	漢柘令許君清德頌碑	卷二十三〈陰溝水注〉	此碑，歐、趙、洪諸家俱未得，故其文不傳，宋以後，碑皆亡矣。
185	漢陽翟令許叔種碑	卷二十三〈陰溝水注〉	《天下碑錄》有〔陽翟令許叔臺碑〕，又有〔漢樂陵令太尉掾許嬰碑〕，均在柘城縣西南，當即酈氏所見者。此碑宋以後，不復見其目矣。
186	漢故樂成陵令太尉掾許嬰碑	卷二十三〈陰溝水注〉	同上注。

187	漢老子廟碑	卷二十三〈陰溝水注〉	此碑宋時猶存，碑文俱載于洪氏《隸釋》，碑式見于《隸續》。碑篆額一行，黑字，曰『老子銘』。文二一行，行四一字。
188	魏老子廟石闕銘	卷二十三〈陰溝水注〉	洪氏《隸續》有〔魏下詔豫州刺史修老子廟詔〕，錄存七一字，洪跋云：「此碑凡十三行，行八字，其磨滅者泰半。其間稱漢帝者再，蓋東京惟威宗尊祠老子，故魏詔再三言之。蓋詔豫部修祠之事，當時刻之于闕也。碑之下方，有唐開元及天寶間題字數十行，乃眞源縣令邵昕記祠醮投龍等事。」其詔署「黃初三年十月十五日□子下」，蓋即道元所見者也。此碑刻歐、趙兩家俱無著錄。
189	漢孔子廟碑	卷二十三〈陰溝水注〉	此碑後世無稱述者，或唐宋間已佚矣。
190	漢李母廟碑	卷二十三〈陰溝水注〉	李母，老子之母也。其碑今亡矣。
191	邊韶老子碑	卷二十三〈陰溝水注〉	此碑與本錄一八七〔漢老子廟碑〕，均出自邊韶，然該碑在賴鄉城，而此碑在相縣故城，明非一碑也。
192	曹嵩碑	卷二十三〈陰溝水注〉	曹嵩，中常侍曹騰之養子，魏武帝操之父也。此碑或魏受禪後所立。《太平寰宇記》曰：「沂水縣南一百五十里有曹嵩碑。」則唐宋之間，此碑猶存，然歐陽修以下，絕無著錄，不知其亡于何時。
193	漢中常侍曹騰碑	卷二十三〈陰溝水注〉	曹騰，字季興，曹操之祖也，《後漢書》有傳。曹氏諸碑，惟此石見于歐、趙、洪諸家著錄。歐、趙均稱〔曹騰碑〕，然按其文，乃詔第二篇，前篇爲東漢桓帝建和元年（西元147）七月己巳梁太后遣騰就國詔，後一篇乃騰卒後褒贈制書。此與酈注「碑陰刊詔策二」之語正合，故洪氏著錄稱〔曹騰碑陰〕，是也，其碑式，見《隸續》，篆額二行，十四字，碑陰九行，行三六字。此碑宋以後即無聞也。
194	漢潁川太守曹褒碑	卷二十三〈陰溝水注〉	此碑酈氏之後，無著錄者，蓋亡佚久矣。
195	漢長水校尉曹熾碑	卷二十三〈陰溝水注〉	此碑酈氏之外，亦無著錄者。
196	漢謁者曹胤碑	卷二十三〈陰溝水注〉	此碑酈氏之後，無著錄者。
197	魏大饗碑	卷二十三〈陰溝水注〉	《魏書·文帝紀》云：「帝以延康元年夏六月，南征，七月軍次于譙，大饗六軍及譙父老百姓于邑東。」碑所記，即此事。碑文俱載洪氏《隸釋》。此碑原石，元明以後，即無著錄，亦不聞有藏弄舊拓本者。
198	晉譙定王司馬士墓碑	卷二十三〈陰溝水注〉	鄭樵《通志·金石略》有〔司馬士會碑〕，在亳州，此當是酈氏所見者。歐、趙兩家俱無著錄，或已亡失。
199	晉譙定王司馬士冢石榜	卷二十三〈陰溝水注〉	此爲神道銘，詳酈氏所言。

200	漢幽州刺史朱龜碑	卷二十三〈陰溝水注〉	此碑唐宋時猶存，《集古》、《金石》二錄，俱有跋文，《隸釋》錄存其全文，《隸續》詳載其碑式。此碑亡于宋以後，清乾隆間，黃小松得舊拓本，僅存一六四字，并篆額。翁方綱定爲據宋拓本摹刻者，今有石印本，易得。
201	漢熹平殘碑	卷二十三〈陰溝水注〉	酈氏于此碑，僅錄立碑人名及年代，碑文略無一言。故不可考。
202	漢文穆碑	卷二十三〈陰溝水注〉	文穆，漢靈帝時人，不見于史籍，此碑後世無著錄者。
203	漢某君碑	卷二十三〈汳水注〉	興建浮圖，魏晉以後，始盛行之。漢末所建，僅見于此。碑無可考。
204	漢太傅掾橋載碑	卷二十三〈汳水注〉	此碑見于《天下碑錄》、《通志‧金石略》，俱作「太尉掾」，此稱「太傅掾」，恐非。歐、趙、洪諸家均無著錄，其文遂失傳。
205	漢鴻臚橋仁祠銘	卷二十三〈汳水注〉	此刻後世無著錄。
206	漢仙人王子喬碑	卷二十三〈汳水注〉	此碑文，蔡中郎筆也，今集中有其全文，與酈氏所錄，略有出入。此碑宋人無著錄者，久佚。
207	漢繹幕令碑	卷二十三〈獲水注〉	天下碑錄有〔漢繹幕令碑〕，在宋城縣東，通志金石略有〔宋國縣繹幕令碑〕，在南京。明人古今碑刻云在濟南府平原縣，寒山堂碑目云在河南永城縣。似此碑明時猶存，而所在地，異說紛如。酈氏云碑在蒙城東，則宋人著錄不誤。此碑雖見于宋人碑目，然歐、趙、洪以下均未得拓本，絕無著錄，疑宋時已不存矣。
208	漢司徒盛允碑	卷二十三〈獲水注〉	此碑後世無著錄，碑文僅見于此。盛氏出于奭氏，見《後漢書‧西羌傳》。
209	漢司徒袁安碑	卷二十三〈獲水注〉	袁安，《後漢書》有傳，字邵公，汝南汝陽人。《天下碑錄》有〔漢袁安碑〕，在徐州子城南門外百步，《通志‧金石略》亦有著錄，蓋此碑宋時猶存，而歐、趙、洪諸家書皆不載，其文遂不傳。
210	魏中郎將徐庶碑	卷二十三〈獲水注〉	徐庶，字元直，潁川人，事跡見蜀志諸葛亮傳。其碑文不傳。
211	漢廣野君廟碑	卷二十四〈睢水注〉	廣野君，前漢酈食其也，陳留高陽人。其碑唐宋時已無著錄，殆亦亡矣。
212	漢楊彥碑	卷二十四〈睢水注〉	楊彥，名不見史乘，碑亦無著錄者，莫可考也。
213	漢楊禪碑	卷二十四〈睢水注〉	楊禪，史無傳焉，其碑早佚。
214	晉梁王妃碑一	卷二十四〈睢水注〉	此碑不見後世著錄，亦早佚矣。

215	晉梁王妃碑二	卷二十四〈雎水注〉	同上注。
216	漢太尉橋玄碑一	卷二十四〈雎水注〉	橋玄，字公祖，《後漢書》有傳。此碑未見著錄，碑文不傳，乃漢朝群儒、英才、哲士感橋氏德行之美，而共刊石立碑。
217	漢太尉橋玄碑二	卷二十四〈雎水注〉	此碑爲故漢吏崔烈、吳整等所立，全文見《蔡中郎集》，題曰〔太尉喬公碑〕。
218	漢太尉橋玄碑三	卷二十四〈雎水注〉	此碑涼州故吏頌德而立，李友撰文。碑及全文未見著錄。
219	豫州從事皇毓碑	卷二十四〈雎水注〉	此碑僅見于酈注，後無著錄者。皇毓，不見于史籍，無可考也。
220	臨雎長王君碑	卷二十四〈雎水注〉	王君之名，史無可徵者。此碑亦別無著錄。
221	魏鄭陂刻石	卷二十四〈雎水注〉	鄭渾，字文公，河南開封人，《魏書》有傳，酈氏此注，但節錄史文，以釋鄭陂之由來，固未言親見此石刻也，後世更無著錄。
222	漢堯陵碑	卷二十四〈瓠子河注〉	酈注此云「前并列數碑」，但不記碑名及年月，無可考查。趙明誠《金石錄》，著錄〔漢堯廟碑〕頗多，計有卷一，目錄一，第一百四一〔漢堯廟碑〕，熹平四年十二月立；卷一，目錄一，第一百一〔漢堯廟碑〕，永康元年題，延熹十年二月立等，是否與《水經注》數碑之說相合，不得而知。
223	成陽靈臺碑	卷二十四〈瓠子河注〉	趙明誠《金石錄》，卷一目錄一，第一百二七著錄〔漢城陽靈臺碑〕，建寧五年五月立，即此碑。
224	晉伍子胥祠碑	卷二十四〈瓠子河注〉	此碑酈氏已云碑祠均不可尋矣。
225	季札兒冢石銘	卷二十四〈汶水注〉	此碑酈氏云碑石糜碎，靡有遺矣，故亦不更見于著錄。
226	漢東平憲王碑闕	卷二十四〈汶水注〉	東平寧王劉蒼，漢光武帝之子，《後漢書》有傳。其碑及闕俱別無著錄。
227	孔子墓塋碑銘一	卷二十五〈泗水注〉	酈氏此文，全用舊記，孔林諸碑，殆未親見，故不能詳言之。趙明誠《金石錄》，卷一，目錄一，第七十一著錄〔漢孔君墓碣〕，卷十五，跋尾五云：「右漢孔君碣，在孔子墓林中，其額孔君之墓，文已殘缺。」《水經注》著錄孔林諸碑，因不記年月，故此碑是否已在其中，不得而知。
228	孔子墓塋碑銘二	卷二十五〈泗水注〉	同上注。
229	子山墓塋碑銘三	卷二十五〈泗水注〉	同上注。
230	道兒君碑	卷二十五〈泗水注〉	此碑未聞，道兒君亦不知何許人。

231	孔子舊廟碑一	卷二十五〈泗水注〉	酈注云：「廟列七碑，其二碑無字。」則有字者五碑也。隸釋著錄孔廟碑，有〔置守廟百石孔龢碑〕、〔史晨饗孔廟後碑〕、〔魯相韓勅造孔廟禮器碑〕、〔韓勅修孔廟後碑〕、〔魯相史晨祠孔廟奏銘〕，俱注云：「《水經》有。」故趙一清以為此即酈注所指有字之五碑也。今惟〔韓勅修孔廟後碑〕已亡佚，餘四碑猶存。
232	孔子舊廟碑二	卷二十五〈泗水注〉	同上注。
233	孔子舊廟碑三	卷二十五〈泗水注〉	同上注。
234	孔子舊廟碑四	卷二十五〈泗水注〉	同上注。
235	孔子舊廟碑五	卷二十五〈泗水注〉	同上注。
236	孔子舊廟碑六	卷二十五〈泗水注〉	同上注。
237	孔子舊廟碑七	卷二十五〈泗水注〉	同上注。
238	秦嶧山刻石	卷二十五〈泗水注〉	趙明誠《金石錄》，卷一，目錄一，第三六著錄〔秦嶧山刻石〕即是。
239	漢度尚碑	卷二十五〈泗水注〉	度尚，《後漢書》有傳。其碑趙、洪兩家并有著錄，碑文錄在《隸釋》，所書事與史傳異，趙氏以為皆史之誤也。
240	漢高祖廟碑一	卷二十五〈泗水注〉	沛縣城內三碑，不見後人著錄，俱無可考。
241	漢高祖廟碑二	卷二十五〈泗水注〉	同上注。
242	漢高祖廟碑三	卷二十五〈泗水注〉	同上注。
243	泗水亭銘碑	卷二十五〈泗水注〉	《續漢書・郡國志》云：「沛有泗水亭。」注云：「亭有高祖碑，班固為文，見固集。」古文苑載班固〔泗水亭銘〕，可知此碑唐時猶存，宋以後無著錄者，歐、趙、洪諸家似亦未見也。
244	漢龔勝墓碑	卷二十五〈泗水注〉	龔勝，字君賓，楚人也，漢書有傳。碑文不傳，莫得而詳之。
245	晉石苞碑	卷二十五〈泗水注〉	石苞字仲容，渤海南皮人，《晉書》有傳。碑文不見唐宋人著錄，殆早佚矣。
246	魏胡質碑	卷二十五〈泗水注〉	胡質字文德，楚國壽春人，《魏書》有傳。碑早佚矣。

247	晉王渾碑	卷二十五〈泗水注〉	王渾字元沖，太原晉陽人，《晉書》有傳。碑早佚矣。
248	晉石崇碑	卷二十五〈泗水注〉	石崇字季倫，苞之第六子，附見苞傳。碑早佚矣。
249	漢太尉陳球墓碑一	卷二十五〈泗水注〉	陳球，字伯眞，下邳淮浦人，《後漢書》有傳。歐陽修《集古錄》〔陳球碑〕一通，趙明誠《金石錄》、洪景伯《隸釋》均著錄〔太尉陳球碑〕及碑陰，又〔陳球後碑〕一通，即歐陽公所得者。趙、洪二家所錄之碑，宋後皆佚，拓本不傳。
250	漢太尉陳球墓碑二	卷二十五〈泗水注〉	同上注。
251	漢太尉陳球墓碑三	卷二十五〈泗水注〉	同上注。
252	漢梧臺石社碑	卷二十六〈淄水注〉	此碑自酈道元以後無著錄，其亡失蓋久矣。前清季世，碑額忽出土，篆書六字，曰：「梧臺里石社碑」，與《水經注》所記合，當即酈氏所曾見者，今藏山東博物館。
253	管寧碑	卷二十六〈汶水注〉	管寧，字幼安，北海朱虛人，《魏書》有傳。寧終身未入仕，而名高天下，故墓碑題「獨行君子」也。酈氏未親見此碑，但鈔晏謨《齊地記》之說。此碑宋以後金石家，絕無稱述者，恐宋時已亡佚矣。
254	魏徵士邴原碑	卷二十六〈汶水注〉	邴原，字根矩，北海朱虛人，《魏書》有傳。此碑宋以後金石家，絕無稱述者，殆早亡佚矣。
255	漢青州刺史孫嵩墓碑	卷二十六〈汶水注〉	孫嵩，安丘人，自稱北海孫賓石。《太平寰宇記》云：「孫嵩碑在安丘縣南四十里墓前。」可知其碑唐宋間猶存。然歐、趙以來藏碑家均無著錄，遂不可考。
256	孫賓碩兄弟墓碑	卷二十六〈汶水注〉	碩、石，古字通。此即上碑孫嵩兄弟之墓碑也。今不見著錄。
257	秦琅邪刻石	卷二十六〈濰水注〉	趙明誠《金石錄》，卷一，目錄一，第三十四著錄〔秦琅邪臺刻石〕，卷十三，跋尾三云：「右〔秦琅邪臺刻石〕在今密州，其頌詩亡矣，獨從臣姓名及二世詔書尚存，然亦殘缺。」清乾隆時，阮元官山東，訪諸秦刻，得此石，其《揅經室集》有跋，記錄此碑極詳。此碑爲秦始皇刻石之僅存者，其歷史文物價值，惟次于石鼓，今藏於北京歷史博物館。
258	漢鄭玄碑	卷二十六〈濰水注〉	此碑唐初已亡，邢州刺史承節遂撰文磨石，碑未刻而承節卒，後密州刺史鄭杳始命參軍劉胐刻石而建之墓前，此宋人所見之〔唐立鄭司農碑〕也。
259	漢石門頌	卷二十七〈沔水注〉	此摩崖也，大書深刻于襃斜谷中，至今猶存。有題額十字：〔故司隸校尉犍爲楊君頌〕，此正名也。碑版學者簡稱之曰〔石門頌〕。
260	石牛道刻石	卷二十七〈沔水注〉	漢桓帝建和二年（西元 148），漢中太守同郡王升，嘉厥開鑿之功，琢石頌德所立。今不見後人著錄。

261	漢太尉李固碑	卷二十七〈沔水注〉	李固，字子堅，漢中南鄭人，《後漢書》有傳。《天下碑錄》、《金石略》、《寶刻叢編》俱有此碑，然歐、趙、洪諸家絕無題跋，似皆未見。
262	漢仙人唐公房碑	卷二十七〈沔水注〉	唐公房事見《列仙傳》、《博物志》諸書，俱不著其名，碑亦無之，遂以字傳。房字戶在左旁，故或誤作防、昉也。歐陽修得此碑拓本，而未得其額，故《集古錄》題作〔後漢公昉碑〕。趙明誠《金石錄》有〔仙人唐君碑〕，著目而無說，或趙氏見其額，不詳其名也。至洪氏《隸釋》始著錄碑文及碑陰，又繪碑圖于《隸續》。今碑雖猶存，然漶滅殊甚，僅下載一百許字可識，若無洪氏著錄，則亦莫得而詳矣。
263	七女冢塼刻	卷二十七〈沔水注〉	七女冢，乃七女爲父所造，冢一而已，今云「夾水羅布如七星」，乃有七冢矣，酈氏不辨世俗之妄，又從而書之，何其失考也。
264	懸書崖刻石	卷二十七〈沔水注〉	此摩崖古刻，疑亦斬山開道銘記。今不知其概矣。
265	華君銘	卷二十八〈沔水注〉	此碑無可考索，後世輿地志及諸家碑目，亦未見有此銘者。
266	魏學生冢碑	卷二十八〈沔水注〉	宋人志此碑者，有《集古錄》、《集古錄目》、《寶刻叢編》等三文。趙氏《金石錄》目有〔魏學生碑及陰〕，而無題跋。洪氏《隸釋》不收此碑，其文遂無人著錄。
267	闕林山碑	卷二十八〈沔水注〉	此碑酈氏後無著錄，存亡不可知。
268	郭輔碑	卷二十八〈沔水注〉	歐、趙、洪諸家俱有〔郭輔碑〕，在襄陽，即酈氏此文所述者。碑文全錄于《隸釋》，碑額隸書〔郭先生之碑〕五字。此碑宋以後無著錄，佚矣。
269	魏襄陽太守胡烈頌德碑	卷二十八〈沔水注〉	《太平寰宇記》云：「襄陽城有古堤，皆後漢胡烈所作。」此碑唐時始可見，惟不見于歐、趙、鄭三家碑目，今所可知者，惟此耳。
270	晉諸葛亮宅銘	卷二十八〈沔水注〉	酈氏此文未言有石刻，然裴松之注〈諸葛亮傳〉，引〈蜀記〉云：「晉永興中，鎮南將軍劉弘至隆中觀亮故宅，立碣表閭，命太傅掾犍爲李興爲文。」其文亦全載于注中。《晉書・李密傳》亦云密子興爲劉弘撰諸葛孔明幷羊叔子碣，甚有辭理。可知當時實有刻石矣。此石刻，後世無著錄，不知亡于何時。
271	晉鄒恢碑	卷二十八〈沔水注〉	鄒恢，字道允，《晉書》有傳。此碑不見于歐、趙著錄，《輿地紀勝》云：「萬山寺在襄陽縣，晉大興中立。寺中有鄒恢碑，其下有大石龜。」此即酈氏所言之碑也。
272	晉杜預述功碑一	卷二十八〈沔水注〉	《晉書・杜預傳》云：「預刻二石爲碑，紀其功勛，一沈萬山之下，一立峴山之上。」即一碑在水中，一碑在山上也。碑既入水，不聞復出。山上之碑，《太平寰宇記》猶有著錄，似唐宋間尚在，然其文竟不傳也。

273	晉杜預述功碑二	卷二十八〈沔水注〉	同上注。
274	晉太傅羊祐碑	卷二十八〈沔水注〉	此碑無後人著錄。
275	晉鎮南將軍杜預碑	卷二十八〈沔水注〉	此碑無見後人著錄。
276	晉安南將軍劉儼碑	卷二十八〈沔水注〉	此碑無見後人著錄。
277	魏曹仁記水碑	卷二十八〈沔水注〉	曹仁，字子孝，《魏書》有傳。此碑勒仁伐吳之功，宋人無著錄，或已先亡，拒蜀伐吳，語皆不傳。
278	晉桓宣碑	卷二十八〈沔水注〉	桓宣，《晉書》有傳，而失書其字。此碑當為郡人頌德之作，自歐、趙以來，不聞著錄。
279	晉羊祐碑	卷二十八〈沔水注〉	羊祐，字叔子，泰山南城人，《晉書》有傳。此碑至唐開元時尚在，不獨見于李白詩，孟浩然亦有句云：「羊公碑尚在，讀罷淚沾襟。」然歐、趙以來，均無著錄，則宋時已佚也。
280	晉胡罷碑	卷二十八〈沔水注〉	《魏書》〈胡質傳〉注引晉陽秋曰：「胡威弟罷，字季象，征南將軍。」酈氏所見碑，當屬此人。此碑別無著錄，罷事跡遂亦不傳。
281	晉周訪碑	卷二十八〈沔水注〉	周訪，字士達，汝南安成人，《晉書》有傳。此碑別無著錄，亡失久矣。
282	漢司徒黃尚闕	卷二十八〈沔水注〉	尚字伯河，少歷顯位，以政事稱，見《後漢書·周舉傳》。此闕後世無著錄，銘文無考。
283	漢南陽太守秦頡碑一	卷二十八〈沔水注〉	此碑歐、趙、洪并有著錄，歐趙所得拓本，文字漫滅不可讀，頡之名亦不見，惟碑額十篆字完好，曰：「漢故南陽太守秦君之碑」，洪氏所得拓本，猶有九十餘字可辨，錄于《隸釋》。歐陽修跋云：「其筆畫頗奇偉，蔡君謨甚愛之。」可知此碑額亦漢碑中佳品，惜不可見矣。
284	漢南陽太守秦頡碑二	卷二十八〈沔水注〉	同上注。
285	金城古碑	卷二十八〈沔水注〉	酈氏既云此碑猶存，乃無所著錄，豈未嘗親見耶。後人亦未有言此古碑者。
286	漢冠蓋里碑	卷二十八〈沔水注〉	酈氏言碑毀于永嘉中，則所錄餘文，得自殘石耶，抑得自傳錄耶，不可知矣。
287	漢太尉長史張敏碑	卷二十九〈溳水注〉	此碑及張敏均不可考。
288	魏征南軍司張詹墓碑	卷二十九〈溳水注〉	此碑僅見酈氏著錄，後無可考。

289	晉六門碑	卷二十九〈湍水注〉	此碑自唐宋以降，即無著錄，必已早亡。
290	漢左雄碑一	卷二十九〈湍水注〉	左雄，字伯豪，南郡涅陽人，《後漢書》有傳。此碑酈氏已不辨其字，僅據傳聞記之，後世更無著錄者。
291	漢左雄碑二	卷二十九〈湍水注〉	同上注。
292	南陽都鄉正衛彈勸碑	卷二十九〈比水注〉	此碑久佚，無著錄者。
293	漢日南太守胡著碑	卷二十九〈比水注〉	酈氏此注，載湖陽公主前後所適何人，可補史闕。獨惜胡著莫可考，碑又久佚，可知者僅此耳。
294	漢石祠銘	卷二十九〈比水注〉	此銘別無著錄，酈氏見時，石屋已傾頹，梁字殆不久即湮沒矣。
295	湖陽縣東城碑一	卷二十九〈比水注〉	此碑後世無著錄。
296	湖陽縣東城碑二	卷二十九〈比水注〉	同上注。
297	漢若令樊萌碑	卷二十九〈比水注〉	樊萌名不見史籍，碑亦無可考。
298	漢中常侍樊安碑	卷二十九〈比水注〉	此碑，歐、趙、洪諸家均有著錄，其碑無額字，而題其首行云：「漢故中常侍騎都尉樊君之碑」，此在漢碑款式為變例也。《隸釋》云：「碑在唐州湖陽，三四十年來，椎拓已漫滅其半矣。治平中，縣令樂京亦嘗為之再刻。」可知此碑自宋時爭拓，毀損殊甚。今原石與重刻本均不復見記錄，恐宋後即已亡失。
299	湖陽縣城南碑	卷二十九〈比水注〉	碑今不見著錄者。
300	淮源廟漢碑一	卷三十〈淮水注〉	漢世四瀆之祠，載于地理志者，河祠于臨晉，江祠于江都，濟祠于臨邑，惟淮祠無其處，賴此碑得補史之闕文。趙明誠《金石錄》，卷一，目錄一，第九十三著錄〔漢桐柏廟碑〕，延熹六年正月立。又孫星衍《寰宇訪碑錄》，訪碑一著錄〔漢淮源桐伯廟碑〕，八分書，延熹六年正月，元至正四年二月吳炳重書。酈注稱淮源廟有三碑，郭苞一刻先亡，遺文不傳。延熹二刻，惟六年南陽太守張君所立，碑文幸存，復有元人為之再建。別一刻則不可考也。
301	淮源廟漢碑二	卷三十〈淮水注〉	同上注。
302	淮源廟漢碑三	卷三十〈淮水注〉	同上注。

303	漢新息長賈彪碑	卷三十〈淮水注〉	賈彪事見《後漢書·黨錮傳》。此碑不見于唐宋以來著錄。
304	魏汝南太守程曉碑	卷三十〈淮水注〉	程曉事見《魏書·程昱傳》。此碑不見後世著錄。
305	漢立楚相孫叔敖碑	卷三十〈淮水注〉	歐、趙、鄭、洪諸家均著錄〔楚相孫叔敖碑〕，延熹三年（東漢桓帝，西元 160），期思縣宰段光立，在光州固始縣。宋之固始，後漢爲期思，因知其即酈氏所見之碑也。碑文具載《唐古文苑》，洪氏又錄于《隸釋》。
306	秦始皇碑	卷三十〈淮水注〉	此漢人所立東海廟碑也。趙氏《金石錄》題作〔漢東海相桓君海廟碑〕，洪氏《隸釋》題作〔東海廟碑〕，文有「秦始皇」字，後人遂稱之爲〔秦始皇碑〕。碑文大略謂桓君崇飾殿宇，起雲樓，作兩博事。
307	皇女湯石銘	卷三十一〈渦水注〉	碑不見後世著錄。
308	漢南陽都鄉正衛爲碑	卷三十一〈渦水注〉	碑今不可考。
309	漢陽侯焦立碑	卷三十一〈渦水注〉	此碑向來無著錄，恐早已亡矣。
310	漢彭山碑	卷三十一〈渦水注〉	此碑今無可考。
311	漢安邑長尹儉碑	卷三十一〈渦水注〉	此碑今無可考。
312	漢吉成侯州苞碑	卷三十一〈渦水注〉	此〔卌輔碑〕也，酈氏誤錄作卌苞，《金石錄》有「卌輔碑跋」考辨甚明。此碑全文及碑陰題名，具載于洪氏《隸釋》。
313	漢張平子碑一	卷三十一〈淯水注〉	趙明誠《金石錄》卷一，目錄一，第五十三著錄〔漢張平子碑〕及〔殘碑〕二跋。卷十四，跋尾四云：「右漢張平子殘碑，政和中，亡友劉斯立以此本見寄，云其石新得於南陽，凡七十有二字。今世所傳平子碑，有兩本，其一亡其首，其一亡其尾，以二本相補，其文乃足。此碑乃後段之亡失者也。字畫尤完好云。」可揣知漢崔子玉撰并篆書之張平子碑，北宋時猶存，已縱裂爲二。洪氏《隸釋》有〔張平子碑〕，碑文乃晉南陽相夏侯湛所作，隸書。酈氏所見者乃漢碑，盛弘之、郭仲產所記錄者乃晉碑，即立於漢碑之旁。漢、晉二碑，除漢碑陰之外，宋人均有著錄。
314	漢張平子碑陰	卷三十一〈淯水注〉	同上注。
315	漢張平子碑二	卷三十一〈淯水注〉	同上注。
316	漢王子雅石闕銘	卷三十一〈淯水注〉	王子雅，佚其名。《金石錄》有〔漢蜀郡屬國都尉王君神道封陌〕一刻，所書與《水經注》合。自後遂無人著錄。

317	魏車騎將軍黃權墓碑一	卷三十一〈淯水注〉	黃權，字公衡，蜀志有傳。此四碑唐宋諸地志均不載，宋元以來石刻著錄，均未及之。
318	魏車騎將軍黃權墓碑二	卷三十一〈淯水注〉	同上注。
319	魏車騎將軍黃權墓碑三	卷三十一〈淯水注〉	同上注。
320	魏車騎將軍黃權墓碑四	卷三十一〈淯水注〉	同上注。
321	史定伯碑	卷三十一〈淯水注〉	史定伯，史籍不載。此碑無其它著錄可考。
322	漢立范蠡祠碑	卷三十一〈淯水注〉	此碑不見其它著錄者。
323	三王城碑	卷三十一〈淯水注〉	宋人無著錄此碑者，恐早已亡失矣。
324	齊立淮南王廟碑	卷三十二〈肥水注〉	此碑今無可考。
325	宋司空劉勔碑	卷三十二〈肥水注〉	此碑後世無著錄，碑文不傳。
326	宋司空劉勔廟銘	卷三十二〈肥水注〉	此銘後無著錄者，不傳。
327	漢太傅胡廣碑	卷三十二〈夏水注〉	胡廣，字伯始，華容人，《後漢書》有傳。今本《蔡中郎文集》，有爲胡氏作碑銘九篇，其一題〔太傅安樂鄉文恭侯胡公碑〕，此乃胡廣墓碑，故吏濟陰池喜請中郎作文，刊石樹于墓前。
328	范蠡碑	卷三十二〈夏水注〉	此碑今無可考。
329	晉西戎令范君碑	卷三十二〈夏水注〉	道元親見此碑，知其爲晉西戎令范君之碑，徒以碑字漫滅，世人僅見有「范蠡」字，遂誤以爲陶朱公碑，特著其說，以正前人之誤。
330	都安堰石刻	卷三十三〈江水注〉	此石刻，酈氏所涉僅爲石人身上之刻文，其作用爲紀錄水位之儀表。
331	漢孝女碑	卷三十三〈江水注〉	此碑後世無著錄，文亦不傳。
332	禹廟碑	卷三十三〈江水注〉	此碑不見歐、趙諸家記載，不知何代所刻。
333	漢王子香碑	卷三十四〈江水注〉	此碑未見後世著錄，不可考究。

334	漢趙岐墓畫像石	卷三十四〈江水注〉	趙岐字邠卿，京兆長陵人，《後漢書》有傳。此像有岐所為贊頌，然歷來未有繼酈氏而著錄者。
335	晉征南將軍胡奮碑	卷三十四〈江水注〉	胡奮，字玄威，安定臨涇人，《晉書》有傳。此碑未見於收藏家碑目中。
336	晉平南將軍王世將紀功刻石	卷三十五〈江水注〉	此碑不見後世著錄。
337	林邑古碑	卷三十六〈溫水注〉	此道元引自《林邑記》，非親見也。今不可考。
338	晉徵士龔玄之墓銘	卷三十七〈沅水注〉	此銘今不存。
339	舜廟碑一	卷三十八〈湘水注〉	此碑，酈氏已云文字缺落，不可復識，殆早佚矣。
340	舜廟碑二	卷三十八〈湘水注〉	同上注。
341	舂陵故城碑	卷三十八〈湘水注〉	此碑今不可考。
342	漢立湘夫人碑	卷三十八〈湘水注〉	此荊州牧劉表刊石立碑，趙明誠《金石錄》云：「碑四面皆有字，今其兩面字多處已磨損，不可讀。」宋後，不聞有藏此碑者。
343	屈原廟碑	卷三十八〈湘水注〉	此碑，酈注而外，未有著錄者。道元此文，不詳言碑之時代及撰書者，疑其得之傳聞，實未親見也。
344	漢南郡太守程堅碑	卷三十八〈湘水注〉	此碑別無著錄，亡佚久矣。
345	瀧中碑	卷三十八〈溱水注〉	此桂陽太守周憬碑也。酈氏殆亦取自傳言，故不能詳。歐陽修得此碑拓本，為作三跋，俱見《集古錄》。
346	吳立徐稚碑	卷三十九〈贛水注〉	徐稚，字孺子，豫章南昌人，《後漢書》有傳。此碑不見于唐宋人著錄，想已久佚。
347	龍沙冢塼	卷三十九〈贛水注〉	此題刻未見其它著錄。
348	上霄刻石	卷三十九〈廬江水注〉	廬山南有高峰，曰上霄。此石刻，宋元以來，未聞有拓本著錄。
349	餘杭碑一	卷四十〈漸江水注〉	此晉范寧碑也。寧字武子，《晉書》附見于其父范汪傳中。此碑乃邑人頌德之作，宋人均無拓本著錄。
350	餘杭碑二	卷四十〈漸江水注〉	此碩颺碑也，其人不見于史傳，碑文亦不傳。

351	餘杭碑三	卷四十〈漸江水注〉	酈注言之略也，莫可考焉。
352	獨松冢磚銘	卷四十〈漸江水注〉	《太平御覽》卷五五九引鄭緝之《東陽記》云：「獨公山有古墓臨溪，其磚文曰：『筮言吉，龜言凶，三百年，墮水中。』義熙中，冢獨半存。」酈氏蓋錄此文，而奪「三」字。
353	秦會稽刻石	卷四十〈漸江水注〉	道元所記，即《史記·秦始皇本紀》之石刻，其文三句爲韻，凡二十四韻。
354	漢孝女曹娥碑	卷四十〈漸江水注〉	孝女曹娥，《後漢書》有傳。此碑漢桓帝元嘉元年（西元 151）所立，縣令度尚使外甥邯鄲子禮爲碑文，以彰孝烈。唐宋皆有重刻者，清嘉慶十三年（西元 1808），阮元巡撫兩浙，至曹娥廟，以漢碑久亡，所存王羲之、李邕、蔡卞諸石，皆非漢隸，乃囑金匱錢泳以漢隸書邯鄲淳文一通，刻石置于廟中。今此碑猶存，錢泳《隸書》稱能品，不失漢碑矩矱也。
355	李冰大堰六字碑	卷三十三〈江水注〉佚文	陳橋驛《水經注》研究，頁 495，《水經注佚文》載有此碑，六字曰：「深淘灘，淺包堰」。
356	晉句注碑	卷十一〈滹沱水佚文〉	《太平寰宇記》代州雁門下引《水經注》此段：「晉咸寧元年〔句注碑〕云：蓋北方之險，有盧龍，飛狐，句注爲之首，天下之阻，所以分別內外也。」今本《水經注》無此文，蓋佚文也。此碑後世別無稱述，恐早佚矣。
357	漢光武即位壇碑	佚文	此《水經注》佚文也，見《後漢書·光武紀》注云：「千秋亭有石壇，壇有珪璧碑，其陰云：『常山相隴西狄道馮龍所造。』」《太平寰宇記》趙州高邑縣亦引《水經注》，而文小異。
358	汶水石橋碑	佚文	《太平寰宇記》趙州平棘縣下引用《水經注》文：「汶水又東，逕平棘縣南，有石橋跨水，闊四十步，長五十步。橋東有兩碑。」此碑不見於今本《水經注》。

　　考酈注所徵引金石碑刻，殆多取自墳冢祠堂，雖輾轉傳寫，不無舛誤，然吉光片羽，彌復可珍，金石學家視爲至寶也。嚴耕望〈石刻史料叢書·序〉嘗云：〔註2〕

　　　　石刻內容，實極繁富，儒佛道經，公文、章約、盟誓、圖繪、界至、醫方、書目、詩文、行狀、題記、紀功，以及各種興建之紀事等等，悉有之。若以今日之史學領域言，秦漢以降，諸凡政治、經濟、宗教、學術各方面之研求，亦莫不可取資於石刻。

有味乎其言也。茲依酈注所徵引碑銘之內容，分類舉例如下：

〔註 2〕參見嚴耕望《石刻史料叢書》，甲編之一，隸釋序。

一、水利類碑銘

紀河川水利類之碑刻資料，載見其它金石著錄中者，寥寥可數，以趙明誠《金石錄》為例，所載先秦至北魏永熙二年（西元 533）之三百七十四種碑碣石刻，竟無可見。而此類碑刻者，多紀當時某一水利工程之水文資料，乃今日研究水利史最可貴之資料，其價值昭昭，不待言矣。卷十五〈伊水注〉「又東北過伊闕」條之〔魏晉伊闕石銘〕，即是其例。注云：〔註3〕

> 伊水又北入伊闕，昔大禹疏以通水，兩山相對，望之若闕，伊水歷其間北流，故謂之伊闕矣。……闕左壁有石銘云：「黃初四年六月二十四日辛巳，大出水，舉高四丈五尺，齊此已下。」蓋記水之漲減也。右壁又有石銘云：「永康五年，河南府君循大禹之軌，部督郵辛曜、新縣令王琨、部監作掾董猗、李褒，斬岸開石，平通伊闕。」石文尚存也。

金石刻詞，昭示無斁。由上舉石刻，可見洪水發生之時間，水位高度，工程主持者，且兼及工程之規模效益，洵為重要之水利史資料。按洛陽伊闕，今稱龍門，為摩崖之淵藪。元魏佞佛，依山造像，題刻日富，至唐中葉以後，此風漸泯。今傳拓龍門造像題記，見于著錄者，二千二百餘段，以始平公造像為最早，後魏太和十二年（西元 488）也。酈氏此文所記魏晉二刻，久已不見。昔畢秋帆訪古中州，錄「伊闕佛龕記」，獨以為言，疑此刻未墜，然其後亦無得者，殆已鑿盡，改刻佛像矣。晉惠帝永康紀元，僅一年（西元 300），即改元永寧，亦一年而止（西元 301），此銘文云永康五年，必有誤焉。又如卷十四〈鮑邱水注〉「又南過潞縣西」條之〔劉靖碑〕，紀錄開渠建堨事，極為明晰，實為難得之水利史資料也。注云：〔註4〕

> 鮑邱水入潞，通得潞河之稱矣。高梁水注之。水首受㶟水于戾陵堰，水北有梁山，山有燕剌王旦之陵，故以戾陵名堰。水自堰枝分，東逕梁山南，又東北逕劉靖碑北。其詞云：「魏使持節都督河北道諸軍事、征北將軍、建城鄉侯、沛國劉靖，字文恭。登梁山以觀源流，相㶟水以度形勢；嘉武安之通渠，羨秦民之殷富；乃使帳下丁鴻，督軍士千人，以嘉平二年，立遏于水，導高梁河，造戾陵遏，開車箱渠。」其遏表云：「高梁河水者，出自并州，潞河之別源也。長岸

〔註3〕參見王先謙《合校水經注》，卷十五，頁 20。
〔註4〕同註3，卷十四，頁7～8。

峻固，直截中流，積石籠以爲主過，高一丈，東西長三十丈，南北廣七十餘步。依北岸，立水門，門廣四丈，立水十丈。山水暴發，則乘過東下；平流守常，則自北門入，灌田歲二千頃，凡所封地百餘萬畝。至景元三年辛酉，詔書以民食轉廣，陸廢不贍，遣過者樊晨更制水門，限田千頃，刻地四千三百一十六頃，出給郡縣，改定田五千九百三十頃，水流乘車箱渠，自薊西北逕昌平東，盡漁陽潞縣，凡所含潤，四五百里，所灌田萬有餘頃。高下孔齊，原隰底平，疏之斯溉，決之斯散，導渠口以爲濤門，灑滮池以爲甘澤，施加於當時，敷被于後世。晉元康四年，君少子驍騎將軍平鄉侯弘受命，持節監幽州諸軍事，領護烏丸校尉寧朔將軍，過立，積三十六載，至五年夏六月，洪水暴出，毀損四分之三，剩北岸七十餘丈，上渠車箱所在漫溢，追惟前立過之勳，親臨山川，指授規略，命司馬關內侯逢惲，內外將士二千人，起長岸，立石渠，修主過，治水門，門廣四丈，立水五尺，興復載利通塞之宜，準遵舊制，凡用功四萬有餘焉。諸部王侯，不召而自至，繦負而事者，蓋數千人。詩載經始勿亟，易稱民忘其勞，斯之謂乎？於是二府文武之士，感秦國思鄭渠之績，魏人置豹祀之義，乃遐慕仁政，追述成功，元康五年十月十一日刊石立表，以紀勳烈，并記過制度，以爲後式焉。事見其碑辭。

〔劉靖碑〕記述地理形勢，工程制度，極爲詳細，其地即今北京西郊。按道元此文所錄石刻凡二通：其一爲〔劉靖碑〕，其二爲〔戾陵過表〕。楊升庵金石古文并合二文，題曰〔魏建成鄉侯劉靖碑〕，曾氏經史百家雜鈔，亦合二爲一，題曰〔晉造戾陵過記〕，并誤。此劉靖碑與卷十三〈灅水篇〉所述，元康四年（西元294）王密所立之碑，必非一事，彼石在薊縣城東門內，此則在山下水次也。從此注可知王密之所以于元康四年爲劉靖立碑，蓋其年靖之少子弘受命來官于此，王密此舉，得無佞乎。靖字文恭，《魏書》失載，賴此文知之。弘，《晉書》有傳，此過表稱元康四年弘之官位，亦與史傳合。惟傳稱弘字和季，斐松之注引《晉陽秋》，則以爲字叔和，酈道元于沔水注中則稱弘字季和，未知孰是。戾陵過經始于靖，修治于弘，表雖詳記其制度，實則以頌弘爲主。惟此文中〔劉靖碑〕，酈氏語焉不詳，疑當是魏嘉平中（西元 249～西元 252），所以記開渠建堨事也。至若薊縣之碑，當是〔劉靖祠碑〕，故王密

表云「功加于民，宜在祀典」。遏或作堨，或作堰。戾陵遏、車箱渠，皆在今永定河上。又如卷十六〈穀水注〉「又東過河南縣北，東南入于洛」條之〔魏千金碣石人銘記〕，記載古代千金堨之工程，亦極爲詳細。注云：〔註5〕

> 穀水又東流，逕乾祭門北，子朝之亂，晉所開也，東至千金堨。河南十二縣境簿曰：「河南縣城，東十五里有千金堨。」……堨之東首，立一石人。石人腹上刻勒云：「太和五年二月八日庚戌，造築此碣，更開溝渠。此水衝渠上，其水助其堅也，必經年歷世，是故部立石人，以記之云爾。」蓋魏明帝修張王故績也。……石人東脅下文云：「太始七年六月二十三日，大水并瀑，出常流上三丈，蕩壞二堨，五龍泄水南注瀉下，加歲久漱齧，每潦即壞，歷載捐棄大功，故爲今堨。更于西開泄，名曰代龍渠。地形正平，試得瀉泄至理。千金不與水勢激爭，無緣當壞，由其卑下，水得逾上漱齧故也。今增高千金于舊一丈四尺，五龍自然必歷世無患。若五龍歲久復壞，可轉于西更開二堨。二渠合用二十三萬五千六百九十八功，以其年十月二十三日起作，功重人少，到八年四月二十日畢。」代龍渠，即九龍渠也。後張方入洛，破千金堨，公私賴之水。積年，渠堨頹毀，石砌殆盡，遺基見存。朝廷太和中修復故堨。按千金堨石人西脅下文云：「若溝渠久疏深引水者，當于河南城北石磧西，更開渠北出，使首狐邱故溝東下，因故易就，磧堅便時，事業已訖，然後見之。加邊方多事，人力苦少，又渠堨新成，未患于水，是以不敢預修通之。若于後當復興功者，宜就西磧。故書之于石，以遺後賢矣。」雖石磧淪敗，故跡可憑，準之于文。

道元錄千金碣諸銘刻甚詳，石人者，水標也。其腹下、兩脅均有刻文，爲水利文獻之重要記錄。今此石人已不可見，其文惟賴酈注錄存，厥功偉矣。

二、橋道類碑銘

道元爲地理學家，其撰注《水經》，頗重視渠道航路，津渡橋梁等交通設施，因而採錄不少有關水陸交通之金石資料。卷十六〈穀水注〉「又東過河南縣北，東南入于洛」條之〔漢洛陽建春門橋柱銘〕，即爲其例。注云：〔註6〕

〔註5〕同註3，卷十六，頁5～7。
〔註6〕同註3，卷十六，頁11～12。

　　　穀水又東屈南，逕建春門石橋下，即上東門也。……橋首建兩石
　　　柱，橋之右柱銘云：「陽嘉四年乙酉壬申，詔書以城下漕渠，東通河
　　　濟，南引江淮，方貢委輸，所由而至，使中謁者魏郡清淵馬憲，監
　　　作石橋梁柱，敦敕工匠，盡要妙之巧，攢立重石，累高周距，橋工
　　　路博，流通萬里云云。河南尹邳崇隗，丞渤海重合雙福，水曹掾中
　　　牟任防，史王陰，史趙興，將作吏睢陽申翔，道橋掾成睪皐國，洛
　　　陽令江雙，丞平陽監掾王騰之，主石作右北平山仲。三月起作，八
　　　月畢成。」其水依柱文。

此銘記載以洛陽爲中心之水路交通。楊衒之《洛陽伽藍記》卷二「城東」明
懸尼寺條云，「穀水周圍繞城，至建春門外，東入陽渠石橋。橋有四柱，在道
南，銘云：『漢陽嘉四年將作大匠馬憲造。』逮我孝昌三年，大雨頹橋，柱始
埋沒。道北二柱，至今獨存。」此即酈氏所言橋柱銘也。此云將作大匠馬憲，
酈注稱中謁者，蓋以謁者領之也。橋南有四柱，酈氏失記其二。四柱均沒于
孝昌三年大雨，此銘遂無見者。然趙氏《寒山堂碑目》、周弘祖《古今書刻》，
均有「洛陽石柱銘」，趙氏注云：「在建春門外石柱上。」皆據古志妄錄之，
不足信也。此外，亦有記陸上交通之碑刻，卷四〈河水注〉「又東過砥柱間」
條之〔晉崤道銘〕，即是其例。注云：〔註7〕

　　　河水又東，千崤之流注焉。水南導于千崤之山，其水北流，纏絡二
　　　道。漢建安中，曹公西討巴漢，惡南路之險，故更開北道，自後行
　　　旅率多從之。今山側附路有石銘云：「晉太康三年，弘農太守梁柳修
　　　復舊道。」

此銘記千崤道之交通，頗爲詳細，按此刻惟見于酈書，此外別無著錄，殆泯
沒久矣。

三、經界類碑銘

　　《水經注》中，每引用碑刻，以說明經界，進而及於郡縣分合，沿革變
遷，洵爲可貴之文獻紀錄。卷六〈原公水注〉「出茲氏縣西羊頭山，東過其縣
北」條之〔晉西河繆王司馬子政碑〕，即是其例。注云：〔註8〕

　　　縣，故秦置也。漢高帝更封沂陽侯嬰爲侯國，王莽之茲同也。魏黃

〔註7〕同註3，卷四，頁23。
〔註8〕同註3，卷六，頁25。

初二年，分太原，復置西河郡。晉徙封陳王斌于西河，故縣有西河繆王司馬子政廟。碑文云：「西河舊處山林，漢末擾攘，百姓失所。魏興，更開疆宇，分割太原四縣，以爲邦邑，其郡帶山側塞矣。王以咸寧三年，改命爵上，明年十二月喪國。臣太農閭崇、離石令宗群等二百三十四人，刊石立碑，以述勛德。」碑北廟基尚存也。

此外，亦有沿河經界之例，如卷五〈河水注〉「又東逕洛陽縣北」條之〔洛陽北界碑〕即是。注云：〔註9〕

河之南岸，有一碑，北面，題云：「洛陽北界」，津水二渚，分屬之也。

按魏文帝黃初二年（西元 221），改長安、譙、許昌、鄴、洛陽爲五都，立石表，西界宜陽，北循太行，東北界陽平，南循魯陽，東界鄭，爲中都之地，令天下內徙。此見裴松之注引《魏略》。洛陽爲中都，五方石表，始建于此。晉都洛陽，必亦立石表界。酈氏所見，未知是魏是晉，若晉承魏舊，此碑當獨是魏刻也。

四、城池類碑銘

此類碑刻，多建于城邑內部或其邊緣，誠有助于確定古代城邑之位置，及考察有關城邑之規模等相關問題。卷二十八〈沔水注〉「又南過宜城縣東，夷水出自房陵，東流注之」條之〔金城古碑〕，即是其例。注云：〔註10〕

其水又逕金城前，縣南門有古碑獨存。

此碑得藉以確定金城前縣之地理位置。此外，《水經注》亦收錄域外城池之資料，如卷三十六〈溫水注〉「東北入鬱」之〔林邑古碑〕即是。注云：〔註11〕

（林邑）城開四門，東爲前門，當兩淮渚濱，於曲路有古碑，夷書銘讚前王胡達之德。

此域外古碑，乃酈氏引自林邑記而得。林邑記今亡，而此段文字，古籍中，唯見《水經注》引之，已成孤本矣。典沖城之具體位置，尚無定論，法人伯希和（P. Pelliot）謂「林邑國都似在廟南」〔註12〕，而馬伯樂（H. Maspero）

〔註 9〕同註3，卷五，頁10。
〔註10〕同註3，卷二十八，頁14。
〔註11〕同註3，卷三十六，頁21。
〔註12〕參見法人伯希《和交廣印度兩道考》，頁48～59。

則云「《水經注》卷三十六所志六世紀初年之林邑都城，得爲十世紀之因陀羅補羅」〔註13〕，以上研究，殆皆參考古碑之地理位置也。按越南古史，文獻足徵者殊少，其存于吾國載記者，反較詳贍。《水經注》引《林邑記》、《江東舊事》諸書，皆足以補諸史四夷傳之闕，此亦酈氏一大功也。

五、古蹟類碑銘

碑版有資考證，非獨補史闕也。蓋碑刻多建立于古蹟落成之時，乃最翔實可靠之第一手資料。卷十〈濁漳水注〉「又東出山，過鄴縣西」條之〔魏臺粟窖銘〕，即記載著名鄴西三臺之一冰井臺概況。注云：〔註14〕

> （鄴）城之西北有三臺，皆因城爲之基，巍然崇舉，其高若山，建安十五年，魏武所起。……北曰冰井臺，亦高八丈，有屋一百四十間，上有冰室，室有數井，井深十五丈，藏冰及石墨焉。石墨可書，又燃之難盡，亦謂之石炭。又有粟窖及監窖，以備不虞。今窖上獨有石銘存焉。

按鄴城故址，在今河南臨漳縣西四十里。漢末，封曹操于此，操于城上建三臺。魏受漢禪，置爲鄴都。晉時，避懷帝諱，改爲臨漳，後爲石虎所據，建趙都焉。窖上石銘，後不見著錄，酈注語焉不詳，未知是魏世之銘，抑石趙時銘也。此外，亦有紀建塔之碑刻，如卷二十三〈汳水注〉「出陰溝于浚儀縣北」條之〔漢某君碑〕，即是其例。注云：〔註15〕

> 東一里，即襄鄉浮圖也。汳水逕其南，漢熹平中某君所立，死因葬之，其弟刻石樹碑，以旌厥德。隧前有獅子天鹿，累碑作百達柱八所，荒蕪頹毀，凋落略盡矣。

此碑所載之襄鄉浮圖，乃今所知吾國建塔之最早資料。睢陽故城在今河南省商邱縣南。某君于熹平中（東漢靈帝，西元172～西元177）建浮圖，其卒未必在熹平時，碑必以後所刊也。興建浮圖，魏晉始盛焉，漢末所建，僅見于此。此碑今無可考。

六、人物類碑銘

《水經注》所引人物類碑刻，三教九流，顯要布衣，無所不包，且多爲

〔註13〕參見馮承鈞《西域南海史地考證》第一編，頁126。
〔註14〕同註3，卷十，頁7。
〔註15〕同註3，卷二十三，頁10～11。

正史無傳者。其撰書題額結銜，可以考官爵，碑陰姓氏，亦往往書官於上，斗筲之祿，史或不言，則更可以之補闕，舉一反三，餉遺靡盡，卷二十八〈沔水注〉「又南過筑陽縣東，筑水出自房陵縣東，過其縣南流注之」條之〔郭輔碑〕，即是其例。注云：〔註16〕

> 其一郭先生碑，先生名輔，字甫成，有孝友悅學之美，其女爲立碑于此，並無年號，皆不知何代人也。

歐陽修、趙明誠俱有〔郭輔碑〕，在襄陽，即酈氏此文所述者。碑文全錄于《隸釋》，不缺一字，碑額隸書〔郭先生之碑〕五字，碑文稱「先生諱輔，字甫成。其先出自有周，王季之中子，爲文王卿士，采食于虢。至于武王，錫而封之，后世謂之郭。春秋之時，爲晉所併。遭戰國秦漢，子孫流分，來居荊土，氏國立姓焉。」此敘其得姓之始甚詳，獨於輔之生平，殊無事實，僅云：「其少也孝友而悅學，其長也寬舒如好施，是以宗親舊懷，鄉黨高尚。」又稱輔「年五十有二，遇疾而終。」亦不著其年月。又謂輔「有四男三女，咸高賢姣麗，富貴顯榮。」而立碑者乃其「季女明文，潁川之夫人。」歐陽修以此碑文字古質，定爲漢碑。趙明誠以爲歐公所言無據，以字畫驗之，疑魏晉時人所爲。今檢觀碑文言「遭戰國秦漢，子孫流分」，可知其爲漢以後刻。此碑宋以後無著錄，佚矣。又如卷三十二〈夏水注〉「又東過華容縣南」條之〔晉西戎令范君碑〕，記范君之生平履歷，頗爲詳細，注云：〔註17〕

> （夏水）歷范西戎墓南，王隱《晉書・地道記》曰：陶朱冢在華容縣，樹碑云是越之范蠡，晉太康《地記》、盛弘之《荊州記》、劉澄之記并言在縣之西南，郭仲產言在縣東十里。檢其碑，題云：「故西戎令范君之墓」，碑文缺落，不詳其人，稱蠡是其先也。碑是永嘉二年立，觀其所述，最爲究悉，似親逕其地，故違眾說，從而正之。

道元親見此碑，知其爲晉西戎令苑君之碑，徒以碑字漫落，世人僅見有「范蠡」字，遂誤以爲陶朱公碑，酈注特著其說，以糾正前人記載之誤，此亦史料之可注意者。

七、地名類碑銘

《水經注》所引碑刻，有與地名淵源相關者，如卷五〈河水注〉「又東北

〔註16〕同註3，卷二十八，頁5。
〔註17〕同註3，卷三十二，頁13。

過黎陽縣南」條之〔漢黎陽山碑〕，即是其例。注云：〔註18〕

> 黎，侯國也。詩「式微」，黎侯寓于衛是也。晉灼曰：黎山在其
> 南，河水逕其東，其山上碑云：縣取山之名，取水之陽，以爲名
> 也。

按酈氏此文，但引晉灼《漢書音義》，以釋黎陽之義，未嘗親見此碑也。「取
水之陽以爲名」，當作「取水在其陽以爲名」，酈氏誤錄，或傅鈔致訛，然黎
陽地名之淵源，於焉瞭然。又如卷十一〈滱水注〉「又東過博陵縣南」條之〔郎
山君碑〕亦是，注云：〔註19〕

> 徐水東北屈，逕郎山，又屈逕其山南，眾岑競舉，若豎鳥翅立，石
> 嶄巖亦如劍杪，極地嶮之崇峭。漢武之世，戾太子以巫蠱出奔，其
> 子遠遁斯山，故有郎山之名，山南有郎山君碑，事俱其文。

此碑早佚，獨賴酈注所記，然後知郎山地名之由來矣。夫金石刻辭，昭示無
斁，跡其囊括包舉，靡所不備，凡經史小學，既於山經地志，叢書別集，皆
當參稽會萃，覆其異同，而審其詳略。至若郡邑省并，陵谷遷改，參互考求，
瞭於目驗，舉一反三，餉遺靡盡，其有資於邑乘者多矣。

魏晉以降，碑刻著錄，彬彬大盛，《隋書‧經籍志》有《碑集》二十九卷、
《雜碑集》二十二卷；又謝莊撰《碑集》十卷，梁元帝撰《釋氏碑文》三十
卷，晉將作大匠陳勰撰《碑文》十五卷，車灌撰《碑文》十卷等等，然諸書
今皆亡佚。獨道元《水經注》一書，就其行旅所知見，著錄秦漢以下碑銘三
百五十八件，博異聞，證古跡，厥功甚偉。舉凡藝文古蹟之所關，苑囿橋梁
之所在，莫不鉅細畢陳，本末可觀。今酈氏《水經注》其書幸存，碑版遺聞，
賴以不墜，若〔劉熊碑〕云熊字孟陽，其陽字久已泐失，使無酈氏著錄，則
後世讀此碑者，莫得而知矣；〔曹騰碑〕立于東漢桓帝延熹三年（西元160），
〔朱龜碑〕立于東漢靈帝中平二年（西元 185），宋人已不見其字，亦從酈書
得之；〔楊叔恭〕、〔悟臺里社〕二碑，皆宋人所未見，殘石出土，迄今才五、
六十載耳，考古家亦徵諸《水經注》而識之。且考酈氏所錄古碑，往往有未
顯于世者；又或現存古碑，可以取證于諸書者。凡此之類，皆酈書勝處，蓋
碑版之學所取資者，隋唐以前，宜以此書爲淵藪矣。

〔註18〕同註3，卷五，頁11。
〔註19〕同註3，卷十一，頁20。

第二節　語言研究之珠澤

　　夫治古音之法有八：古代韻文，說文諧聲，經籍異文，說文重文，漢儒音讀，音訓釋音，古今方言，韻書離合等等，皆為求古音之途徑也。漢劉熙《釋名·序》有云：「夫名之於實，各有義類，百姓日稱，而不知其所以然之意。」蓋語言者，心志之表徵，而文字者，又語言之宅宇也。古語既散而無稽，欲窺其大凡，則唯考文字耳。且時有古今，地有南北，人有雅俗，故語文之用，亦隨之變化，然以文字替代語言，雖輾轉隔礙，即器以求道，要不失其神貌也。

　　魏晉以降，去古日遠，其音漸戾，是為音學轉變之時代也。當斯之時，北魏酈道元以博洽之宏襟，擅圖輿之顓學，因景純之濫觴，足君長簡逸，接足踵武，撰注《水經》。書中所載，包舉華夏，囊括古今，有水道之異，有地域之別，是以方俗異音，多而凌亂，如楚人謂冢為琴，越土人稱瀑布為洩，若此之例，不勝枚舉，或上同於周秦之古音，或下合於切韻之時音，語音訛變，甚為厖雜，頗存遠古語音之蛛絲馬跡，實可資語言研究之參考也。清陳第《讀詩拙言》曰：「一郡之內，聲有不同，繫乎地者也；百年之間，語有遞轉，繫乎時者也。」〔註20〕酈氏考究邦邑之代襲，探覈名號之源由，謂其為地文音義之疏通，孰曰不宜乎？茲就酈注書中，有關語音演變之史料，及中古語音之現象，略舉數例，聊示一斑。

一、語音演變之史料

（一）聲形盡鄰，故字讀俱變

　　卷六〈湛水注〉「湛水出河內軹縣西北山」條云：〔註21〕

　　　湛水出枳縣南原湛溪，俗謂之椹，是蓋聲形盡鄰，故字讀俱變，同于三豕誤耳。

此記聲形相近，字讀俱變之例，酈氏駁言世俗之誤，可謂用心矣。

（二）聲相近，轉呼失實

　　卷六〈汾水注〉「又南過大陵縣東」條云：〔註22〕

〔註20〕參見陳第《讀詩拙言》，藝文印書館印行百部叢書集成之四十六第七函，頁1～14。

〔註21〕同註3，卷六，頁30。

〔註22〕同註3，卷六，頁6。

鄔水，俗亦曰慮水，慮鄔聲相近，故因變焉。

卷七〈濟水注〉「濟水出河東垣縣東王屋山，爲沇水」條云：〔註23〕

　　衍水即沇水也，衍沇聲相近，傳呼失實也。

卷十一〈滱水注〉「又東過唐縣南」條云：〔註24〕

　　此城之東，有山孤峙，世以山不連陵，名之曰孤山，孤都聲相近，
　　疑即所謂都山也。

卷十三〈灅水注〉「出鴈門陰館縣，東北過代郡桑乾縣南」條云：〔註25〕

　　桑乾水自源東南流，右會馬邑川水，水出馬邑西川，俗謂之磨川矣，
　　蓋狄語音訛，馬磨聲相近，故爾。

卷十六〈甘水注〉「東北至河南縣南，北入洛」條云：〔註26〕

　　甘水東一十許東里洛城南，有故甘城焉，北對河南故城，世謂之鑒
　　洛城，鑒甘聲相近，即故甘城也。

卷十八〈渭水注〉「又東過武功縣北」條云：〔註27〕

　　雍水又東，逕召亭南，世謂之樹亭川，蓋召樹聲相近，誤爾。

卷二十一〈汝水注〉「東南過其縣北」條云：〔註28〕

　　伊洛之戎陸渾蠻氏城也，俗以爲麻解城，蓋蠻麻讀近故也。

卷二十二〈洧水注〉「東南過其縣南」條云：〔註29〕

　　洧水又東逕陰坂北，水有梁焉，俗謂是濟爲參辰口……水南曰陰，
　　口者，水口也，參陰聲相近，蓋傳呼之謬耳。

卷二十二〈洧水注〉「又東過習陽城西，折入于潁」條云：〔註30〕

　　洧水又東南逕辰亭東，俗謂之田城，非也。蓋田辰聲相近，城亭音
　　韻聯故也。

卷二十二〈渠水注〉「渠出滎陽北河，東南過中牟縣之北」條云：〔註31〕

　　水出苑陵縣西隙候亭東，世謂此亭爲卻城，非也。蓋隙卻聲相近

〔註23〕同註3，卷七，頁2。
〔註24〕同註3，卷十一，頁14。
〔註25〕同註3，卷十三，頁2。
〔註26〕同註3，卷十六，頁22。
〔註27〕同註3，卷十八，頁4。
〔註28〕同註3，卷十一，頁2。
〔註29〕同註3，卷二十二，頁11。
〔註30〕同註3，卷二十二，頁16。
〔註31〕同註3，卷二十二，頁23。

耳。

卷二十四〈睢水注〉「又東過睢陽縣南」條云：〔註32〕

> 梁國睢陽縣南，有橫亭，今在睢陽縣西南，世謂之光城，蓋光橫聲相近，習傳之非也。

卷二十四〈瓠子水注〉「時水東至臨淄縣西」條云：〔註33〕

> 即耏水也，音而，……即《地理志》之如水矣，形如聲相似。

卷二十五〈泗水注〉「又東逕山陽郡」條云：〔註34〕

> 澧水又東合黃水，時人謂之狂水，蓋狂黃聲相近，俗傳失實也。

卷三十一〈淯水注〉「淯水出弘農盧氏縣攻離山」條云：〔註35〕

> 洱水又東南流，注于洧水，世謂之肆水，肆洱聲相近，非也。

卷三十二〈澺水注〉「澺水出江夏平春縣西」條云：〔註36〕

> 賜水西南流，入于澺，即屬水也，賜屬聲相近，宜爲屬水矣。

卷三十二〈決水注〉「又北入于淮」條云：〔註37〕

> 俗謂之決口，非也，斯決灌之口矣。……蓋灌澮聲相倫，習俗害眞耳。

卷三十九〈漉水注〉「出醴陵縣東漉山」條云：〔註38〕

> 縣南臨渌水，水東出安城鄉翁陵山，余謂漉渌聲相近，後人藉便以渌爲稱，雖翁陵名異，而即麓是同。

（三）聲韻相合，以致訛誤

卷八〈濟水注〉「又北過臨邑縣東」條云：〔註39〕

> 今防門北，有光里，齊人言廣音與光同，即春狄所謂守之廣里者也。

卷十〈濁漳水注〉「又東北過阜城縣北」條云：〔註40〕

> 衡漳又逕東昌縣故城北，經所謂昌亭也，王莽之田昌也，俗名之曰

〔註32〕同註3，卷二十四，頁2。
〔註33〕同註3，卷二十四，頁15。
〔註34〕同註3，卷二十五，頁13。
〔註35〕同註3，卷三十一，頁7。
〔註36〕同註3，卷三十二，頁1。
〔註37〕同註3，卷三十二，頁3。
〔註38〕同註3，卷三十九，頁8。
〔註39〕同註3，卷八，頁9。
〔註40〕同註3，卷十，頁22。

東相，蓋相昌聲韻合，故致茲誤矣。

卷二十四〈瓠子河注〉「東至濟陰句陽縣」條云：〔註41〕

今濮陽城西南十五里，有沮兵城，六國時沮楚同音，以爲楚丘，非也。

（四）韻近字轉，以致訛誤

卷二十四〈瓠子河注〉「東至濟陰句陽縣」條云：〔註42〕

魏封遠爲羊里亭侯，邑四百戶，即斯亭也，俗名之羊子城，非也，蓋韻近字轉耳。

（五）世俗音訛

卷三〈河水注〉「又南過土軍縣西」條云：〔註43〕

吐京郡治，故城，即土軍縣之故城也，胡漢譯言，音爲訛變矣。

卷三〈河水注〉「又南過上郡高奴縣東」條云：〔註44〕

清水又東逕高奴縣，……民俗語訛，謂之高樓城也。

卷十一〈滱水注〉「又東過博陵縣南」條云：〔註45〕

其城東側，因河仍墉築一城，世謂之寡婦城，賈復從光武追銅馬五幡於北平所作也。世俗音轉，故有是名矣。

卷十四〈濡水注〉「濡水從塞外來」條云：〔註46〕

（濡水）又東北注難河，難河右則汗水入焉……濡難聲相近，狄俗語訛耳。

卷十五〈洛水注〉「又東過洛陽縣南」條云：〔註47〕

洛水又東，合水南出半石之山，北逕今水塢，而東北流注于公路澗，但世俗音訛，號之曰光祿澗，非也。

卷二十六〈巨洋水注〉「又東北過壽光縣西」條云：〔註48〕

巨洋水又東北流，堯水注之，水出劇縣南角崩山，即故義山也，俗

〔註41〕同註3，卷二十四，頁10。
〔註42〕同註3，卷二十四，頁10。
〔註43〕同註3，卷三，頁19。
〔註44〕同註3，卷三，頁21。
〔註45〕同註3，卷十一，頁19。
〔註46〕同註3，卷十四，頁13。
〔註47〕同註3，卷十五，頁10。
〔註48〕同註3，卷二十六，頁7。

人以其山角若崩，因名爲角崩山，亦名爲角林山，皆世俗音訛也。

（六）音從字變

卷二十六〈巨洋水注〉「出朱虛縣泰山北」條云：〔註49〕

峴城東北二十里有丹山，世謂之凡山，縣在西南，非山也。丹凡字相類，音從字變也。

卷二十八〈沔水注〉「又東北流，又屈東南過武當縣東北」條云：〔註50〕

縣西北四十里漢水中，有洲名滄浪洲，庾仲雍漢記謂之千齡洲，非也。是世俗語訛，音與字變矣。

（七）字承讀變

卷五〈河水注〉「又東北過楊墟縣東」條云：〔註51〕

商河首受河水……逕張父城西，又北，重源潛發，世謂之落里坑，亦曰小漳河，商漳聲相近，故字與讀移耳。

卷二十二〈穎水注〉「又南過女陽縣北」條云：〔註52〕

縣故城南，有汝水枝流，故縣得厥稱矣。闞駰曰：本汝水別流，其後枯竭，號曰死汝水，故其字無水。余按汝女，乃方俗之音，故字隨讀改，未必一如闞氏之說，以窮通損字也。

卷二十六〈沭水注〉「又南過陽都縣，東入于沂」條云：〔註53〕

沭水又南逕東海郡即丘縣，故春秋之祝丘也。……闞駰曰：即祝，魯之音，蓋字承讀變矣。

卷三十一〈淯水注〉「又南過新野縣西」條云：〔註54〕

棘水自新野縣東，而南流入于淯水，謂之爲力口也。棘力聲相近，當爲棘口也。又是方俗之音，故字從讀變，若世以棘子木爲力子之木也。

卷三十九〈鍾水注〉「出桂陽南平縣都山」條云：〔註55〕

潅水即桂水也。潅桂聲相近，故字隨讀變，經仍其非矣。

〔註49〕同註3，卷二十六，頁4。
〔註50〕同註3，卷二十八，頁2。
〔註51〕同註3，卷五，頁32。
〔註52〕同註3，卷二十二，頁5。
〔註53〕同註3，卷二十六，頁2。
〔註54〕同註3，卷三十一，頁12。
〔註55〕同註3，卷三十九，頁4。

（八）字讀之誤

卷三十一〈潕水注〉「潕水出潕陰縣西北扶予山」條云：〔註56〕

撫水又東北，澧水注之，水出雉衡山東，南逕建城東，建當爲卷字讀誤耳。

《水經注》書中，若此者甚夥，上列八類，概分之耳。道元多據之以考證地名，雖未明言音理，然已揭示其語音現象矣。鄭德坤《水經注引書考》〔註57〕，條列酈氏音學根柢之書，計有：師氏《春秋左傳音》、服虔《春秋音隱》一卷、徐廣《史記音義》十二卷、服虔《漢書音訓》一卷、應劭《漢書音義》二十四卷、蔡邕《漢書音義》、徐廣《漢書音義》、蘇林《漢書音義》、孟康《漢書音義》九卷、韋昭《漢書音義》七卷、呂忱《漢書音義》、崔浩《漢書音義》二十卷，凡十二種，善長潛心音學，蓋其來有自矣。是故今欲上窺遠古音之轉變，以酈氏《水經注》爲階梯，抽絲剝繭，順指以求，逆溯探源，明其因革，自可得其彷彿也。

二、中古語音之現象

道元運用音學，辨正名實，後世學者，多能有所闡發。其發爲端者，有胡適之先生〈長安橫門，漢人叫做光門〉〔註58〕，即以「光橫音近」爲重點，其後費海璣有《水經注音訓》之作〔註59〕，布廣推揚之，蔚然成風，學者如張永言作〈酈道元語言論拾零〉〔註60〕，直探《水經注》書中之語音史料，又所作〈水經注中語音史料點滴〉〔註61〕，即歸納酈書音學重點，分四類焉：

（一）書中部份材料，顯示當時漢語聲母之發展情形。

（二）書中部份材料，涉及當時漢語韻母之變化狀況。

（三）關于一般音變規律，藉酈注可提供線案。

（四）書中蘊含漢語音韻學史之寶貴史料。

〔註56〕同註3，卷三十一，頁15。
〔註57〕參見鄭德坤《水經注引書考》，卷二〈史部〉，頁42～49。
〔註58〕參見《胡適手稿》第四集，冊一卷一，頁24。
〔註59〕參見費海璣著《胡適著作研究論文集》，酈道元《水經注》音訓一節，頁208。
〔註60〕參見張永言〈酈道元語文論拾零〉，載《中國語文》，1964年三期，頁236～237。
〔註61〕參見張永言〈水經注中語言史料點滴〉，載《中國語文》，1983年二期，頁131～133。

諸家並有所得，然尤以陳師伯元之〈酈道元水經注裡所見的語音現象〉一文
〔註62〕，成果最著，其序文云：

> 酈道元的《水經注》裡隱藏了許多語音現象，值得研究中國語音史
> 的人重視。……試用現代語音學理及歷史語音的演進各方面加以解
> 釋，發現像陰陽對轉、複聲母、一二等混淆……等問題，在《水經
> 注》裡頭就早已埋藏了許多線索，……有助於瞭解自上古音到中古
> 音過渡期間語音的演變。

有味乎其言也。茲就陳師所列之語音現象，舉例說明如下：

（一）陰陽對轉

平上去三聲之韻，有「陰聲」、「陽聲」二類。陰聲指開尾韻母或元音收
尾之韻母，陽聲指帶鼻音韻尾 -m.-n.-ŋ.之韻母。夫所謂陰陽對轉者，即指陰聲
韻部之字與陽聲韻部之字相與諧聲或協韻而言，而其相諧之韻部必彼此相當
——即主要元音相同。陰陽對轉乃漢語史上常見之現象，《水經注》書中，亦
屢見不鮮，如卷二十一〈汝水注〉「東南過其縣北」條〔註63〕之蠻麻聲近，即
是其例。《廣韻》蠻莫還切，雙脣次濁明母，陽聲刪韻二等開口；《廣韻》麻
莫霞切，雙脣次濁明母，陰聲麻韻二等開口。則其音蠻當讀為 man；麻讀為
ma。陰陽對轉本因方俗語音之變遷，蠻有舌尖鼻音，麻則為開尾韻，兩字聲
母、主要元音相同，陽聲失收音，即成陰聲，陰聲加收音，即成陽聲，音之
轉變，失其本有者，加其本無者，原是常有之事。故酈氏謂蠻麻讀聲近也。

（二）一二混等

等韻之一、二等，皆為洪音，江永《四聲切韻表》凡例曰：「一等洪大，
二等次大。」故高本漢即以元音之後 a 與前 ɑ，區別一二等，羅常培《漢語音
韻學導論》云：〔註64〕

> 今試以語音學術語釋之，則一二等皆無（i）介音，故其音大，三四
> 等皆有（i）介者，故其音細。同屬大音，而一等之元音較二等之元
> 音略後略低，故有洪大與次大之別。

然則自《水經注》所載細究之，斯時一等韻與二等韻，似乎容易混淆，而難以

〔註62〕參見陳師伯元〈酈道元水經注裡所見之語音現象〉，載《中國學術年刊》第二
　　　期，頁87～111。

〔註63〕同註28。

〔註64〕參見羅常培《漢語音韻學導論》第三講，頁44。

區別也。例如卷十三〈灅水注〉「出鴈門陰館縣」條之馬磨聲相近〔註65〕，即是其例。《廣韻》馬，莫下切，重脣次濁明母，陰聲馬韻開口二等；磨，莫婆切，重脣次濁明母，陰聲戈韻合口一等。磨字見于《廣韻》、《韻鏡》、《七音略》、《四聲等子》、《切韻指掌圖》、《經史正音切韻指南》等書，皆列在戈韻合口一等，然戈韻脣音字之上古音，原從 *a 來，王力《漢語史稿》，亦認定戈韻脣音字爲 *a→uɑ，殆因受脣音聲母之影響，而由開口變成合口也，王氏有云：〔註66〕

> 漢代到六朝初期（一世紀到五世紀），韻文中常見歌麻合韻，那時的歌部還和上古差不多；但是，上古魚部中的麻韻字，和歌部中的麻韻字，在當時已經合流了。

《水經注》之音讀，正符合王氏之推測，磨爲歌部字，上古音爲 *ma，至六朝時，仍爲 *ma，馬爲魚部麻韻字，與歌部麻韻字合流，故音讀亦爲 *ma。是知當時一二等韻極易混淆，而難以區分矣。

（三）開合互變

音之歸本於喉，有「開口」、「合口」二等，「開」、「合」又各有「洪」、「細」二等。「開」、「合」之異，實因收音聲勢之不同，故分辨極易。今人用羅馬字表音，於「開口呼」之字，但用子音母音字母拼切，「齊」、「合」、「撮」三呼，則用 i、u、ü 三母，介于子音母音之間，以肖其發音口齒之狀，茲列圖以明之：

聲　勢		方　法	簡稱	例如	羅馬字表音	介音	附　　註
開口	洪音	開口呼之	開	安	an		開口呼從喉直出，故無介音
	細音	齊齒呼之	齊	煙	ian	i	
合口	洪音	合口呼之	合	灣	uan	u	
	細音	撮脣呼之	撮	淵	üan	ü	

據上表所列，等呼之說，實至淺易。然《水經注》所載，亦見開合不分之現象，如卷七〈濟水注〉「濟水出河東垣縣東王屋山」條之衍沇聲相近，傳呼失實〔註67〕，即是其例。《廣韻》衍，以淺切，喉音次濁喻母，陽聲獮韻開口三等；沇字，以轉切，喉音次濁喻母，陽聲獮韻合口三等。衍音讀爲 ien，沇爲 iuen；

〔註65〕同註25。
〔註66〕參見王力《漢語史稿》第二章，頁82。
〔註67〕同註23。

王力衍讀 iɛn，沇爲 ĭwɛn，均爲介音（u）或（w）之異。酈氏所謂當時轉呼失實，殆指沇（iuen）水之介音（u）失落，而俗讀爲衍（ien）水之開口呼也。

（四）平上同讀

四聲者，蓋因收音時之留聲長短而別也。古惟有「平」、「入」二聲，以爲留音長短之大限。迨後讀「平聲」稍短而爲「上」，讀「入聲」稍緩而爲「去」，於是「平」、「上」、「去」、「入」四者，因音調之不同，遂爲聲韻學上之重要名稱矣。上古聲調，古有四聲，古無四聲，爭論紛紜，迄無定論。然則，酈書所載，其時似乎平上兩聲，不大區分，如卷八〈濟水注〉：「今防門北有光里，齊人言廣音與光同」〔註68〕，即是其例。《廣韻》廣古晃切，牙音全清見母，上聲蕩韻合口一等；光古黃切，牙音全清見母，平聲唐韻合口一等。廣音讀爲 kuaŋ。光亦讀 kuaŋ。今廣韻二字聲韻同，所異僅爲聲調耳。《水經注》書中所記齊人之語音，則讀上聲廣，與平聲光同音也。

（五）輕重脣無別

錢大昕《十駕齋養新錄》〈古無輕脣音〉一文，謂輕脣音：非、敷、奉、微四紐，古音讀同重脣音：幫、滂、並、明四紐，其言當屬可信。輕重脣無別之現象，《水經注》書中所載，屢屢可見。例如卷十三〈灢水注〉：「地理風俗記曰：燕語呼毛爲無。」〔註69〕即是其例。廣韻無武夫切，輕脣次濁微母，陰聲虞韻合口三等；毛莫袍切，重脣次濁明母，陰聲豪韻開口一等。無上古音讀爲 *mjuɑ，毛字讀爲 *mɑn，均有主要元音 ɑ，聲母相同，故燕語呼毛爲無。高本漢漢文典，無字讀 *miwo/miu，毛字讀 *moġ/mâu，均有主要元音 o。李方桂上古音研究，無讀 *mjaġ/mju，毛讀 *maġw/mâu。則兩音尤近，轉毛爲無，易矣。

（六）喻讀近舌音

喻母字，廣韻屬喉音，曾運乾以爲不然，其〈喻母古讀考〉一文〔註70〕，乃謂喻母古隸舌聲定母，部仵秩然，不相陵犯，此一說法，《水經注》所留存之語言痕跡，可爲證焉。例如卷七〈濟水注〉：「郭景純云：聯沇聲相近，即沇水也。」〔註71〕即是其例。廣韻聯力延切，半舌次濁來母，陽聲仙韻開口

〔註68〕同註39。
〔註69〕同註3，卷十三，頁14。
〔註70〕參見曾運乾〈喻母古讀考〉，載《東北大學季刊》第二期。
〔註71〕同註3，卷七，頁1。

三等；沈以轉切，喉音次濁喻母，陽聲獼韻合口三等。聯字上古音讀爲 *ljan。沈字讀爲 *djun。郭璞以聯沈聲相近，殆即指聲母皆出於舌音而言耳。

（七）娘日歸泥

　　章太炎先生《國故論衡》有〈古音娘日歸泥說〉一文，主張中古音娘母與日母，在上古與泥母同出一源。此說無論就諧聲偏旁，或異文假借觀之，皆頗具道理，而《水經注》所載，足證此說者亦夥，如卷二十二〈潁水注〉：「余按汝女乃方俗之音，故字隨讀改。」〔註 72〕即是其例。廣韻汝人渚切，半齒次濁日母，陰聲語韻開口三等；女尼呂切，舌上次濁娘母，陰聲語韻開口三等。汝讀音 *nja → nʑio，女爲 *nja → ȵio。酈氏謂此爲「方言異讀」，誠爲篤識，蓋方言或讀汝爲 ȵio，或讀成 nʑio，此一現象，足以說明漢語史上，其泥日二紐演變之關係，有如下式：

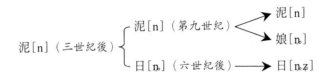

蓋今傳守溫三十字母，即無娘紐。守溫泥母殆即包含後世之泥、娘二紐。三十字母更以知徹澄日爲舌上音，以與舌頭音端、透、定、泥相對，端透定之分化爲知、徹、澄，亦猶泥之分化而爲日也。

（八）群匣同源

　　高本漢嘗以爲群（ġ）與匣（ɣ）於上古皆爲（ġ），故主張上古匣群同源之說〔註 73〕。陳師伯元《古音學發微》亦主此說，並謂匣爲群三紐由上古至中古之演變，有如下式：〔註 74〕

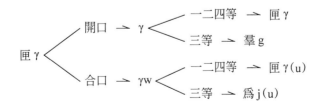

〔註 72〕同註 52。
〔註 73〕參見陳師伯元《古音學發微》，頁 1215 所引。
〔註 74〕同註 73，頁 1223。

且舉《水經注》卷二十五〈泗水注〉：「狂黃聲相近」爲例〔註75〕。《廣韻》黃胡光切，喉音全濁匣母，陽聲唐韻合口一等；狂巨王切，牙音全濁群母，陽聲陽韻合口三等。黃音讀 *ɣuaŋ → ɣuaŋ，狂讀 *ɣjuaŋ → ġjuaŋ，聲母相同，其差別僅在韻母介音耳。音既相近，俗傳失實，殆非偶然也

（九）旁紐雙聲

古聲同類，亦謂之「旁紐雙聲」。所謂「同類」，即同爲喉音（「影」、「曉」、「匣」），同爲牙音（如「見」、「溪」、「疑」）之類也。以語音學術語釋之，「同類」即發音部位相同也（如「見」、「溪」、「疑」皆爲舌根音；「幫」、「滂」、「並」、「明」皆爲雙脣音）。古音凡發音部位相同者，即可互相諧聲或通用也，此因其部位相同，音易流轉故也。《水經注》所載，亦見酈氏稱發音部位相同者，爲聲相近也，例如卷五〈河水注〉：「商漳聲相近。」〔註76〕即是其例。《廣韻》商式羊切，正齒次清審母，陽聲陽韻開口三等；漳諸良切，正齒全清照母，陽聲陽韻開口三等。此二字，上古至中古之音讀，商 *tjaŋ → ɕjaŋ，漳 *tjaŋ → tɕjaŋ，其聲母發音部位相同，故可通用。

（十）同位雙聲

所謂「同位」者，即發音方法相同也。「影」、「見」、「端」、「知」、「精」、「照」、「莊」、「邦」、「非」諸紐同位，皆發聲也。「曉」、「溪」、「透」、「徹」、「清」、「心」、「初」、「疏」、「穿」、「審」、「滂」、「敷」諸紐同位，皆清聲送氣也。凡古聲同位，韻母相同，音間有流轉，此一現象，亦見于《水經注》中，如卷十一〈滱水注〉：「孤都聲相近」〔註77〕，即是其例。《廣韻》孤古胡切，牙音全清見母，陰聲模韻合口一等；都當孤切，舌頭全清端母，陰聲模韻合口一等。二字音讀：孤 *kuɑ → *kuo → ku，都 *tɑ → *to → tu。可見《水經注》時代，韻母相同，發音方法亦同者，音間有互變之現象也。

此外，陳師伯元所揭示，《水經注》載存之語音現象，尚有：舌頭舌上不分，正齒照系近於舌音（田辰、勝櫍）、正齒莊系近於齒頭（如沮楚、山仙）、歌模音近（如蘆羅）、東唐音近（如公路光綠）、複聲母之啓示（如鄔廎、參陰）、鼻音互換（如京軍、滄浪千齡）、元音央化（如肜而）等等。道元考究

〔註75〕同註34。
〔註76〕同註3，卷五，頁32。
〔註77〕同註24。

邦邑之代襲，探賾名號之源由，疏通地文之音義，其深究音理，由斯見焉，故曰《水經注》乃語言研究之珠澤也。

第三節　經注義疏之翹楚

　　詁者古也，古今異言，通之使人知也。蓋古書文義，隱奧難明；一書稱謂，彼此殊軌；藉非後世義訓制度，委曲譬況，則生不同時，何由而曉往古之語？長非同地，無緣以解殊俗之言；情意懸隔，不幾艱于通曉乎！此訓詁之所由生也。吾國注疏之學，肇端乎仲尼羽翼《周易》，其後七十子之徒，漢初綴學之士，遞有補益，作者之聖，述者之明，卓乎六藝群書之鈐鍵也。至於舊書雅記，訓詁未能悉備，網羅放失，有待來者，於是傳、說、故、訓之體，沛然而生，或疏通音義，或徵輯典實，要在翼贊舊書，閉絕歧路也。

　　魏晉南北朝，注疏之學，勃然熾盛，經史子集，各有傳人，茲舉許威漢《訓詁學導論》所言，以見盛況焉：〔註78〕

> 魏晉六朝，《易》、《書》、《詩》、《禮》、《春秋》，以及《論語》、《孝經》等都有數十家注解，流傳到今天的有王弼、韓康伯的《易注》、杜預的《春秋經傳集解》、范寧的《穀梁傳集解》、何晏的《論語集解》。屬于史部的有晉徐廣《史記音義》、宋裴駰《史記集解》、吳韋昭《漢書音義》、齊陸澄《漢書注》、梁韋稜的《漢書續訓》、陳姚察《漢書訓纂》及《漢書集解》、宋裴松之《三國志注》、盧宗道《魏志音義》、梁劉昭《後漢書注》、晉郭璞《山海經》注、北魏酈道元《水經注》。屬于子部的，以道家的《老子》和《莊子》的注解為最多，另有張湛《列子注》。縱橫家有魏晉間皇甫謐《鬼谷子注》，小說家有梁劉孝標《世說新語注》，兵家有曹操《孫子兵法注》、賈詡《吳起兵法注》等多種。五行類有李氏《九宮經注》。醫方類有呂博望《黃帝眾難經注》、陶宏景《本草經集注》、雷公《神農本草集注》等多種。集部有郭璞《楚辭注》及子虛《上林賦注》、皇甫謐《參解楚辭》、羅潛《江淹擬古詩注》等，為數眾多。至于佛教經典的注疏，有《大乘經疏》、《小乘律講疏》、《大乘論疏》、《小乘論講疏》、《雜論講疏》等，數量也相當大。

〔註78〕參見許威漢《訓詁學導論》，上海古籍出版社，1987年一版，頁222～223。

注疏之功，既日益廣大，而義例形式，亦漸趨繁雜，補闕拾遺，考辨析理，不一而足。其中，以史注名家者，首推劉宋裴松之《三國志注》，裴注之作，博采群書，徵引勘核，論辨是非，釐清史實，庶幾抗衡陳壽之《三國志》也。後起之秀，則有劉宋劉孝標《世說新語注》，劉注爲書，旁徵博引，搜羅宏富，吐辭利靈，運筆老秀，足媲美劉義慶之《世說新語》也。然則，踵事增華，後來居上者，則唯北魏酈道元之《水經注》一書而已矣。以下兹分「勾勒群說」、「實地考察」與「義例井然」三項，說明道元撰注《水經》之用心焉：

一、勾勒群說

夫子長號爲良史，書止河渠，蠡測一勺耳，後之作者，竟無述焉。世所憑依，以見天地之血脈者，《水經》一書而已。《水經》爲書，體嚴詞雅，故是作經法也。然其規綱則舉，節解未彰，迨乎道元粉飾漏闕，銓次疆隅，乃相濟而爲編也。酈注之作，因地致詳，旁徵博引，鉤采群書（詳見本論文第六章第三節「治經徵史之鴻寶」）。繼續前賢，時發雋語，宏鋪抒述，新益見聞，流溢之外，贅行紀異，博雅之士，倚以爲談。故書中每見「余按群言」、「余按史傳」、「余考諸地記」、「古者相傳言」、「經究故事與實違矣」及「稽之故說」等等語句，兹舉數例，俾見大凡焉。卷十三〈灢水注〉「灢水出鴈門陰館縣，東北過代郡桑乾縣南」條，注云：〔註79〕

> 古老相傳言，嘗有人乘車于池測，忽過大風，飄之于水，有人獲其輪于桑乾泉，故知二水潛流通注矣。

卷十六〈榖水注〉「榖水出宏農黽池縣南墦冢林榖陽谷」條，注云：〔註80〕

> 劉澄之云：新安有澗水，源出縣北，又有淵水，未知其源。余考諸地記，竝無淵水，但淵澗字相似，時有字錯爲淵也。

又如卷十六〈榖水注〉「又東過河南縣北，東南入于洛」條，注云：〔註81〕

> 余按史傳，周靈王之時，榖洛二水鬬，毀王宮，王將堨之，太子晉諫，王不聽，遺堰三堤尚存。《左傳》襄公二十五年，齊人城郟，穆叔如周賀。韋昭曰：洛水在王城南，榖水在王城北，東入于瀍。至靈王時。榖水盛，出于王城西，而南流合于洛。兩水相格，有似于鬬，而毀王城西南也。潁容著春秋條例，言西城梁門枯水處，世謂

〔註79〕同註3，卷十三，頁2。
〔註80〕同註3，卷十六，頁3。
〔註81〕同註3，卷十六，頁5。

之死穀，是也。始知緣生行中造次，入關經究，故事與實違矣。

再如卷二十二〈洧水注〉「又東南過長社縣北」條，注云：〔註82〕

其瀆中澹泉南注，東轉爲淵，綠水平潭，清潔澄深，俯視游魚，類
若乘空矣，所謂淵無潛鱗也。……余以景明中，出宰茲郡，于南城
西側，修立客館，版築既興，于土下得一樹根，甚壯大，疑是故社
怪長暴茂者也。稽之故說，縣無龍淵水名，蓋出近世矣。

道元窮理求證，稽察考核，雖以援證佐助，用承先賢之見，然亦謹慎辨析，
糾補謬隙，駁斥非論，其戒慎恐懼，可見一斑焉。

二、實地考察

地理學（Geography）乃研究人地相因相成之科學，故凡自然人文現象之
分布，及其相互之關係，皆屬地理學研究之範疇。酈注之作，始承《爾雅》、
《春秋傳》之大業，接踵裴史、劉說之宏基，復備文心，庶防忘誤之失，求
其尋省之易；有所論證，實事求是，深自屏營，親察實訪，足跡遍歷北國，
釐清渠道之志，已償其半矣。道元乃北魏范陽涿縣（今河北省涿縣）人，生
于山東青州，幼隨父範宦遊，故當時首都平城（今山西省大同），洛陽（今河
南省洛陽），北方六鎮（今歸綏一帶），以及道元赴任之河北冀縣，河南長
社、魯陽、淮水流域等等，悉爲道元親訪之地，其足跡所至，則留心觀察，
有聞必錄，以資注文，例如卷十二〈聖水注〉「又東過陽鄉縣北」條，即是其
例，注云：〔註83〕

聖水自涿縣東與桃水合，水首受淶水于徐城東南，良鄉西，分垣水，
世謂之南沙溝，即桃水也。東逕迺縣北，又東逕涿縣故城下，與涿
水合，世以爲涿水，又亦謂之桃水，出涿縣故城西南奇溝東八里大
坎下，數泉同發，東逕桃仁墟北，或曰因水以名墟，則是桃水也，
或曰終仁之故居，非桃仁也。余案《地理志》，桃水上承淶水，此水
所發，不與志同，謂終爲是。又東北與樂堆泉合。水出堆東，東南
流注于涿水，涿水又東北逕涿縣故城西，注于桃。應劭曰：涿郡故
燕，漢高帝六年置，其南有涿水郡，蓋氏焉，闞駰亦言是矣。今于
涿城南，無水以應之，所有惟西南有是水矣。應劭又云：涿水出上

〔註82〕同註3，卷二十二，頁13。
〔註83〕同註3，卷十二，頁2～3。

－315－

谷涿鹿縣。余案涿水自涿鹿東注㶟水，㶟水東南逕廣陽郡，與涿郡分水。漢高祖六年，分燕置涿郡，涿之爲名，當受涿水通稱矣。故郡縣氏之，但物理潛通，所在分發，故在匈奴爲涿耶水。山川阻闊，竝無沿注之理，所在受名者，皆是經隱顯相關，遙情受用，以此推之，事或近矣，而非所安也。

蓋道元祖籍涿縣，故于涿縣附近之水道，實地考察，乃能親自指正舊傳之誤，且補充說明之。

又如卷十六〈穀水注〉「又東過河南縣北，東南入于洛」條，記洛陽景觀，遷貿畢陳，故實駢列，注云：〔註84〕

穀水逕洛陽小城北，因阿舊城，憑結金墉，故向城也。永嘉之亂，結以爲壘，號洛陽壘，故《洛陽記》曰：陸雲臺西有金市，金市北對洛陽壘者也。又東歷大夏門下，故夏門也。……穀水又東，枝分南入華林園，歷疏圃南，圃中有古玉井，井悉以珉玉爲之，以縋石爲口，工作精密，猶不變古，璨焉如新。又逕瑤華宮南，歷景陽山北，山有都亭，堂上結方湖，湖中起御坐石也。御坐前建蓬萊山，曲池接筵，飛沼拂席，南面射侯夾席，武峙背山，堂上則石路崎嶇，巖嶂峻險，雲觀風觀，纓巒帶阜，遊觀音升降阿閣，出入虹陛，望之狀虎，沒鸞舉矣。其中引水，飛皋傾瀾，瀑布或枉渚，聲溜潺潺不斷，竹柏蔭於層石，繡薄叢于泉側，微颸暫拂，則芳溢于六空，實爲神居矣。其水東注天淵池，池中有魏文帝九華臺，殿基悉是洛中故碑累之，今造釣臺于其上，池南直魏文帝茅茨堂，前有茅茨碑，是黃初中所立也。

道元嘗親遊洛陽，故下筆作注，得心應手，指正貼切；當其見穀水流經洛陽大夏門之時，俯古追今，念茲在茲，感慨油生；往東而行，穀水又逕瑤華宮南，歷景陽山北，憑弔古蹟之餘，舉目而望，美景歷歷，是以道元乃欣然爲作記焉。再如卷三〈河水注〉「又東過雲中楨陵縣南，又東過沙南縣北，從縣東屈南過沙凌縣西」條，注云：〔註85〕

余以太和十八年，從高祖北巡，屆于陰山之講武臺，臺之東有高祖講武碑。碑文是中書郎高聰之辭也。自臺西出南上山，山無樹木，

〔註84〕同註3，卷十六，頁8～9。
〔註85〕同註3，卷三，頁10。

惟童阜耳，即廣德殿所在也。其殿四注兩夏，堂宇綺井，圖畫奇禽
異獸之象，殿之西北，便得焜煌堂。雕楹鏤桷，取狀古之溫室也。
其時帝幸龍荒，遊鸞朔北，南秦王仇池楊難當，捨蕃委誠，重譯拜
闕，陸見之所也，故殿以廣德爲名。魏太平眞君三年，刻石樹碑，
勒宣時事，……碑陰題宣城公李孝伯尚書盧遐等從臣姓名，若新鏤
焉。

又同條，注亦云：〔註86〕

河水南入楨凌縣西北，緣胡山，歷沙南縣東北兩山之間而出。余以
太和中爲尚書郎，從高祖北巡，親所逕涉，縣在山南，王莽之楨陸
也。北去雲中城一百二十里，縣南六十許里，有東西大山，山西枕
河，河水南流，脈水尋經，殊乖川去之次，似非關究也。

道元嘗隨高祖北遊，讀萬卷書，行萬里路，每至一處，有聞必錄，故于布廣
《水經》之時，輒能有所糾正矣。戴震官本謂：「駁正經文東過楨陵沙南之
誤」〔註87〕，董祐誠亦共識之〔註88〕。此皆道元實地勘察，有以致之也。

三、義例井然

《水經注》一書，以河流水道爲綱，綜述流域內水文、地貌、地質、土
壤、植物、動物之分布，及物產、交通、城鎮、建制沿革等地理狀況，道元
于是書，可謂好之勤，思之篤矣。《唐大典》卷七有云：〔註89〕

桑欽水經所引天下之水，百三十七，江河在焉。……酈善長注水經，
引其枝流一千三百五十二。

趙永復編通檢，總整理，去其重複，唯大小川渠，計得水道二千五百九十六，
今本《水經注》已佚五卷，則原書之敘水道，殆過三千之數〔註90〕，較諸《水
經》三卷，注侈于經，二十餘倍矣！由此可知，酈書兼重質量，實非他注所
及也。惜乎論者多指其荒謬，病其旨晦，以備稽考，則優孟志怪以耀世，引
遐搜僻，將使人應接不暇，莫知所據〔註91〕。殊不知文事深透，則一書旨趣

〔註86〕同註3，卷三，頁11。
〔註87〕參見戴震校《水經注》卷三〈河水注〉，頁33。
〔註88〕參見董祐誠《水經注圖說殘稿河水篇》。
〔註89〕參見《唐六典》，卷七〈水部〉郎中員外郎條注。
〔註90〕參見趙永復〈水經注究竟記多少條水〉，載《歷史地理》，1982年第二輯，頁
　　　　115。
〔註91〕參見趙一清《水經注釋》附錄上，引明詹景龍詹氏小辨語。

精神，昭然煥發，況河源紆遠，尙依《史》、《漢》舊文，而江漢以南，又皆意爲揣測，宜其未盡審也。

有清一代，考據熾盛，文人雅士，潛心酈學，蔚爲風尙。趙一清釐清經注，加以改定，標其義例，所得匪淺，其言曰：〔註92〕

> 經仿《禹貢》，總書爲「過」，注以「逕」字代之，以此例河、濟、江、淮諸經注混淆，百無一失。……凡經文次篇之首，有「某水」二字，皆後人所加。蓋漢人作經，自爲一篇，豈能逆科酈氏爲之注，而先於每卷交割處增二字，以別之哉？或酈注既成，用二字爲提撕則可耳，然非經之舊也。此卷首列「河水」二字，謂重源之再見也。其義例如此。

其後，全祖望〈五校水經注題辭〉，論「經」、「注」之別，亦云：〔註93〕

> 經文與注文頗相似，故能相淆，而不知熟玩之，則固判然不同也。經文簡，注文繁，簡者必審擇於其地望，繁者必詳及許淵源，一爲綱，一爲目，以此思之，蓋過半矣。若其所以相淆者，其始特鈔胥之屬耳，及板本仍之，而世莫之疑矣。猶幸割裂所及，止於河、濟、江、淮、渭、洛、沔七篇，若其餘則無有焉，蓋居然善長之舊本也。故取其餘之一百十有七篇，而熟玩之，而是七篇者可校矣。

夫「經文簡爲綱，注文繁爲目，簡者審擇於地望，繁者詳及於淵源」，斯言也，前人所未及見之，全氏首發，實爲創獲，雖未明標爲義例，亦得酈書篇旨矣。趙、全二氏以外，清人致力酈學者，頗不乏人，而尤以戴東原用功最勤，費力居深，總前賢之論見，發爲義例，凡有三則，曰：〔註94〕

> （一）凡水道所經之地，經則云「過」，注則云「逕」；經則統舉都會，注則兼及繁碎地名。
>
> （二）凡一水之名，經則首句標明，後不重舉，注則文多旁涉，必重舉其名以更端。
>
> （三）凡書內郡縣，經則但舉當時之名，注則兼考故城之跡。

戴氏校《水經注》，繩愆糾謬，一一釐定，尋其義例，校理訂訛，而經注混

〔註92〕同註81。

〔註93〕參見胡適〈趙一清與全祖望辨別經注的通則〉，載《中央研究院刊》第一輯，頁35～72。

〔註94〕參見戴震校《水經注》，序文。

淆，鑿然可通，津逮後人，始有費海璣，直探酈旨，鉤勒復原，訂定凡例，其言云：〔註95〕

（一）凡人爲設施，如造橋、築堤、建塢、興水利，有聞必錄。

（二）凡自然現象之變化，如一水之乾枯、改道或氾濫，一山之震動、坍壞或沈陷，一城之淹埋或傾倒，有聞必錄。

（三）凡歷史人物生、死、葬、隱地，有聞必錄。

（四）凡傳說之歧誤，隨時訂正。

（五）釋名，興到時釋之。

（六）誌異聞，凡趣聞、軼事、佳話，可供談助者，錄之。

夫酈注爲書，義例井然，顧閱時既遠，傳寫已久，自唐以後，闕失敗多，經注混淆，錯簡譌字，交棘口胘，至不可讀。幸賴清儒積年努力，援據辨證，箋校精詳，殆還酈氏舊物也。

夫道元歷覽奇書，綴其菁華，薈萃此編。其依據舊典，架構前賢，明察時要，條理井然，周思縝慮，胸有成竹，自可成一家之言也。雖則所載，龐博奇奧，亦義例分明，截然可讀。其睿智所成，砥礪黽勉，創爲斯功，歷千載而益燦，故酈書可謂爲經注義疏之翹楚也。

〔註95〕參見費海璣〈水經酈道元注的眞凡例〉，載《胡適著作研究論文集》，頁127。

第八章 《水經注》之評價（下）

第一節 神話傳說之薈萃

　　昔者初民，野處洪荒，仰觀俯察，見天地萬物，變異無常，而諸多現象，又出乎人力所能之上，因自造眾說以解釋之，凡所解釋，今謂之神話。神話大抵以一「神格」為中樞〔註1〕，又推演為敘說，而于所敘說之神，所記述之事，又從而信仰敬畏之，于是歌頌其威靈，致美于壇廟，久而愈進，文物遂繁。劉大杰《中國文學發展史》有云：〔註2〕

> 神話是初民對於自然現象的解釋，反映人類和自然界的競爭。……
> 遠古的神話，都是原始社會人們集體的口頭創作。在有文字以前，
> 已經廣泛地流傳在人們的口頭。它們流傳日久，使得故事的內容複
> 雜化、系統化、美麗化，而成為初民在日常活動過程當中，對於自
> 然現象的解釋，對於自然界的奮鬥和願望，以及全部社會生活在藝
> 術概括中的反映。

是知「神話」者，乃原人思想之產物，蘊含先民之宇宙觀、宗教觀、倫理觀與人生觀，不特為宗教之萌芽，美術之所由起，且實為文章之淵源也。迨神話演進，則為中樞者漸近于人性，凡所敘述，今謂之傳說。傳說之所道，或為神性之人，或為古代英雄，其奇才妙智，神勇異能，超乎常人，而由于天授，或有天相者，簡狄吞燕卵而生商，劉媼得交龍而孕季，皆其例也。由

〔註1〕 參見周樹人《中國小說史》，第二篇，頁22。
〔註2〕 參見劉大杰《中國文學發展史》，華正書局，頁13～14。

此可知，神話之反映，多超乎現實生活，而傳說之記載，則大致近乎或合於現實生活；二者皆爲探索原人思想，上古民情，及其風俗習慣等，不可或缺之資料。就廣義言之，神話傳說，皆屬故事之範疇也。

夫神仙思想，由來甚古，蓋有時君世主之好奇，而後策士逞迂誕之說，有海市蜃樓之倒影，而後山東多方士。秦漢之際，神怪之風，熾盛一時，當時小說如《海內十洲記》、《漢武內傳》、《西京雜記》、《漢武故事》等等著作，如雲而起，無不以此爲題材。降及魏晉，佛說已入，神仙之說未退，《神仙傳》、《搜神記》之作，未始非應運而生。南北朝時，佛教昌盛，如日中天，上焉者究其奧義，下焉者惑於救苦難、消罪孽、出生死之說，果報輪迴之論，乃群起而赴之。詩人墨客，耳濡目染，影響滋深，下筆爲文，則掇拾雜記，附會史實，援引荒渺之世，稱道絕域之外，張皇鬼神，侈陳靈異，故專門著述，如《魏書‧釋老志》、楊衒之《洛陽伽藍記》等等，皆合時代之潮流，而尤以後者，歷來言寺塔史志者，莫不奉爲此中權輿也。酈注之作，因地致詳，鉤稽詳明，凡魏以前，神話傳說，故事舊聞，繁簡駢列，鉅細靡遺。綜其輯錄，以神仙鬼怪居多，彷彿《搜神記》之異本，《太平廣記》之原形也。神仙之談，至唐而衰，《水經注》之作，正當其說盛行之時，道元承先啓後，愛博嗜奇，歷引《西域記》、《扶南傳》、《法顯傳》等書，連篇累牘，詞致詼詭，又博采《大華嚴經》、《大善權經》、《因果經》等書，以立其說，所敘佛陀靈跡，雖爲外族傳說，然言之鑿鑿，似若實情，頗富時代色彩，而其所引，有多出劉向《列仙傳》，與干寶《搜神記》二書者，價值昭昭，不待言矣。

《水經注》中，稱引神話故事，原以地理郡邑爲主，有因應地學之需，遷就河道之實，不得不割裂傳說異聞，犧牲其完整性者，故其書也，本不可與《山海經》、《博物志》等書，並列而言。然酈注敘水道，遍及全國，分佈廣闊，所採故事，綜括古今，地合南北，有所聞見，或涉典籍故實，或繫當地傳聞，皆一一采錄，元魏以上，故事舊文，皆可考求而得實，可謂集北朝以前之大成者也。按「民俗」一詞，英文爲 Folkore，乃民眾知識之義，1846 年創於英人 W. J. Thoms 用以代替民間舊事 popular antiquities 之舊詞。1928 年紐約再版新國際百科全書，載東方學家恰克遜 A. V. W. Jackson 及人類學家勞維 R. H. Lowie 合釋民俗學之定義曰：

> 民俗學，爲紀錄與比較未受文化陶冶人民所傳，到普通民眾中之古
> 老信念、風俗、習慣、禮教，以及稗史、神話、故事、民歌與迷信

等等事故之學也。

是知神話傳說，亦屬民俗學研究之範疇，所以供輶軒之采，而爲設教施政之資也。研究一民族之神話故事，可以明瞭其心理、特性及環境，至若其政治經濟之根本，文化發展之途徑，亦可藉此而知其梗概。他如宗教、道德、哲學、美學、文學之起源，更可賴此而推測之，故研究史學、社會學、民俗學者，莫不以此爲輔助科學之一，神話傳說之有功學術者如此。民國以來，有任啓珊氏錄《水經注》異聞，編爲一冊，分上下卷，合七百三十一則〔註3〕，任氏所錄，信手採擷，不施裁制，少數十字，修或百言，但取率易，不復析別，且其篇目，皆二字爲限，有簡略隱晦之弊，如：名雞、迴首、行高、可欲、豐茂……等等即是。其後，鄭德坤氏亦鈔《水經注》故事，凡五百又五種，以成一書〔註4〕，鄭氏之鈔，顧及情節，已見架構，較諸任錄，尤勝一籌，所製篇目，取決於內容，視之瞭然，如李廣射石、李衡植柑、阮簡耽樂、武王伐紂、孫禮刺虎等等，皆是其例。然則，故事異聞，乃酈書之特色，則益顯矣。今輔以任、鄭二書，析述酈書故事，分十二類焉〔註5〕，說明如下，庶幾尋其脈絡，探其幽微，明其梗概也。

一、神怪故事

酈注書中，神怪故事含有神話、神仙、鬼怪、怪異四者，計百一十二目，包括西王母治崑崙山、西王母會東王公、盧君聘女、霍太山神爲崇、山陽侯授書趙襄子、霍太山神、華山君寄書隔池、華山天神傳秦昭王、衛叔卿見漢武帝、首陽山神、管涔山神獻劍、禺同山神、豈山神、海神見泰始皇、東海君、河伯娶婦、河怕禮周穆王、李冰鬪河神、河伯寄書、陽侯能爲大波、李冰鬪江神、秦始皇將亡江神素車白馬、江神石刻、江神溺殺人、宋元君夢江使來謁、兵蘭神作難江中、忖留神見魯班、洛伯鬪河伯、洹水神、湘君、吉神泰逢、王山將軍、九山府君、石室神、銅神、雞鳴神、百蟲將軍、象神、神飛廉、伍子胥負大夫種遊江海、胥神、梁孝王神、聖女神、瞿塘灘神、孟涂司神于巴、瑤姬未行而亡、神童、駱都採蜜遇仙、仙人羽化、王質遇仙童、青牛道士、古冶子斬黿、項寧都升仙、嘯父不老、班邱仲賣藥、王次仲化爲大鳥、陽翁伯種玉、王子晉控鵠、蕭史致白鵠孔雀、王仲都裸體馳

〔註3〕參見任啓珊編《水經注異聞錄》，啓智書局，民國24年。
〔註4〕參見鄭德坤編《水經注故事鈔》，藝文印書館，民國63年。
〔註5〕按：本文有關《水經注》故事之分類，殆本鄭德坤之說，而酌加己意增改之。

冰、薊子訓摩銅人、王喬、靈壽光、王子喬、琴高、文賓、涓子主柱、鹿皮
公、唐公房、陽子明、淮南王升仙、范儕、左飛北虎、盧耽化鵠、洪崖先
生、匡俗先生、吳猛得道，徐登女子化爲丈夫、鄭弘御風、劉表墓香聞四
里、秦頡墓、吳芮冢、允常冢風沙射人、唐述窟、蘭襄求改葬、鮮于冀鬼、
慕容儁夢石虎齧其臂、孤竹居、僵人穴、陸機遇王弼、僵尸、樹鬼、王少林
爲鬼理冤、漢武帝崩後見形、文將軍鬼祟、洛縣鬼哭、雲中城、馬邑、開陽
門飛柱、大人現身、田舞薔生子、叛夷掠女、石牛害罟、四男子與女鳥同
居、禁水鬼彈射人、神魚、風井、逃石、貪泉、龜言、飛來山、語兒鄉等等
即是。此等怪異故事，雖不能以事實視之，然其足以反映古代野蠻生活之一
斑，亦傳說中之趣聞也。

　　夫人神人鬼，古無分別。人死可以爲神，亦可以爲鬼，是以古文「鬼」、
「神」二字，假借、互用、合寫者，經典書中，處處可見。《水經注》爲中古
作品，思想較進矣，而神鬼之別，亦蹤跡可尋。考酈氏所舉，所謂神者，乃
脫離原身，享饗于祠者；而鬼則指附于原身，不與尸骸相離之謂也；樹鬼故
事，可以證明，《水經注》卷十七〈渭水注〉「又東過上邽縣」條云：〔註6〕

　　《列異傳》曰：「武都故道縣有怒特祠，云神本南山大梓也。昔秦文
　　公二七年，伐之，樹瘡隨合。秦文公乃遣四十人持斧砍之，猶不斷。
　　疲士一人傷足，不能去，臥樹下，聞鬼相與言曰：『勞攻戰乎？』其
　　一曰：『足爲勞矣』。又曰：『秦公必持不休。』答曰：「其如我何？』
　　又曰：赤灰跋于子，何如？』乃默無言。臥者以告，令士皆赤衣，
　　隨所斫以灰跋，樹斷，化爲牛入水，故秦爲立祠」。

此段注文，道元引《列異傳》文，說明武都故道縣有怒特祠之由來，而神
鬼之分，斯亦見焉。

　　《水經注》徵引故事，其關繫當地傳聞者，多取諸祠堂塚墓之間，如卷
二十三〈汳水注〉「又東至梁郡蒙縣爲獲水，餘波南入睢陽城中」條之〔王子
喬碑〕，即是其例，注云：〔註7〕

　　今城內有故冢方墳，疑即杜元凱之所謂湯冢者也，而世謂之王子喬
　　冢。冢側有碑，題云：〔仙人王子喬碑〕。碑曰：「王子喬者，蓋上世
　　之眞人，聞其仙，不知興何代也。博問道家，或言潁川，或言產蒙。

〔註6〕參見王先謙《合校水經注》，卷十七，頁12。
〔註7〕同註6，卷二十三，頁12。

初建此城，則有斯邱，傳承先民，曰王氏墓。暨于永和之元年冬十
二月，當臘之時，夜上有哭聲，其音甚哀，附居者王伯怪之，明則
祭而察焉。時天鴻雪，下無人徑，有大鳥跡在祭祀處，左右咸以為
神，其後有人著大冠絳單衣，杖竹立冢前，呼採薪孺子伊永昌曰：『我
王子喬也，勿得取我墳上樹也』，忽然不見。時令泰山萬熹，稽故老
之言，感精瑞之應，乃造靈廟，以休厥神。于是好道之儔，自遠方
集，或絃琴以歌太一，或覃思以歷丹邱，知至德之宅兆，實真人之
祖先，延熹八年秋八月，皇帝遣使者奉犧牲致禮，祠濯之敬肅如也。
國相東萊王璋，字伯儀，以為神聖所興，必有銘表，乃與長史邊乾，
遂樹之玄石，紀頌遺烈。」觀其碑文，意似非遠，既在逕見，不能
不書存耳。

按此碑文，蔡中郎筆也，今集中有其全文，與酈氏所錄，小有出入。仙人王
子喬，神仙家附會之說也，可以志怪小說視之，未必實有其人，毋庸辨別
矣。神仙之說，入唐而衰，然此種題材，活潑生動，不遇富有小說天才之作
家，豈不惜哉？

二、帝王故事

酈注書中，帝王故事，凡七十五目，包括神農既誕九井自穿、黃帝生于
天水、黃帝得道于廣成子、黃帝受神芝圖、黃帝受龍圖、黃帝得河圖、黃帝
戰蚩尤、黃帝採銅鑄鼎、黃帝遇牧童於襄城、黃帝宮在崑崙、黃帝都新鄭、
黃帝以雲火紀官、黃帝葬橋山、黃帝長子昌意、顓頊徙濮陽、帝堯修壇河
洛、帝堯誅四凶、帝堯行宮、帝堯禪舜、帝堯葬、堯冢、帝堯祠、帝堯末孫
劉累、帝舜居嬀墟、帝舜陶墟、帝舜耕歷山、帝舜沈書于日稷、帝舜避丹
朱、帝舜二妃、帝舜葬九嶷山、帝舜後嬀滿、禹治洪水河精授河圖、禹導河
積石、禹鑿龍門、禹鑿砥柱、禹鑿十九灘、禹通淮泗、禹通伊闕、禹移岵嶺
山、禹鑿廣溪峽、禹斷江、禹濟江遇黃龍、禹血馬祭衡山、禹治水畢天賜神
女、禹娶塗山氏女、禹會諸侯于會稽、禹神祐逃罪者、夏后開土三嬪于天、
夏后孔甲遇風雨、紂斮脛視髓、紂作朝歌之音、文王演易羑里、穆王遊曹
奴、幽王寵褒姒、秦始皇鑄金人、秦始皇造橋、秦始皇求九鼎、秦始皇築長
城、秦始皇築阿房殿、秦始皇營麗山、秦始皇生瘡、漢高帝立北時、漢高帝
習巴渝舞、漢文帝馳峻坂、漢文帝悲歌邯鄲道、漢武帝瓠子歌、漢武帝獲鼎

汾陰、漢武帝遊獵、漢武帝封泰山、漢武帝不絕馳道、漢光武廟、漢光武哭劉玄、漢光武故宅、魏明帝欲平北芒山等等即是。

　　禪讓故事，乃古傳說中，最繁複者之一，酈注所載，亦云詳矣，《水經注》卷十五〈洛水注〉「又東北過鞏縣東，又北入于河」條，載帝舜沈書于日稷事云：〔註8〕

　　　　黃帝東巡河過洛，脩壇沈璧，受龍圖于河，龜書于洛，赤文綠字。堯帝又修壇河洛，擇良即沈，榮光出河，休氣四塞，白雲起，迴風逝，赤文綠色，廣袤九尺，負理平上，有列星之分，七政之度，帝王錄記興亡之數，以授之堯。又東沈書于日稷，赤光起，玄龜負書，背甲赤文成字，遂禪于舜。舜又習堯禮，沈書于日稷，赤光起，玄龜負書，至于稷下，榮光休至，黃龍卷甲舒圖壇畔，赤文綠錯以授舜，舜以禪禹。殷湯東觀于洛，習禮堯壇，降璧三沈，榮光不起，黃魚雙躍，出濟于壇，黑烏以浴，隨魚亦上，化為黑玉，赤勒之書，黑龜赤文之題也。湯以伐桀。

此段注文，記帝堯修壇河洛，禪舜首山，其時河出榮光，休氣四塞，白雲起，迴風遊等等，均為上好之小說材料。

　　帝禹故事，枝葉繁多，不在堯舜之下，亦堪編成小說也。其治河之績，酈注所載，可謂詳矣，《水經注》卷四〈河水注〉「又南過河東北屈縣西」條云：〔註9〕

　　　　風山西四十里，河南孟門山。《山海經》曰：「孟門之山，其上多金玉，其下多黃堊涅石。」《淮南子》曰：「龍門未闢，呂梁未鑿，河出孟門之上，大溢逆流，無有邱陵高阜滅之，名曰洪水，大禹疏通，謂之孟門」。故《穆天子傳》曰：「北登孟門九河之隥。」孟門即龍門之上口也，實為河之巨阨，兼孟門津之名矣。此石經始禹鑿，河中漱廣，夾岸崇深，傾崖返捍，巨石臨危，若墜復倚。古之人有言，水非石鑿而能入石，信哉。其中水流交衝，素氣雲浮，往來遠觀者，常若霧露沾人，窺深悸魄。其水尚崩浪萬尋，懸流千丈，渾洪贔怒，鼓若山騰，濬波頹疊，迄于下口，方知慎子下龍門，流浮竹，非駟馬之追也。又有燕完水注之，異源合舍，西流注河。河水又南得鯉

〔註8〕同註6，卷十五，頁13～14。
〔註9〕同註6，卷四，頁1。

魚，歷澗東入窮溪首，便其源也。《爾雅》曰：「鱣，鮪也。」出鞏

穴三月，則上渡龍門，得渡為龍矣。否則點額而還，非夫往還之會，

何能便有茲稱乎？

此段注文，記述孟門山險峻危墜之山形，及迅急奔騰之水勢，所引歷史傳說，流傳極廣，饒有趣味。《孟子‧滕文公上》曰：「禹疏九河，瀹濟漯，而注諸海；決汝漢，排淮泗，而注之江。」，其說荒唐，固不可信。錢穆著〈周初地理考〉一文，略推大禹治水之說，始于蒲解之間〔註10〕。蓋蒲解之地，東西北三面俱高，惟南最下，河水環帶，自蒲潼以下，迄于陝津砥柱，上有迅湍，下有闞流，回瀾橫濤，既足為患，而涑水驟悍，狂憤積鬱，無可容遊。山洪怒鼓，河溜肆蕩，蒲解之民，實受其害。唐虞故都，正處其地，所謂洪水之患，殆在斯也。故依實論之，禹之治河，上不及龍門，下不至碣石，當在伊闕、砥柱之間耳。後世傳說日廣，大禹治水，竟西起積石，鑿十九灘、廣溪峽，東移岵嶺山，南斷江，濟江遇龍，而血馬致祭于衡山矣。蓋民族遷徙，散至四方，則每以其故居，逐而名其新邑，而其民間相傳故事，遂亦隨其族人足跡所到，遞播漸遠。以上大禹故事，則其例之最著者也。

禹之故事，尚有應注意者，如禹治水畢，天賜神女事，《水經注》卷四十〈漸江水注〉「漸江水出三天子都」條云：〔註11〕

《吳越春秋》稱：「覆釜山之中，有金簡玉字之書，黃帝之遺讖也。」

山下有禹廟，廟有聖姑像，《禮‧樂緯》云：「禹治水畢，天賜神女」，

聖姑即其像也。山上有禹冢，昔大禹即位十年，東巡狩，崩于會稽，

因而葬之。有鳥來為之耘，春拔草根，秋啄其穢，是以縣官禁民不

得妄害此鳥，犯則刑無赦。山東有湮井，去廟十里，深不見底，謂

之禹井云，東遊者多探其穴也。秦始皇登會稽山，刻石紀功，尚存

山側。孫暢之述書云：「丞相李斯所篆也。」又有石匱山，石形似匱，

上有金簡玉字之書，言夏禹發之，得百川之理也。

夫大禹有無其人，學者聚訟紛紛。莫衷一是，蓋古史材料有限，有以致之也。然則禹之神性，最為濃厚，天賜神女，亦其神性表現之一。又禹神可庇祐逃罪者，《水經注》卷三十六〈沫水注〉「沫水出廣柔徼外」條云：〔註12〕

〔註10〕參見錢穆〈周初地理考〉，載《燕京學報》第十期。

〔註11〕同註6，卷四十，頁9。

〔註12〕同註6，卷三十六，頁7。

縣有石紐鄉，禹所生也。今夷人共營之，地方百里，不敢居牧，有
罪逃野，捕之者不逼，能藏三年，不爲人得，則共原之，言大禹之
神所祐之也。

禹神庇祐逃罪者，此雖爲夷人信仰，然人之神化，實中國文化之特色，敬祖
之習，殆源于此。夫關羽者，既由精忠之人，演化而爲財神，則富神性之大
禹，其神可庇罪犯，當不足怪也。

秦始皇時，以雄才之資，負虎狼之力，削平天下，崇尚法治，焚書坑儒，
暴政惡行，亦云極矣，後世因以暴君視之。自古傳說，詆毀秦皇罪行者，無
所不用其極，如秦始皇生瘡故事，即是其例，《水經注》卷十九〈渭水注〉「又
東過霸陵縣北，霸水從縣西北流注之」條云：〔註13〕

池水又西北流，水之西南有溫泉，世以療疾。《三秦記》曰：「麗山
西北有溫水，祭則得入，不祭則爛人肉，俗云始皇與神女遊，而忤
其旨，神女唾之生瘡，始皇謝之，神女爲出溫水，後人因以澆洗瘡。」
張衡〈溫泉賦·序〉曰：「余出麗山，觀溫泉，浴神井，嘉洪澤之普
施，乃爲之賦。」云此湯也，不使灼人形體矣。

按溫泉之水，可以療疾，上古之時，民智未開，則以爲神人之賜。始皇與神
女遊，而忤其旨，神女唾之生瘡，始皇謝之，神女爲出溫水。夫溫水之出，
何干始皇？傳說之刻薄冷酷，可謂甚矣！

三、名人故事

酈注書中，名人故事，凡七十九目，包括倉頡造字、許由冢、彭祖長年
八百、巫咸採藥、祝融殺鯀羽郊、鯀化羽淵、羿逐太康、有莘氏得伊尹於空
桑、卞隨自殺、伊尹卒大霧三日、飛廉以善走事紂、周公測日景、成王封叔
虞以桐葉、呂望賣食棘津、呂望屠隱市朝、呂望釣茲泉、老子入關尹善望氣、
老子爲周柱史、老子廟、孔子臨狄水而歎、孔子迴轅、孔子奉書告天、孔子
答水投水、藺相如令秦王擊缶處、師涓受新聲、愚公谷、介子推譏子犯、介
子推隱綿上山、郤缺夫妻相敬如賓、樗里子多智、邵平種瓜、魏冉相秦、趙
文子論賢、河不流召伯尊鞭輦者、燕太子丹質于秦、蘇子說西周君、陶朱公治
產、屈原故宅、屈原流放、卞和獻玉璞、蕭何築未央宮、漂母食韓信、陳平
分肉、夏侯嬰冢、伏生授尚書、李廣射石、王榮車軸折、李延年知音、溫舒牧

〔註13〕同註6，卷十九，頁20。

羊澤中、王尊勇節、鄭產敕民勿殺子、王莽惡霸橋水災、王莽毀傅太后冢、王莽掘丁姬墓、馬援樹銅柱標漢南疆、閔仲叔隱遁市邑、郅惲不納光武、何湯閉門、王景治河、虞詡開漕運、虞詡燒石、李雲善陰陽、王方平釣魚、鄭玄卒、段元章善風角、孔嵩不恥賤役、黃叔度善論、鄭敬忠告、卜成遊九山、阮簡耽樂、曹操祭喬玄、孟達歌上堵吟、管輅過毋邱興墓、李衡植柑、孫登不應、樂廣故宅、張詹墓、劉凝之效嚴子陵、石虎造橋延津等等即是。

　　夫倉頡造字，彭祖高壽，伊尹出空桑，太公釣茲泉，邵平種瓜，陶朱致富，以至屈原放逐，陳平分肉等故事，流傳極廣，雖三尺之童，亦所慣識，此無庸細說也。名人編中，較特別者，當為張詹墓之故事，《水經注》卷二十九〈湍水注〉「湍水出酈縣北芬山，南流過其縣東，又南過冠軍縣東」條云：〔註14〕

　　　張詹墓，墓有碑，碑背刊云：「白楸之棺，易朽之裳，銅鐵不入，丹器不藏，嗟矣後人，幸勿我傷。」自後古墳舊冢，莫不夷毀，而是墓至元嘉初尚不見發。六年大水蠻饑，始被發掘。說者言初開金銀銅錫之器，朱漆雕刻之飾爛然，有二朱漆棺，棺前垂竹簾，隱以金釘。墓不甚高，而內極寬大。虛設白楸之言，空負黃金之實，雖意錮南山，寧同壽乎？

此段注文，寫張詹生前自擬儉葬碑文，「白楸之棺，易朽之裳，銅鐵不入，丹器不藏，嗟矣後人，幸勿我傷」，寥寥數言，竟得使其墓保存甚久，直至元嘉六年大水，始被發掘。蓋魏晉六朝之世，天下紛亂，漢以前古墳，多被掠奪。《魏書·文帝紀》載，魏文帝營首陽山為壽陵作終制曰：

　　　自古及今，未有不亡之國，亦無有不掘之墓也。喪亂以來，漢氏諸陵，無不發掘，至乃燒取玉匣金縷，骸骨並盡，是焚如之刑也。豈不重痛哉！禍由乎厚葬。

文帝鑒于厚葬之弊，因提倡薄葬。張氏生當其時，未始非受此思想之影響，然死後有靈之說，尚為一般人士所信仰，是以虛設白楸之言，空負黃金之實，一以避禍，一以安靈，此當時人士之苦心也。

四、戰爭故事

　　酈注書中，戰爭故事，凡五十四目，囊括東晉以前著名之戰役，例如湯

伐葛、武王伐紂、晉滅虢虞、秦晉戰于殽、鄭公子歸生獲華元、晉齊之戰、
晉滅偪陽、楚伐鄭、荀吳滅鼓子、齊伐莒、宋不作城下之盟、智伯灌晉陽、
秦惠王伐蜀、秦攻韓、秦攻趙、白起坑趙卒、楚漢之戰、韓信敗陳餘、韓信
敗龍且、酈寄攻趙、漢光武語徐宣、漢光武追銅馬、賈彊敗馮異、漢光武敗
王莽、漢光武敗王尋、漢光武敗甄阜、吳漢火燒任滿、路博德征越、桓玄大
敗、漢獻帝東遷、黃巾賊入渤海、公孫瓚害劉虞、袁紹破公孫瓚、伯孝長蒙
被自覆、曹操戰張繡、曹操攻徐州、曹操攻鄴、曹操戰馬超、曹操戰袁紹、
蹋頓聯袁尚、司馬景王征毌丘儉、關羽戰甘寧、關羽圍于禁、呂布救劉備、
陸遜破劉備、孫權敗于敗舶灣、石勒追殺王越、稽紹死節、王遜怒髮衝冠、
阮謙之襲區粟、朱修之守平陽亭、檀和之征區粟、慕容垂敗于參合、劉裕攻
慕容超等等皆是。

　　夫人性好戰，而戰爭故事，情節曲折，民族血熱，如鼎而沸，最可激動
讀者之情感，故偉大之文學，無不取材于是。《左傳》工於敘戰，千古無出其
右者，馬驌《左傳事緯》曰：「左氏敘韓原、城濮、鄢陵、邲諸大戰，節次詳
明，兵法嫻妙，而文氣亦復鬱勃，故文士良將，皆莫不好之」〔註 15〕，左氏
諸大戰，皆精心結撰而爲之，聲勢采色，千瀾萬波，無不曲盡其妙，古今之
至文也。而史記最生動者，亦未嘗非戰爭之記載。故《水經注》所載戰爭故
事，多本此二書，及其他史籍，理所當然也。然以考地所及，不免有片斷之
憾，殊可惜也。茲舉酈注所載，較完整之故事一二，以備參鏡。《水經注》卷
二十一〈汝水注〉「又東南過定陵縣北」條，記漢光武敗王莽故事云：〔註 16〕

　　　更始元年，王莽徵天下能爲兵法者，選練武衛，招慕猛士，旌旗輜
　　　重，千里不絕。又驅諸獷獸虎豹犀象之屬，以助威武，自秦漢出師
　　　之盛，未嘗有也。世祖以數千兵，徼之陽關，諸將見尋邑兵盛，反
　　　走入昆陽。世祖乃使成國上公王鳳，廷尉大將軍王常留守，夜與十
　　　三騎出城南門，收兵于郾，尋邑圍城數十重，雲車十餘丈，瞰臨城
　　　中，積弩亂發，矢下如雨，城中人負尸而汲，王鳳請降不許，世祖
　　　帥營部俱進，頻破之，乘勝以敢死三千人，徑衝尋邑兵，敗其中堅
　　　于是水之上，遂殺王尋，城中亦鼓譟而出，中外合勢，震呼動天地，
　　　會大雷風，屋瓦皆飛，莽兵大潰。

〔註15〕參見馬驌《左傳事緯》，卷三，頁8。
〔註16〕同註6，卷二十一，頁7～8。

按此段文字，道元引自《後漢書·光武帝紀》，寫漢光武大敗王莽之經過，其詞句精雄潔鍊，簡達直捷，絕無拖沓之病；其行文虛實互藏，奇正相變，有類乎軍戰者也。又如卷三十六〈溫水注〉「東北入于鬱」條，寫檀和之征區粟云：〔註17〕

> 元嘉二十年，以林邑頑凶，歷代難化，恃遠負眾，慢威背德，北寶既臻，南金闕貢，乃命偏將與龍驤將軍交州刺史檀和之，陳兵日南，修文服遠。二十三年，楊旍從四會浦口入郎湖，軍次區粟，進逼圍城，以飛梯雲橋，懸樓登壘，鉦鼓大作，虎士電怒，風烈火揚，城摧眾陷，斬區粟王范扶龍首，十五以上，坑截無赦，樓閣雨血，填尸成觀。

按《晉書·南蠻傳》，林邑自孫權以來，不朝中國。《宋書·南夷傳》，元嘉十二、十五、十六、十八年，頻遣貢獻，而寇盜不已，所貢亦陋薄。元嘉二十三年，使龍驤將軍、交州刺史檀和之討之，遣振武將軍宗愨受和之節度，進軍向區粟城。陽邁遣大帥范扶龍大戍區粟，盡銳攻城，剋之，斬扶龍大首，是范扶龍大四字姓名，為陽邁大帥，非區粟王也。此段敘檀和之破區粟，與沈約文多異，當本他家宋書。

五、動物故事

酈注書中，所載動物故事，凡四十目，包括猗頓畜牧、造父獻馬、武帝歌天馬、慕容廆駿馬、馬對蜀使流涕、白馬出穴、天馬、神馬盤戲河水上、魏武逢獅、白鹿原狗、狐性多疑、高奔戎生捕虎、太平真君作虎牢、孫禮刺虎、王戎觀虎、孫權獵豹、白羊出淵、鄧芝射猿、劉季和養豬、夷人牧豬化石、神牛、潛牛、鄧遐斬蛟、澹臺子羽斬蛟、荊佽飛斬蛟、宋文帝遇黑龍、黑龍白龍、韓雉射龍、賈幸射龍、張昌籠彩鳳以惑眾、鳥鬥、祝雞翁養雞、海鳥爰居、丹魚、水虎、蛇淵、神蛇、蛇銜珠報德、靈龜負書、晉惠帝食官蝦蟆等等皆是。

古代畜牧業之盛，由《水經注》所載，可得而知，卷六〈涑水注〉「又南過解縣東，又西南注于張陽池」條，寫猗頓畜牧云：〔註18〕

> 涑水又西逕猗氏縣故城北。春秋文公七年，晉敗秦于令狐，至于刳

〔註17〕同註6，卷三十六，頁17。
〔註18〕同註6，卷六，頁22。

首，先蔑奔秦，士會從之。闞駰曰：「令狐即猗氏也，剞首在西三十里，縣南對澤，即猗頓之故居也。」孔叢曰：「猗頓，魯之窮士也，耕則常饑，桑則常寒。」聞朱公富，往而問術焉。朱公告之曰：「子欲速富，當畜五牸。」于是乃適西河，大畜牛羊于猗氏之南。十年之間，其息不可計，賫擬王公，馳名天下。以興富于猗氏，故曰猗頓也。

按楊守敬《水經注疏》云：「齊民要術曰：五牸者，牛、馬、豬、羊、驢，五畜之牸。畜牸則速富之術也。」〔註19〕是知猗頓速富之術，在大畜牛、馬、豬、羊、驢也。

蛟龍之類，是否實物，最難斷定。龍之象形文字，甲骨文有之，其來甚古；蛟亦水中靈物，其傳說起源亦早。酈注所載，鄧遐斬蛟在襄陽，澹臺子羽斬蛟于河，荊次飛斬蛟于江，故事多帶荒誕性質，未可以史實視之，如卷二十八〈沔水注〉「又東過襄陽縣北」條云：〔註20〕

（襄陽）城北枕沔水，水中常苦蛟害。襄陽太守鄧負其氣，果拔劍入水，蛟繞其足，揮劍劍斬蛟，流血丹水，自後患除，無復蛟難矣。昔張公遇害，亦亡劍于是水。後雷氏爲建安從事，逕踐瀨溪，所留之劍，忽于其懷躍出落水，初猶是劍，後變爲龍。故吳均劍騎詩云：「劍是兩蛟龍」。張華之言，不孤爲驗矣。

因同爲水中靈物，故蛟龍對稱矣。而龍之有靈，能興雲雨之故事，實係佛教傳入之結果，故知此類傳說，俱有時代之色彩焉。

六、靈驗故事

酈注所載，靈驗感應故事，凡三十一目，包括南方有天子氣、沛公氣沖天、漢光武獲雉、江陽貴兒象、漢光武遇神、魏興之兆、臨平湖開通、黃金可採爲晉中興之瑞、江洲自生、山崩川竭國亡之占、苻堅望草木爲人狀、父子共名林邑將亡、龜終必亡國、女水竭、燕山石鼓、石鼓鳴則有兵、逢山石鼓、石鼓鳴秦土有殃、山鼓一鳴官長一年、劉終得白玉、張諱巖、承受石、鄧晨修鴻陂、虞詡相地、皇甫晏被殺于觀坂、城門有血城沒爲湖、外蛇與內蛇鬥、沙鹿崩之妙應、折楊之應、渭水赤、河水清等等皆是。

〔註19〕參見楊、熊《水經注疏》，卷六，江蘇古籍出版社，1989年，頁587。
〔註20〕同註6，卷二十八，頁8。

　　靈驗感應故事，為中國人思想信仰及宗教之產物，由來甚古。《山海經》中之動物、植物、礦物以至神人之靈驗者，不可勝舉，其思想雖極幼稚，然四千年來，大如國運之興衰，小如人類之一舉一動，無不受其支配。戰國之時，騶衍創立「五德轉移說」，稱從天地剖判以來，各代帝王受命之時，必得五行中一德之符應，以定制度。秦始皇吞併天下，遂自居水德，以周為火德，秦以水剋火，理所當然。漢代以來，陰陽五行家言，盛行元氣之說，故漢魏佛徒以之與五陰相牽合，謂人乃陰陽之精氣，神識之昏明，亦視元氣秉賦之多少；而天地自然，自亦為元氣所陶成，日月之運行，寒暑之推移，悉依元氣之變化，如元氣失其序，則陰陽五行不調適，人身之氣不和，則疾病生，此即靈驗感應故事之源起也。

　　《水經注》所載，靈驗感應故事頗多，如卷四十〈漸江水注〉「漸江水出三天子都」條，寫臨平湖開通事，即是其例，注云：〔註21〕

　　《異苑》曰：「晉武時，吳郡臨平岸崩，出一石鼓，打之無聲。以問張華，華云：『可取蜀中桐材，刻作魚形，扣之則鳴矣。』于是如言，聲聞數十里」。劉道民詩曰：「事有遠而合，蜀桐鳴吳石」。傳言此湖草薉壅塞，天下亂；是湖開，天下平。孫皓天璽元年，吳郡上言，臨平湖自漢末穢塞，今更開通。又于湖邊得石函，函中有小石，青白色，長四寸，廣二寸徐，刻作皇帝字。于是改天冊為天璽元年。孫盛以為元皇中興之符徵，五湖之石瑞也。

此言臨平湖開通，湖邊得石函，孫盛以為元皇中興之符徵。又如卷二十三〈陰溝水注〉「陰溝水出河南陽武縣蒗蕩渠」條，注云：〔註22〕

　　（譙城），城東有曹太祖舊宅所在。負郭對廛，側隍臨水。《魏書》曰：「太祖作議郎，告疾歸鄉里，築室城外，春夏習讀書傳，秋冬射獵，以自娛樂。文帝以漢中平四年生于此，上有青雲如車蓋，終日乃解」。

此以文帝生時，上有青雲如車蓋，示魏興之兆。而國運之衰，亦有先兆，例如卷二十八〈沔水注〉「又南過宜城縣東，夷水出自房陵，東流注之」條云：〔註23〕

　　縣有太山，山下有廟，漢末名士居其中，刺史二千石，卿長數十人，

〔註21〕同註6，卷四十，頁7。
〔註22〕同註6，卷二十三，頁5。
〔註23〕同註6，卷二十八，頁14。

朱軒華蓋，同會于廟下。荊州刺史行部見之，雅歎其盛，號爲冠蓋
里，而刻石銘之。此碑于永嘉中始爲人所毀，其餘文尚有可傳者。
其辭曰：「峩峩南岳，烈烈離明，實敷儁乂，君子以生。惟此君子，
作漢之英，德爲龍光，聲化鶴鳴」。此山以建安三年崩，聲聞五六十
里。雉皆屋雊，縣人惡之，以問侍中龐季，季云：「山崩川竭，國土
將亡之占也」。

此段寫山崩川竭，乃國土將亡之占。又如卷十九〈渭水注〉「又東過霸陵縣北，
霸水從縣西北流注之」條云：〔註24〕

車頻《秦書》曰：「苻堅建元十四年，高陸縣民穿井得龜，大二尺六
寸，背文負八卦古字。堅以石爲池養之，十六年而死。取其骨以問
吉凶，名爲客龜。大卜佐高魯夢客龜言：『我將歸江南，不遇死于秦。』
魯于夢中自解曰：『龜三萬六千歲而終，終必亡國之徵也』。爲謝玄
破于淮肥，自縊新城浮圖中，秦祚因即淪矣」。

此段寫龜終必亡國，秦祚以淪。他如沙鹿崩之妙應，折楊之驗，及渭水赤之
象，均係五行學說之產物，而河水清之傳說，至今仍流傳民間。歷代帝王利
用此民族之弱點，以得帝位，固其國祚，陰陽五行之論，靈驗感應之說，影
響吾國歷史，洵可謂至深且鉅矣。

七、忠孝故事

《水經注》所載，義俠孝悌故事，凡二十九目，包括戎夷解衣、朱亥瞋
虎、閭伯儉守節、王捷自刎、齊懿公被刺、張良椎秦始皇、王叔治赴難、所
輔代劉雄、臧洪死于大義、君子濟、樊於期授首荊軻、荊軻刺秦王、楊威抱
母、顏烏至孝、蘇耽養母、隗叔通爲母給江膂水、尹伯奇投江、姜士遊雞鳴
汲江、秦孝子、佷子葬父、曹娥尋父尸、先絡沈江、張帛沈淵尋父、三女葬
父、項伯七女造堨、步遊張遇母、鄭莊公誓不見母、杞梁殖妻哭夫、代夫人
自殺等等皆是。

夫聖賢之道，以孝治天下，酈氏之筆，亦每帶竭力發揚之意，例如卷三
十三〈江水注〉「又東過江陽縣南，洛水從三危山東過廣魏洛縣南，東南注之」
條云：〔註25〕

益州舊以蜀郡、廣漢、犍爲爲三蜀，土地沃美，人士儁乂，一州稱

〔註24〕同註6，卷十九，頁23。
〔註25〕同註6，卷三十三，頁10～11。

望。縣有沈鄉，去江七里，姜士遊之所居，詩至孝，母好飲江水，嗜魚膾，常以雞鳴溯流汲江，子坐取水溺死，婦恐姑知，稱託遊學，冬夏衣服，實投江流，于是至孝上通，涌泉出其舍側，而有江之甘焉。詩有田濱江澤鹵，泉流所溉，盡爲沃野。又涌泉之中，旦旦常出鯉魚一雙以膳焉。可謂孝悌發于方寸，徽美著于無窮者也。

此段注文，道元參合《後漢書》、《列女傳》、《華陽國志》卷三十一條、卷十二條，而鈔變其辭，寫姜士遊孝行感天之故事。他如揚威抱母，得脫虎口；顏烏至孝，故致慈鳥；隗叔通爲母給江膂水，天爲出平石，至江膂中；可謂至誠發中，而修應自天矣。

酈注所載忠義故事，均爲常見者，茲舉一二，俾見其凡。例如卷十一〈易水注〉「東過范陽縣南，又東過容城縣南」條云：〔註26〕

昔燕文公徙易，即此城也。闞駰稱太子丹遣荊軻刺秦王，與賓客知謀者，祖道于易水上。燕丹子稱荊軻入秦，太子與知謀者，皆素衣冠送之于易水之上。荊軻起爲壽歌曰：「風蕭蕭兮易水寒，壯士一去兮不復還。」高漸離擊筑，宋如意和之；爲壯聲，士髮皆衝冠；爲哀聲，士皆流涕，疑于此也。

此段注文，寫荊軻刺秦王之經過。又如卷五〈河水注〉「又東北過高唐縣東」條云：〔註27〕

臧洪爲東郡太守治此。曹操圍張超于雍邱，洪以情義請袁紹救之，不許，洪與紹絕。紹圍洪，城中無食，洪呼吏士曰：「洪于大義，不得不死，諸君無事，空與此禍」。眾泣曰：「何忍捨明府也」。男女八千餘人，相枕而死。洪不屈，紹殺洪。邑人陳容爲丞，謂曰：「寧與臧洪同日死，不與將軍同日生」。紹又殺之，士爲傷歎，今城四周，紹圍郭尚存。

按此注文，道元引《魏志·臧洪傳》，敍洪死于大義之經過，故事內容，曲折盡相，無微不著，情躍躍如見，氣勃勃如生，語娓娓如聞，斯情斯景，躍然紙上。是知酈氏提倡忠孝之道，宜爲儒家之流也。

〔註26〕同註6，卷十一，頁8。
〔註27〕同註6，卷五，頁28。

八、異族故事

酈注所載異族故事，凡十有九目，包括蠻夷之起源、裸國、文狼人、廩君誅鹽神、竹王興于豚水、范文篡林邑國位、哀牢犯漢邊、蜀望帝禪位鼈令、南越王、趙佗墓、南越王戰安陽王、月氏、樓蘭、姜賴、匈奴、羌迷唐、湟中羌、朝鮮等等皆是。

異族故事，西北戎羌之屬，匈奴月氏之種，《史記・漢書》等敘述極詳，《水經注》亦每多徵引，例如卷二〈河水注〉「又東入塞，過敦煌、酒泉、張掖郡南」條云：〔註28〕

> 河水又東逕允川，而歷大榆小榆谷北，羌迷唐鍾存所居也。永元五年，貫友代聶尚爲護羌校尉，攻迷唐斬獲八百餘級，收其熟麥數萬斛。于逢留河上，築城以盛麥，且作大船，于河峽，作橋渡兵，迷唐遂遠依河曲。永元九年，迷唐復與鍾存東寇而還，十年，謁者王信、耿譚西擊迷唐，降之，紹聽大小榆谷，迷唐謂漢造河橋，兵來無時，故地不可居，復叛居河曲，與羌爲讎，種人與官兵擊之。允川去迷唐數十里，營止遣輕兵挑戰，因引還。迷唐追之，至營，因戰，迷唐敗走，于是西海及大小榆谷，無復聚落。鬻靡相曹鳳上言：「建武以來，西戎數犯法，常從燒當種起。所以然者，以其居大小榆谷，土地肥美，又近塞內，與諸種相傍，南得鍾存以廣其眾，北阻大河，因以爲固，又有西海魚鹽之利，緣山濱河，以廣田畜，故能彊大，常雄諸種。今黨援沮壞，親屬離叛，其餘勝兵，不過數百，宜及此時，建復西海郡縣，規固二榆，廣設屯田，隔塞羌胡交關之路，殖穀富邊，省輸轉之役。」上拜鳳爲金城西部都尉，遂開屯田二十七部，列屯夾河，與建威相首尾。後羌反遂罷。

按此段注文，道元抄略《後漢書・西羌傳》文，間參以他家《後漢書》，說明羌迷唐招撫之經過，可謂詳矣。又如卷三十七〈葉榆河注〉「過不韋縣」條，寫哀牢犯漢邊之故事云：〔註29〕

> 縣，故九陸哀牢之國也，有牢山。其先有婦人名沙壹，居于牢山，捕魚水中，觸沈木，若有感，因懷孕，產十子。後沈木化爲龍，出水，九子驚走，小子不能去，背龍而坐，龍因舐之。其母鳥語，謂

〔註28〕同註6，卷二，頁14～15。
〔註29〕同註6，卷三十七，頁2。

－336－

背爲九，謂坐爲隆，因名爲九隆。及長，誌兄遂相共推九隆爲王。後牢山下，有一夫一婦，生十女，九隆皆以爲妻，遂因孳育，皆畫身像龍文，衣皆著尾。九隆死，世世不與中國通。漢建武二十三年，王遣兵來，乘革船南下，攻漢鹿茤民。鹿茤民弱小，將爲所擒，于是天大震雷疾雨，南風漂起，水爲逆流，波湧二百餘里，革船沈沒，溺死數千人。後數年，復遣六王將萬許人攻鹿茤。鹿茤王與戰，殺六王，哀牢耆老共埋之，其夜，虎堀而食之，明旦，但見骸骨，驚怖引去。乃懼謂其耆老，小王曰：「哀牢犯徼，自古有之，今此攻鹿茤，輒被天誅，中國有受命之王乎？何天祐之明也。」即遣使詣越奉獻，求乞內附，長保塞徼。

此段注文，道元本《後漢書・西南夷哀牢傳》，參以《華陽國志》四文，記述哀牢國之源起，及其求乞附漢之經過，其故事多帶荒誕性質，未可認爲史實也。

酈注所載越南及本部西南一帶故事，較爲新鮮，其材料多出自《交州外域記》、《本蜀論》等書，如卷三十七〈葉榆河注〉「過交趾麊泠縣北，分爲五水，絡交趾郡中，至南界復合爲三水，東入海」條云：〔註30〕

《交州外域記》曰：「交趾昔未有郡縣之時，土地有雒田，其田從潮水上下，民墾食其田，因名爲雒民。設雒王雒侯主諸郡縣。縣多爲雒將，雒將銅印青綬。後蜀王子將兵三萬來討，雒王雒侯服諸雒將，蜀王子因稱爲安陽王。後南越王尉佗舉眾攻安陽王，安陽王有神人名皋通，下輔佐，爲安陽王治神弩一張，一發殺三百人。南越王知不可戰，卻軍住武寧縣。」按《晉太康記》縣屬交趾，越遣太子名始，降服安陽王，稱臣事之。安陽王不知通神人，遇之無道，通便去。語王曰，「能持此弩者王天下，不能持此弩者亡天下」，通去。安陽王有女名曰媚珠，見始端正，珠與始交通。始問珠，令取父弩視之，始見弩便盜，以鋸截弩訖，便逃歸報南越王。南越進兵攻之，安陽王發弩，弩折，遂敗。安陽王下船，逕出于海，今平道縣後王宮城，見有故處。

此段注文，道元引《交州外域記》、《南越志》、《晉太康記》文，說明南越王戰安陽王之故事。案《後漢書》章懷注引輿地志，謂交趾之得名，以其夷足

〔註30〕同註6，卷三十七，頁5。

大指開析，兩趾並立，指則相交，阯與趾同，古字通用〔註31〕，在今越南境。此外裸國、文狼人等故事，彷彿《山海經》所紀，蓋古代交通不便，傳說乖離，不可盡信，亦異族中之趣聞也。

九、佛教故事

酈注所載，佛教故事，凡十四目，多取材自釋氏《西域記》、《法顯傳》、《外國事》，及佛圖調、竺法維之說法，內容包括佛足跡，佛世尊泥洹分舍利、賢劫千佛、佛為母說法、佛太子出家、阿難般泥洹、天帝釋以四十二事問佛、阿闍世王欲害佛、菩薩修鍊、菩薩以頭施人、佛浣衣、菩薩以眼施人、佛浴床、白馬寺等等皆是。

佛教入華，果在何時，傳說紛歧，莫衷一是〔註32〕。然其初入中國，含義深遠，難以解喻，乃藉老莊之言，釋佛典之義，既所以便傳譯，且所以順人心也。魏晉南北朝之際，佛學研求者既眾，漸得真諦，皆能發揚斯業，號為佛教全盛時代。君主以崇奉佛法為時髦，而如僧道遠、惠遠、法顯、鳩摩羅什，又能以一代碩學高僧，堅其信仰。其在南朝者，宋文帝令沙門與顏延之參政；齊武帝使法顯法暢翊贊樞機；梁武帝幸同泰寺，三度舍身；陳武帝幸大莊嚴寺，因群臣奏請，久乃還宮，其佞佛可謂至矣。故梁時，金陵之寺，多至七百，而陳尤甚，皆極莊嚴。其在北朝者，魏明元帝封沙門法果為輔國宣城子，孝文帝發佛法興隆之詔，宣武帝善提流支，譯《十地論》於太極殿，其信仰亦云篤矣。故魏之僧侶，數達二百萬，佛寺三萬有餘。佛教之東漸，信仰革新，不惟文學之勃興，伽藍之建立，佛像之製作，足以促成藝術之進步，而佛教故事，乘機傳入，遂深入民間矣。酈氏生當斯世，目睹佛法之盛，身驗僧侶之興，其注《水經》，開章「河水」二字，泛引佛經怪誕之說，幾數千言，時勢使然，吾人當不應以其無稽于事實，而非之也。

酈往所引佛教故事，有富文學趣味者，例如卷二〈河水注〉「又南入葱嶺山，又從葱嶺出而東北流」條，寫菩薩以眼施人，即是其例。注云：〔註33〕

> （河水）又西逕捷陀衛國北，是阿育王子法益所治邑，佛為菩薩時，亦于此國以眼施人，其處亦起大塔。又有弗樓沙國，天帝釋變為牧牛小兒，聚土為佛塔，法王因而成大塔，所謂四大塔也。《法顯傳》

〔註31〕同註19，卷三十七，頁3042。
〔註32〕參見湯用彤《漢魏兩晉南北朝佛教史》第一章，頁1～14。
〔註33〕同註6，卷二，頁2～3。

曰：「國有佛鉢，月氏王大興兵眾，來伐此國，欲持鉢去；置鉢象上，象不能進，更作四輪車載鉢，八象共牽，復不進。王知鉢緣未至，于是起塔，留鉢供養。鉢容二斗，雜色而黑多，四際分明，厚可二分，甚光澤，貧人以少花投中便滿，富人以多花供養，正復百千萬斛，終亦不滿。」《佛圖調》曰：「佛鉢，青玉也，受三斗許，彼國寶之，供養時，願終日香花不滿，則如言，願一把滿，則亦便如言」。又案道人竺法維所說，佛鉢在大月支國，起浮圖高三十丈，七層，鉢處第二層，金絡絡鎖縣鉢。鉢是青石。或云懸鉢虛空，須菩提置鉢在金几上，佛一足跡與共在一處。國王臣民悉持梵香、七寶、璧玉，供養塔跡；佛牙、袈裟、頂相、舍利，悉在弗樓沙國。

按此注所引，乃佛徒宣揚佛教之故事，其神異荒誕，自不待言，然以文學作品視之，則興味盎然，頗能引人入勝也。又如卷一〈河水注〉「屈從其東南流，入渤海」條云：〔註34〕

釋法顯云：「城北有大林重閣，佛住于此。本奄婆羅女家，施佛起塔也。城之西北三里，塔名放弓仗。恆水上流有一國，國王小夫人生肉胎，大夫人妬之，言：汝之生，不祥之徵，即盛以木函，擲恆水中。下流有國王遊觀，見水上木函，開看見千小兒，端正殊好，王取養之，遂長大，甚勇健，所往征伐，無不摧服。次欲伐父王本國，王大憂愁，小夫人問：「何故愁憂？」王曰：「彼國王有千子，勇健無比，欲來伐吾國，是以愁爾」。小夫人言：「勿愁，但于城西作高樓，賊來時，上我置樓上，則我能卻之」。王如是言，賊到，小夫人于樓上語賊云：「汝是我子，何故反作逆事？」賊曰：「汝是何人，云是我母。」小夫人曰：「汝等若不信者，盡張口仰向」。小夫人即以兩手抨乳，乳作五百道，俱墜千子口中，賊知是母，即放弓仗，父母作是思惟，皆得辟支佛，今其塔猶在。後世尊成道，告諸弟子，是吾昔時放弓仗處，後人得知，于此處立塔，故以名焉」。千小兒者，即賢劫千佛也。

此段故事，敘賢劫千佛之出生經過，及其英勇事蹟，結構極佳，信為小說之良材也。蓋古史因年荒代遠，故其傳說，紛紜繳繞，夷考其實，知其無不出於神話之演變者。而神話者，雖荒唐詭奇，然不憑虛起，類皆為現實之象

徵與投影，往往爲古史傳說之前身；傳說雖有史實爲依據，然每失之粉飾，附會太過，故所繪多荒誕不經。是知神話與傳說，皆可謂文學創作之極佳材料也。

十、祈雨故事

　　酈注所載祈雨故事，凡十一目，內容包括神龍怒大雨至、龍穴神驗、鞭陰石、鳴鼓請雨、戴封自焚、張熹積薪自焚、陳總祈雨、祝良祈雨、浮圖澄祈雨、梁暉祈山神、耿恭禱井等等皆是。祈雨故事，由來甚古，《山海經‧大荒北經》曰：

> 蚩尤作兵伐黃帝，黃帝乃令應龍攻之翼州之野。應龍畜水，蚩尤請風伯、雨師，從大風雨。黃帝乃下天女曰魃，雨止，遂殺蚩尤。魃不得復上，所居不雨。叔均言之帝，後置之赤水之北。叔均乃爲田祖。魃時亡之，所欲逐之者，令曰「神北行」，先除水道，決通溝瀆。

此爲古代神話中，解釋久旱之原因，及其祈雨策略等等之源起。是知上古之時，民智未開，野處洪荒，仰觀俯察，見此天地密移，萬物化生，人其藐焉，乃渾然中處，受天之覆，承地之載，生生之資，取之不盡，用之不竭，造化之功，其唯神也。遂造作神話，以言天地之生德，萬物之委曲，其宇宙觀，皆以神爲前提。降及後世，祈雨之舉，乃上位者以博盛譽、以揚德政之愚民政策之一，主持此舉之郡縣，必伺天候已變，而後求之，如《水經注》卷二十一〈汝水注〉「又東南過平輿縣南」條，寫張熹積薪自焚故事，即是其例，注云：〔註35〕

> 昔費長房爲市吏，見王壺公懸壺郡市，長房從之，因而自遠同入此壺，隱淪仙路，骨謝懷靈，無會而返，雖能役使鬼神，而終同物化。城南里餘，有神廟，世謂之張明府祠，水旱之不節則禱之，廟前有圭碑，文字奏碎，不可復尋，碑側有小石函。按桂陽先賢書讚：臨武張熹，字季智，爲平輿令，時天大旱，熹躬禱雩，未獲嘉應，乃積薪自焚，主簿侯崇，小吏張化，從熹焚焉。火既燎，天靈感應，即澍雨，此熹自焚處也。

此段注文，寫張熹自焚，天靈感應，紫雲水起，甘雨登降之故事。此外，鞭

陰石一節，亦值得注意，《水經注》卷三十七〈夷水注〉「東南過佷山縣南」
條云：〔註36〕

> （難留）城即山也，獨立峻絕，西面上里餘，得石穴，把火行百許
> 步，得二大石磧，並立穴中，相去一丈。俗名陰陽石，陰石常濕，
> 陽石常燥。每水旱不調，居民作威儀服飾，往入穴中，旱則鞭陰石，
> 應時雨。多雨則鞭陽石，俄而天晴。相承所說，往往有效，但捉鞭
> 者不壽，人頗惡之，故不爲也。東北面又有石室，可容數百人，每
> 亂，民入室避賊，無可攻理，因名難留城也。

此段注文，寫鞭陰石祈雨之故事。蓋鄉民知識簡單，信以爲實，傳說往往有
效。實則頑石無知，何干雨旱？故又釋之曰：但捉鞭者不壽，人頗惡之，故
不爲也。神話傳說之演化，此其原因之一也。

十一、德政故事

酈注所載，有關德政故事者，凡十目，內容包括曹鳳政化尤異、劉寵受
一文、宗均退貪殘進忠良、劉陶政化大行、宓子賤善治、魯恭政專德化、卓
茂舉善而教、桓楷爲郡太守、郭伋念小兒、張奐不受金馬等等即是。酈氏爲
人忠正，持政嚴酷，吏民畏之，其注水經，徵引德政故事，亦人情之常，如
卷二十二〈渠水注〉「渠出滎陽北河東南，過中牟縣之北」條，寫魯恭德政故
事云：〔註37〕

> 漢和帝時，右扶風魯恭，字仲康，以太尉掾遷中牟令，政專德化，
> 不任刑罰，吏民敬信，蝗不入境。河南尹袁安疑不實，使部掾肥親
> 按行之，恭隨親行阡陌，坐桑樹下，雉止，其旁有小兒，親曰：「兒
> 何不擊雉？」曰：「將雛。」親起曰：「蟲不入境，一異；化及鳥獸，
> 二異；豎子懷仁，三異，久留非優賢。」請遷。是年嘉禾生縣庭，
> 安美其治，以狀上之，徵博士侍中，車駕每出，恭常陪乘。上顧問
> 民政，無所隱諱，故能遺愛自古，祠享來今矣。

此段注文，寫魯恭政專德化，不任刑罰，吏民敬信，故能遺愛自古、祠享來
今之故事。又如卷三〈河水注〉「又南過赤城東，又南過定襄桐過縣西」條，
寫郭伋念小兒事云：〔註38〕

〔註36〕同註6，卷三十七，頁8。
〔註37〕同註6，卷二十二，頁22～23。
〔註38〕同註6，卷三，頁14。

> 《東觀記》曰：郭伋字細侯，爲幷州牧，前在州，素有恩德，老小
> 相攜道路，行部到西河美稷，數百小兒，各騎竹馬迎拜。伋問兒曹：
> 「何自遠來？」曰：「聞使君到，喜，故迎。」伋謝而發去，諸兒復
> 送郭外，問：「使君何日還？」伋計日告之，及還，先期一日，念小
> 兒，即止野亭，須期至乃往。

此段注文，道元引東觀漢記文，記述郭伋有政績，老小相攜道迎之故事，凡此德政故事，均可垂諸千古者也。

十二、名勝古蹟故事

酈注所載，有關名勝古蹟故事者，凡二十四目，內容包括崑崙、統萬城、子夏栖遊隱學之所、華山、晉水、漢李剛墓、金鄉石刻、焦泉、青山、大防嶺、桑乾泉、栗州、泰山、錫義山、郁洲、皇女湯、女觀山、懸巖插竈，宜都建平二郡界、充縣尉與零陽尉爭封境、黃牛灘、火山、洛陽地陷、銅鐘出土等等即是。

名勝古蹟，如泰山、華山、郁州、金鄉石刻等，均甚重要，頗富考古價值，例如卷八〈濟水注〉「又東過方與縣北，爲菏水」條，記金鄉石刻云：
〔註39〕

> 金鄉數山皆空中，穴口謂之隧也，戴延之《西征記》曰：「焦氏山
> 北數里，漢司隸校尉魯峻穿山得白蛇、白兔，不葬，更葬山南，鑿
> 而得金，故曰金鄉山，山形峻峭，冢前有石祠石廟，四壁皆青石隱
> 起，自書契以來，忠臣、孝子、貞婦、孔子及弟子七十二人形像，
> 像邊皆刻石記之，文字分明」。又有石床，長八尺，磨瑩鮮明，叩之
> 聲聞遠近。時太尉從事中郎傅珍之，諮議參軍周安穆，拆敗石床，
> 各取去，爲魯氏之後所訟，二人並免官。焦氏山東即金鄉山也，有
> 冢謂之秦王陵，山上二百步得冢口，塹深十丈，兩壁峻峭，廣二丈，
> 入行七十步得埏門，門外左右皆有空，可容五六十人，謂之白馬空。
> 埏門內二丈得外堂，外堂之後，又得內堂，觀者皆執燭而行，雖無
> 他雕鏤，然治石甚精。或云是漢昌邑哀王冢，所未詳也。

此段注文，寫金鄉山之名勝古蹟，言之鑿鑿，似若實情。又如卷二十四〈汶水注〉「屈從縣西南流」條，記泰山云：〔註40〕

〔註39〕同註6，卷八，頁21。
〔註40〕同註6，卷二十四，頁18。

《從征記》曰：「泰山有下中上三廟，牆闕嚴整，廟中柏樹夾兩階，大二十餘圍，蓋漢武所植也。赤眉嘗斫一樹，見血而止，今斧創猶存。門閣三重，樓榭四所。三層壇一所，高丈餘，廣八尺。樹前有大井，極香冷，具于凡水，不知何代所掘，不常浚渫，而水旱不減。庫中有漢時故樂器，及神車木偶，皆靡密巧麗，又有石虎。建武十三年，永貴侯張余上金馬一匹，高二尺餘，形制甚精。中廟去下廟五里，屋宇又崇麗于下廟。廟東西夾澗，上廟在山頂，即封禪處也」。

此段注水，道元引從征記文，記敘泰山之名勝古蹟。凡此亦爲考古學上所應注意者也。

蓋六合之內，其苞遠矣，幽致沖妙，難本以情，萬象邈淵，思絕根尋，自不登兩龍于雲轍，騁八駿于龜途，等軒轅之訪百靈，方大禹之集會稽。往古傳說，遠方異聞，悠悠邈邈，百家紛議，莫衷一是，儒墨之說，孰使辨哉？魏晉流風所及，宜道元之未免於俗也。道元好學，歷覽奇書，考先志於載籍，收遺逸於當時，綴片言於殘闕，訪行事於故老，有聞則錄，不憚鉅細，凡魏以前故事舊文，及各地傳說異聞，皆可考求而得，彷彿《搜神記》之異本，《太平廣記》之原形。綜其輯錄，其神異處，可與《山海經》、《神異經》、《十洲記》、《神仙傳》、《列仙傳》、《洞冥記》、《拾遺記》等諸書相表裡，其足以考古徵史者，又與《左傳》、《竹書》、《史記》、《漢書》、《國志》等諸書相參證。是知酈氏《水經注》者，可謂集褌官傳說及歷史遺文之大成，亦爲神話傳說之薈萃也。

第二節　岩畫藝術之淵海

岩畫者，即古人于岩石上刻畫各種題材之圖畫。畫中記錄上古人類之經濟生活、風俗習慣，及所處之自然環境，同時亦反映祖先之審美觀念，以至世界觀，洵爲研究古代美術史、科技史、文化史、思想史等學科之寶貴資料。

追溯岩畫之發現，學者每矚目于十九世紀四十年代，首先于法國山洞裡發現之舊石器時代之岩畫，及其後陸續于歐、亞、非、澳等地區發現之岩畫，而對於吾國岩畫之發現歷史，留意者殊少，更乏專門研究之著作。實則，中國乃發現岩畫最早之國家，北魏地理學家酈道元，即世界上最早記錄岩畫之

學者，其撰《注水經》，因地致詳，故書中〈河水注〉、〈沁水注〉、〈漾水注〉、〈瓠子河注〉、〈沔水注〉、〈淄水注〉、〈淮水注〉、〈肥水注〉、〈江水注〉、〈若水注〉、〈夷水注〉、〈沅水注〉、〈湘水注〉、〈灕水注〉、〈淶水注〉等篇，直接或間接均記載分布該地之岩畫，凡二十餘處〔註41〕。其範圍約包括今新疆、青海、寧夏、內蒙古、河南、山西、陝西、山東、安徽、廣西、四川與湖南等省區。此外酈書所載，且提及北天竺，即今印度或巴基斯坦等國之佛教岩畫，範圍廣泛，內容豐富，洵不可多得也。

據《水經注》所載，岩畫之作畫方式，殆有二焉，一曰顏料岩畫，即以礦物顏料繪畫者，如卷二十〈漾水注〉「漾水出隴西氏道縣嶓冢山，東至武都沮縣，爲漢水」條，記述聖女神像，即是其例，注云：〔註42〕

> 懸崖之側，列壁之上，有神像若圖，指狀婦人之容，其形上赤下白，
> 世名之曰聖女神，至于福應愆遠，方俗是祈。

按聖女神岩畫，其形上赤下白，有色彩焉，故近人稱顏料岩畫，或爲彩色壁畫、崖壁畫。此外，酈書所載岩畫，多屬敲鑿爲之者，如卷二十七〈沔水注〉「又東過西城縣南」條，寫北山懸書崖云：〔註43〕

> 旬水又東南，逕旬陽縣南。縣北山有懸書崖，高五十丈，刻石作
> 字。

按此北山懸書崖之刻石，今稱石刻岩畫、石刻畫、岩雕、石雕。石刻岩畫中，又有敲鑿、磨刻及劃刻之別，酈注所載石刻岩畫，亦不外此三種刻法也。以下茲就《水經注》記載之岩畫題材，分項說明如後：

一、動物圖形

《水經注》所載岩畫，其題材內容爲動物圖形者，有卷三〈河水注〉「又北過北地富平縣西」條云：〔註44〕

> 河水又東北歷石崖山西，去北地五百里，山石之上，自然有文，盡
> 若虎馬之狀，粲然成著，類似圖焉，故亦謂之畫石山也。

按此段注文，記敘畫石山崖，有圖文盡若虎、馬之狀。又如卷二〈河水注〉「又

〔註41〕參見蓋山林〈酈道元與岩畫〉，載《西北大學學報》，1983年第一期，頁65～69。

〔註42〕同註6，卷二十，頁8。

〔註43〕同註6，卷二十七，頁12。

〔註44〕同註6，卷三，頁2。

東過金城允吾縣北」條云：〔註45〕

　　（廣武）城之西南二十餘里，水西有馬蹄谷……今晉昌郡南及廣武

　　馬蹄谷盤石上，馬跡若踐泥中，有自然之形，故其俗號曰天馬徑，

　　夷人在邊效刻，是有大小之跡，體狀不同，視之便別。

按此段注文，記述馬蹄谷盤石上，有夷人效刻之馬蹄形。又如卷三十七〈夷
水注〉「又東過夷道縣北」條云：〔註46〕

　　夷水又東逕虎灘，岸石有虎像，故因以名灘也。

按此段注文，記述虎灘岸石有虎像。又如卷三十八〈灘水注〉「灘水亦出陽海
山」條云：〔註47〕

　　灘水又東南流，入熙平縣，逕羊瀨山，山臨灘水，石間有色類羊，

　　又東南逕雞瀨山，山帶灘水，石色狀雞，故二山以物象受名矣。

按此段注文，「類羊」、「狀雞」之石色，殆即顏料岩畫也〔註48〕。又如卷三〈河
水注〉「至河目縣西」條云：〔註49〕

　　河水自臨河縣東，逕陽山南。《漢書》注曰：「陽山在河北，指此山

　　也。」東流逕石跡阜西，是阜破石之文，悉有鹿馬之跡，故納斯稱

　　焉。

此段注文，記述石跡阜西，有鹿馬之跡。又如卷二十七〈沔水注〉「又東過西
城縣南」條云：〔註50〕

　　旬水又東南，逕旬陽縣南，縣北山有懸書崖，高五十丈，刻石作

　　字，人不能上，不知所道。山下有石壇，上有馬跡五所，名曰馬跡

　　山。

此段注文，記述旬陽縣北山下有石壇，上有馬跡之形。由上觀之，見于《水
經注》記載之動物圖形，計有虎、馬、羊、雞四種，而各種動物足跡，尤以
馬跡岩畫最多，其中「石跡阜」一帶之鹿馬足跡，已為陰山西段狼山地區郭
羅本特羅蓋等地發現之大批動物蹄印，所證實矣。〔註51〕

〔註45〕同註6，卷二，頁31。

〔註46〕同註6，卷三十七，頁10。

〔註47〕同註6，卷三十八，頁15。

〔註48〕同註41，頁65。

〔註49〕同註6，卷三，頁4。

〔註50〕同註6，卷二十七，頁12。

〔註51〕同註41，頁67。

二、神像圖形

《水經注》所載岩畫，其內容題材爲神像圖形者，例如卷二十〈漾水注〉「漾水出隴西氐道縣嶓冢山，東至武都沮縣，爲漢水」條云：〔註52〕

（漾）水又西南入秦岡山，尚婆水注之。山高入雲，遠望增狀，若嶺紆曦軒，峰枉月駕矣。懸崖之側，列壁之上，有神像若圖，指狀婦人之容，其形上赤下白，世名之曰聖女神。

按此段注文，記述聖女神岩畫，其形上赤下白。又如卷四〈河水注〉「又南至華陰潼關，渭水從西來注之」條云：〔註53〕

左丘明《國語》云：「華岳本一山當河，河水過而曲行，河神巨靈，手盪腳蹋，開而爲兩，今掌足之跡仍存。」《華嚴開山圖》曰：「有巨靈胡者，遍得坤元之道，能造山川，出江河，所謂巨靈贔屭，首冠靈山者也。常有好事之士，故升華岳而觀厥跡焉」。

此段注文，記河神巨靈之掌跡。此外，酈注所載有關神像岩畫，皆與佛教故事有關，例如卷一〈河水注〉「屈從其東南流入渤海」條云：〔註54〕

阿育王以青石作后扳生太子像，昔樹無復有，後諸沙門取昔樹栽種之，展轉相承，到今樹枝如昔，尚蔭石像。又太子見行七步足跡，今日文理見存，阿育王以青石挾足跡兩邊，復以一長青石覆上，國人今日恆以香花供養，尚見足七形，文理分明，今雖有石覆無異，或人復以數重吉貝，重覆貼著石上，逾更明也。

按此段注文，記阿育王以青石作后扳生太子像。又同上條云：〔註55〕

恆水又東南，逕小孤石山。山頭有石室，石室南向，佛昔坐其中，天帝釋以四十二事問佛，佛一一以指畫石，畫跡故在。

按此段注文，記小孤石山石室之岩畫。凡此皆與神像佛跡有關者，道元言之鑿鑿，似非虛傳也。

三、人面圖形

酈注所載，似爲人面圖形之岩畫，僅見於卷三十四〈江水注〉「又東過夷

〔註52〕同註6，卷二十，頁8。
〔註53〕同註6，卷四，頁10。
〔註54〕同註6，卷一，頁8。
〔註55〕同註6，卷一，頁10。

陵縣南」條云：〔註56〕

> 江水又東逕狼尾灘，而歷人灘。袁山松曰：「二灘相去二里，人灘水
> 至峻峭，南岸有青石，夏沒冬出，其石嶔崟，數十步中，悉作人面
> 形，或大或小，其分明者，鬚髮皆具，因名曰人灘也。」

按此段注文，所記人面形岩畫，亦見於內蒙古烏海市桌子山附近之石灰岩盤
石上〔註57〕，而陰山西段狼山地區，亦發現多處人面形群像〔註58〕。據近人
蓋山林考證，以上人面形岩畫，多為青銅器時代之作品，距今約四千年左右
〔註59〕，乃舉世罕見之古代民族文物，價值昭昭，不可言說。

四、符號圖形

《水經注》記載符號圖形岩畫，僅有一見，卷三十八〈湘水注〉「又東北
過重安縣東」條云：〔註60〕

> 湘水又北，歷印石。石在衡山縣南，湘水右側，石或大或小，臨水
> 石悉有跡，其方如印，纍然行列，無文字，如此可二里許，因名為
> 印石也。

按酈注此段文字，記載符號圖形岩畫，據注文「其方如印」推測，大小約與
官印相近，方形，大約作□形。

五、武器圖形

《水經注》記載武器岩畫，亦僅一見，卷二十六〈淄水注〉「又東過利縣
東」條云：〔註61〕

> 廟在山之左麓，廟像東面，華宇嚴飾，軒冕之容穆然，山之上頂，
> 舊有上祠，今也毀廢，無復遺式。盤石上尚有人馬之跡，徒黃石而
> 已，惟刀劍之蹤逼真矣。至于燕鋒代鍔，魏鋏齊銘，與今劍莫殊，
> 以密模寫，知人功所制矣。

〔註56〕同註6，卷三十四，頁5。
〔註57〕參見蓋山林〈內蒙古賀蘭山北部的人面形岩畫〉，載《中央民族學院學報》，
　　　　1982年二期。
〔註58〕參見蓋山林〈舉世罕見的珍貴古代民族文物──綿延二萬一千平方公里的陰
　　　　山岩畫〉，載《內蒙古社會科學》，1980年第二期。
〔註59〕同註41，頁66。
〔註60〕同註6，卷三十八，頁7。
〔註61〕同註6，卷二十六，頁13。

此段注文，記刀劍形岩畫，其遺式逼眞，與時劍莫殊，以密模寫，知乃人功所制也。

　　總之，酈道元《水經注》于岩畫，頗爲留心。其記載詳細，岩畫題材，內容豐富，幾乎涉及社會生活等各方面，諸如馬、牛、羊、雞等家畜，虎、鹿等野生動物；神像、人面形等神靈；與宣傳佛教思想有關之佛足、佛像；與人類原始宗教思想有關之人、動物等腳蹄印；與人類日常生活有關之刀劍等武器，莫不載焉。凡此皆足以反映吾國北魏之前，居住某些地區之先民，其自然環境、經濟生活、商業交通、文化水準及宗教信仰等等于一斑。近世以來，考古之風日熾，岩畫藝術亦漸爲學者所重，酈注所載岩畫，部分已爲考古工作者所證實，蓋山林〈酈道元與岩畫〉一文有云：〔註62〕

　　　　酈道元在《水經注》中對岩畫的描述，爲我們提供了有益的啓示。岩畫不僅在外國有大量分布，同時在我國也有很多，在長城內外，大江南北，青藏高原，黃河上下，到處都有岩畫。酈道元的這些記載，有些已爲我國近幾年來考察所證實，到目前爲止，在新疆、甘肅、青海、內蒙、四川、貴州、西藏、廣西、雲南、黑龍江、江蘇等省區，都有所發現。如果將已發現的岩畫，與酈道元的記載綜合起來看，幾乎我國各省區都有岩畫分布，這就爲我們全面展開對岩畫的勘查，提供了線索。……酈道元對岩畫的記載是可信的，比如，酈道元說明陰山西段和賀蘭山一帶有岩畫，內蒙古的文化工作者，根據酈道元的這一線索，經過跋山涉水的踏勘，果然在陰山山脈狼山地區和賀蘭山北部烏海市桌子山發現了大批岩畫。倘若其他地區，也以酈道元的記述爲線索去親自調查，也可能得到滿意的結果。

由上所論，知道元因地致詳，保存史蹟，所載岩畫，內容豐富，範圍廣泛，提供考古工作者寶貴之線索，是以酈注爲岩畫藝術之淵海，誠毋庸置疑矣。

第三節　歌詩致用之集錦

　　吾國寫景之詩，詩三百篇或可見之，而寫景之文，則屈宋以外，周秦諸子亦頗少見。兩漢寫景文，唯東漢馬第伯〈封禪儀記〉爲最善。魏晉以降，

〔註62〕同註41，頁69。

釋道盛行，寺觀多在山林之中，老莊思想，風行一時，文人學士，醉心於自然景緻，以是兩晉描述山水之作尤夥，此後，山川寺觀志之作，蓋濫觴於此時也。六朝時代，寫景文之工美，於晉有盧山諸道人〈游石門詩序〉，宋晉之間，有陶淵明〈桃花源記〉，齊有陶宏景〈答謝中書書〉，梁有吳均〈與宋元思書〉。北魏則有酈道元之《水經注》尤爲鉅製。酈注爲書，以吾國百餘水道爲之經，以記述地理、人物、古蹟、景貌爲之緯，四瀆百川，源委支派，出入分合，莫不定其方向，紀其道里，往蹟故瀆，如觀掌紋，而數家寶，更有餘力。其模山範水，情文駿發，煙雲變滅，奇觀勝景，絡繹奔赴，寫景之佳，片語隻字，妙絕古今，讀之引人入勝，有如身歷其境，頗能移人之情，喚起讀者歷史興亡、人物渺遠之感。其爲書也，義經體史而用文，造句警奇，遣詞則古，洵高士之清賞，文家之妙筆也。六朝文士，終當斂手避席，軌式模範，故酈氏《水經注》者，誠山水遊記之宗師也。道元之寫景成就，沾溉學圃，衣被詞人，難以辭逮，本文已另立專章討論之，其詳見第五章「水經注之寫景藝術」，及第九章「水經注之影響」，此毋庸複述矣。故本節僅就酈注所載各地歌謠諺語之內容探究之，以見其崇尙致用之一端焉。

　　夫歌、詩之義，本無別也，成伯璵《毛詩指說》引梁簡文帝《十五國風義》，云「在辭爲詩，在樂爲歌」〔註63〕，歌謠本爲原始之詩，以「辭」而論，並無分別。至若歌、諺之別，范文瀾古謠諺凡例，所論極詳，可供參考，范氏曰：〔註64〕

　　　謠諺二字之本義，各有專屬主名。蓋「謠」訓徒歌，歌者，詠言之謂，詠言即永言，永言即長言也。「諺」訓傳言，言者，直言之謂，直言即徑言，徑言即捷言也。長言生於詠嘆，故曲折而紆徐；捷言欲其顯明，故平易而捷速：此謠諺所由判。然二者皆係韻語，體格不甚懸殊，故對文則異，散文則通，可以彼此互訓也。

此言謠諺之判，在長言與捷言耳，然二者皆係韻語，體格不殊，可互訓也。是知詩歌謠諺四者，以「聲」而論，便自不同，以「辭」而論，則本無別，溯其源起，可互相爲用也。夫詩以言志，辭出堯典，逮兩周文獻，言志之旨屢見；興詩成樂，尙情志之宜導，列國盟會，胥賦詩以言志。詩意無邪，仲尼所標，辭無害志，子輿是戒，然則先秦之詩觀，其以言志爲宗乎！故《詩·

〔註63〕參見阮元《經籍纂詁》，卷四，詩字條云，頁42。
〔註64〕參見范文《瀾古謠諺》，凡例。

大序》曰：「詩者，志之所之也，在心爲志，發言爲詩。情動於中而形於言。」是知言志賦詩之旨，恆蘊道德之理想性，兼寓社會之現實性，關切人世，心懷政教。歷代文人，秉此言志之教，揮椽筆於天地否閉之世，吐悲音於生民塗炭之時，詠懷之作連章，諷諭之詩累篇，覃思衡評，砥柱中流，冀時君之醒悟，期鳳凰之來儀，守先待後，垂芳奕葉，豈徒以雕篆爲極詣，月露爲風詩哉！而謠者，亦古詩之流亞，若有爲而發，又若無爲而言，休咎之徵，事後畢驗，惜其多出自婦孺之口，詞不雅馴，且其談祆祥太悉，少溫柔敦厚之意，故不曰詩，而曰謠，然其感於風則一也。

　　道元好古，其注《水經》，因地致詳，掇籍宏舖，注中且博收古今歌謠諺語，內容豐富，情趣盎然。夫吾國古近體諸創作論，概略言之。可分二系：曰言志、曰感物。前者肇興先秦，衍於兩漢，或託比興，或寄諷諭，陳詩人否泰之感，見時世興廢之幾；後者濫觴六朝，施及後世，體物極山川之美，言情窺動植之心，珠霏玉屑，紛紛難盡，靈悟玄思，娓娓不窮；是知言志詩歌，偏於嚴肅悲壯；感物歌謠，近乎輕靈唯美也。以下茲分敘事、比興、諷諭等三項，條列酈注所引歌謠如下，以見其凡：

一、敘事歌謠

　　《水經注》所載敘事歌謠，俯拾可得，例如卷九〈洹水注〉「又東過內黃縣北，東入于白溝」條云：〔註65〕

> 昔聲伯聲伯夢涉洹水，或與己瓊瑰而食之，泣而又爲瓊瑰，盈其懷矣。從而歌曰：「濟洹之水，贈我以瓊瑰。歸乎！歸乎！瓊瑰盈吾懷乎！」後言之，之暮而卒，即是水也。

按此段注文，寫聲伯受贈瓊瑰而歌之事。又如卷十一〈易水注〉「東過范陽縣南，又東過容城縣南」條云：〔註66〕

> 漢末，公孫瓚害劉虞于薊下，時童謠云；「燕南垂，趙北際，惟有此中可避世。」瓚以易地當之，故自薊徒臨易水，謂之易京城，在易城西四五里。

按此段所引童謠，其內容蓋歌地形之險要也。又如卷十五〈洛水注〉「又東過洛陽縣南，伊水從西來注之」條云：〔註67〕

〔註65〕同註6，卷九，頁31。
〔註66〕同註6，卷十一，頁7。
〔註67〕同註6，卷十五，頁9。

《長沙耆舊傳》云：「祝良字召卿，爲洛陽令。歲時亢旱，天子祈雨
不得，良乃曝身階庭，告誡引罪，自晨至中，紫雲水起，甘雨登降。
人爲歌曰：『天久不雨，烝人失所，天王自出，祝令特苦，精符感應，
滂沱下雨。』」

按此段所引民歌，其詞旨在敘祝良祈雨事。又如卷十九〈渭水注〉「又東過霸
陵縣北，霸水從縣西北流注之」條云：〔註68〕

（漢武帝）陵之西而北一里，即李夫人冢，冢形三成，世謂之英陵。
夫人兄延年知音，尤善歌舞，帝愛之。每爲新聲變曲，聞者莫不感
動，常侍上起舞，歌曰：「北方有佳人，絕世而獨立，一顧傾人城，
再顧傾人國，寧不知傾城復國，佳人難再得。」上曰：「世豈有此人
乎？」平陽主曰：「延年女弟。」上召見之，妖麗善歌舞，得幸，早
卒，上憫念之，以后禮葬，悲思不已，賦詩悼傷。

按此段注文，寫李延年賦歌〈北方有佳人〉，其妹因得上召見之事。又如卷二
十六〈沭水注〉「又東南過莒縣東」條云：〔註69〕

《列女傳》曰：「齊人杞梁殖襲莒，戰死。其妻將赴之，道逢齊莊公，
公將弔之。杞梁妻曰：如殖死有罪，君何辱命焉？如殖無罪，有先
人之敝廬在下，妾不敢與郭弔。公旋車弔諸室。妻乃哭于城下，七
日而城崩。」故《琴操》云：「殖死，妻援琴作歌曰：『樂莫樂兮新
相知，悲莫悲兮生別離。』哀感皇天，城爲之墮。」

按此段注文，寫杞梁妻哭夫喪，因賦歌敘情之事。又如卷二十八〈沔水注〉「又
從縣東屈西北，淯水從北來注之」條云：〔註70〕

（沔水）又東入侍中襄陽侯習郁魚池。郁依范蠡養魚法，作大陂，
陂長六十步，廣四十步，池中起釣臺……西枕大道，東北二邊，限
以高隄，楸竹夾植，蓮芡覆水，是遊宴之名處也。山季倫之鎮襄陽，
每臨此池，未嘗不大醉而還，恆言此是我高陽池，故時人爲之歌曰：
「山公出何去，往至高陽池，日暮倒載歸，酩酊無所知。」

此段注文引民歌，敘山季倫喜遊襄陽侯習郁魚池之事。夫民歌之作，創於鄉
野，傳於閭巷，本非有意爲之，故其爲辭，率多天眞質樸，無粉飾之弊，與

〔註68〕同註6，卷十九，頁17。
〔註69〕同註6，卷二十六，頁1。
〔註70〕同註6，卷二十八，頁10。

詩人所作，泂有別也。

二、比興歌謠

　　《水經注》所載比興歌謠，多與描摩山水有關，蓋欲觸物譬況，以達情盡意，或託物起興，因所見聞，而以事繼其聲也。例如卷三十四〈江水注〉「又東過巫縣南，鹽水從東南流注之」條云：〔註71〕

　　　　自三峽七百里中，兩岸連山，略無闕處，重巖疊嶂，隱天蔽日，自非停午夜分，不見曦月。至于夏水襄陵，沿沂阻絕，或王命急宣，有時朝發白帝，暮到江陵，其間千二百里，雖乘奔御風，不以疾也。春冬之時，則素湍綠潭，迴清倒影，絕巘多生怪柏，懸泉瀑布，飛漱其間，清榮峻茂，良多趣味。每至晴初霜旦，林寒澗肅，常有高猿長嘯，屬引淒異，空谷傳響，哀轉久絕，故漁者歌曰：「巴東三峽巫峽長，猿鳴三聲淚沾裳」。

按道元此注，引漁者之歌，喻三峽奇峻之山勢，及樹林蕭瑟、山澗寂靜之景象，其中猿鳴哀轉，尤令人驚心動魄。又如卷三十四〈江水注〉「又東過夷陵縣南」條云：〔註72〕

　　　　江水又東逕流頭灘，其水並峻激奔暴，魚鱉所不能游，行者常苦之，其歌曰：「灘頭白勃堅相持，倏忽淪沒別無期。」袁山松曰：「自蜀至此，五千餘里，下水五日，上水百日也」。

按此段注文，道元引行者之歌，喻江水奔暴、苦於行役之狀。又同上條，注文寫黃牛灘云：〔註73〕

　　　　江水又東逕黃牛山下，有灘名曰黃牛灘。南岸重嶺疊起，最外高崖間，有石色如人負刀牽牛，人黑牛黃，成就分明，既人跡所絕，莫得究焉。此巖既高，加以江湍紆迴，雖途逕信宿，猶望見此物，故行者謠曰：「朝發黃牛，暮宿黃牛，三朝三暮，黃牛如故。」言水路紆深，迴望如一矣。

按此段注文，道元引行者之謠，喻江湍紆迴，水路絕深，雖經信宿，迴望如一矣。夫道元所載比興歌謠，取材閭里，情真意質，語語深刻，如三峽歌、黃牛歌、灘頭歌等，精彩絕倫，皆可入詩，故唐陸龜蒙詩稱：「高抱相逢各絕

〔註71〕同註6，卷三十四，頁3。
〔註72〕同註6，卷三十四，頁5。
〔註73〕同註6，卷三十四，頁6。

－352－

塵，《水經》山疏不離身」〔註74〕宋蘇東坡詩吟：「嗟我樂何深，《水經》亦屢讀。」〔註75〕詩人墨客，並仰給於酈注，由斯可見焉。

三、諷諭歌謠

《水經注》所載諷諭歌謠，多與史事有關，其例如卷二十九〈沔水注〉「分為二，其一東北流，其一又東過毗陵縣北，爲北江」條云：〔註76〕

《神異傳》曰：「由卷縣，秦時長水縣也。始皇時，縣有童謠曰：『城門當有血，城陷沒爲湖』，有老嫗聞之憂懼，旦往窺城門，門侍欲縛之，嫗言其故，嫗去後，門侍殺犬，以血塗門，嫗又往見血，走去不敢顧，忽有大水長欲沒縣，主簿令幹入白令，令見幹曰：『何忽作魚？』幹又曰：『明府亦作魚。』遂乃淪陷爲谷矣」。

按此段注文，道元引《神異傳》文，記秦皇敗德，童子謠歌諷諭暴政將亡之事。又如卷三十〈淮水注〉「又東過新息縣南」條云：〔註77〕

慎水又東流，積爲燋陂。陂水又東南流，爲上慎陂，又東爲中慎陂，又東南爲下慎陂，皆與鴻郤陂水散流。其陂首受淮川，左結鴻陂，漢成帝時，翟方進奏毀之。建武中，汝南太守鄧晨欲脩復之，知許偉君曉知水脈，召與議之，偉君言成帝用方進言毀之，尋而夢上天，天帝怒曰：「何敢敗我濯龍淵。」是後民失其利。時有童謠曰：「敗我陂，翟子威，反乎覆，陂當復，明府興，復廢業。」童謠之言，將有徵矣。

按此段注文，道元引童謠：「敗我陂，翟子威，反乎覆，陂當復，明府興，復廢業。」諷諭毀陂失德，必遭天譴，而明府興，必復廢業也。又如卷三十六〈若水注〉「又東北至犍爲朱提縣西，爲瀘江水」條云：〔註78〕

漢武帝時，通博南山道，渡蘭津倉，土地絕遠，行者苦之，歌曰：「漢德廣，開不賓，渡博南，越倉津，爲作人」。

按此段文字，道元引行者之歌，謂漢武帝好大喜功，不恤民情，勞師動眾，

〔註74〕語出陸龜蒙〈和襲美寄懷南陽潤卿詩〉，參見《全唐詩》，卷六百二十六，陸龜蒙十，頁7193。

〔註75〕語出蘇軾〈寄周安孺茶詩〉，參見《蘇東坡全集》，續集，卷一，古詩，頁26。

〔註76〕同註6，卷二十九，頁7。

〔註77〕同註6，卷三十，頁4。

〔註78〕同註6，卷三十六，頁6。

廣闢疆土，行役艱辛，不爲上憫，殆存諷論之意也。

　　夫百姓群生，黎庶紛雜，憂喜歡戚，事象萬端，詩人含情，感事應物，有所憫傷怨諷，輒發諸歌詠也。其或賦歌寫實，述人生之眞象，呈社會之實況，亦將以巧言切狀，曲寫毫芥，記事求其覈實，仁義由是昭顯，雖辭非美刺諷論，而旨義潛寓焉。天王宰輔，知戒懼乎廟堂，仁人賢士，得取鑑於方來，於是代之興隆，政之仁暴，世之治亂，民之憂戚，觀風察俗，俾補時闕，庶幾政通人和，彰存史實，具見於歌謠寫實之作矣。道元爲文，實好斯文，其深心主山川，遠致極風雲，高才逸韻，頗謝前哲，吟詠情性，滋有篤焉。探其載賦歌謠之旨，或爲裨情意之曲達，或欲觀風俗之厚薄，或思存歌謠之類通，功用極多，用心良苦。然則秉仁義之衷，述生民之痛，書覈實之事，極帝王理亂之道，系古人規諷之流，而昭德塞違，勸善懲惡，感受尤深。若夫所引各地諺語，如卷三十四〈江水注〉：「楚諺云：洲不百，故不出王者。」〔註79〕等等，亦不可忽。蓋〈泰誓〉引古人有言：「牝雞無晨」，〈大雅〉云：「人亦有言，惟憂用老」，並上古遺諺，詩書所引者也。至於陳琳諫辭，掩目捕雀，潘岳哀稱，掌珠仉儷，並引俗說，而爲文詞也。是知文辭鄙俚，莫過於諺，而聖賢詩書，采以爲談，況踰此者，可忽乎哉，故曰《水經注》者，歌詩致用之集錦也云。

─────────────

〔註79〕同註6，卷三十四，頁9。

第九章　《水經注》之影響

　　夫《水經》之作，祖述禹貢，憲章山海，然與圖經等耳，其傳以酈注。酈善長注之，補其未備，剖說十位於前文，揮述半陟其躬履，或眾援以明訛，或極辨而較是，或衷逷以昭邇，或廓無而續有，旁引支流，以千數百計，使後之搜渠訪瀆者，一展卷而如案古圖書。夫自班志而後，續《漢書》之述水道，極為草率，若非道元矜奇炫博，綴籍宏鋪，後魏以前，言地之書，搜羅殆盡，沿波及瀾，瑣而不失之雜，則唐以前地理，有不足言之嘆矣。酈書之後，職志方輿者，如李宏憲、樂子正、王正仲之流，莫不掇其菁英，奉為著蔡也。而書中所載，寫景文字，筆筆精工，刻畫入微，湖光山色，躍然紙上，誠為山水遊記之模範也。千載以降，酈學研尋，代有其人，博雅之士，沈酣此書，獨喜善長讀萬卷書，行盡天下山水，流濕之外，囚捉幽異，掬弄光彩，歸於一緒；至若獺祭之徒，或美其敘事之善，或悅其詞令之妙，或服其修辭之巧，掇其縟藻，取為詩材賦料之用。文人墨客，追風趨步，競相仿效，對後世文學，頗具啟迪之功，故唐陸龜蒙詩稱：「高抱相逢各絕塵，水經山疏不離身。」〔註1〕宋蘇東詩吟：「嗟我樂何深，水經亦屢讀。」〔註2〕明楊慎《丹鉛總錄》亦曰：「《水經注》所載事多他書傳未有者。其敘山水奇勝，文藻駢麗，比之宋人《臥遊錄》，今之《玉壺冰》，豈不天淵？予嘗欲抄出其山水佳勝為一帙，以洗宋人《臥遊錄》之陋，惜未暇也。又其中載古歌謠，如三峽歌云：「巴東三峽巫長峽，猿鳴三聲淚沾裳」；又云：「朝見黃牛，暮見黃牛，

〔註1〕語出陸龜蒙〈和襲美寄懷南陽潤卿詩〉，參見《全唐詩》，卷六百二十六，陸龜蒙十，頁7193。
〔註2〕語出蘇軾〈寄周安孺茶詩〉，參見《蘇東坡全集》，續集，卷一，古詩，頁26。

三朝三暮，黃牛如故」；又云：「灘頭白勃堅相持，倏忽淪沒別無期」；記樊道
謠云：「楢溪赤水，盤蛇七曲，盤羊鳥櫳，勢與天通」。皆可以入詩材。〔註3〕
是知酈注沾溉學圃，衣被詞人，洵難以辭逯矣。以下茲就「輿地」與「辭章」
兩學派，分述《水經注》之影響焉。

第一節　自輿地學派言

　　酈道元《水經注》，史家地理志之流也。其書之旨，在援古今之圖經，證
水道之經過，然則高山大川之寥闊，瀆壑邱陵之瑣細，古今名號之建置不一，
崩築疏鑿之因創損益，或僑設而名存，或變遷而實沒，舟車之所不通，人力
之所罕至，容並有之，因是博采眾長，轉益多師，薈萃宏富，蔚為奇觀，可
謂搜今羅古以為文。酈書之後，職志方輿者，如李宏憲《元和郡縣志》，樂子
正《太平寰宇記》，涉古跡，兼人文，辨方經野，紀載迭詳，莫不奉《水經注》
為鴻寶也。以下茲依時代先後，聊舉數家，俾見酈書於輿地學派之影響。

一、曹學佺

　　明人好古，頗重酈注，刊刻研究之情形，詳見本文第四章。而學者稱引
酈書，無過曹學佺者。學佺（西元 1574～西元 1647），字能始，侯官人（今
福建省福州市），神宗萬曆二十三年（西元 1595）進士，著有《石倉集》，凡
一百卷，傳於世。學佺藏書甚富，所撰《輿地名勝志》，幾以全部《水經注》
編入明代府縣，非用力之深，不及此也，楊守敬疑其所據則元祐以前舊本
〔註4〕，惜已無考矣。

二、徐弘祖

　　徐弘祖（西元 1586～西元 1641），字振之，號霞客，明江蘇江陰人。刻
苦好學，博覽圖經地志，不應科舉，所著《徐霞客遊記》，乃研究地理、地質
與生物之珍貴著作，亦為絕妙之遊記小品文集，凡有十卷，蓋古今一大奇書
也。霞客胼胝竭蹶，歷數萬里，升降於危崖絕壑，搜探於蛇龍窟宅，衝風雨，
觸寒暑，垂三十年。其所自記遊蹟，計日按程，鑿鑿有稽，向來山經地志之
誤，釐正無遺，奇蹤異聞，應接不暇，然未嘗有怪迂侈大之語，欺人以所不

〔註 3〕參見明・楊慎《升庵外集》，卷五十二〈水經注〉條云，頁 10。
〔註 4〕參見楊、熊《水經注疏》，凡例。

知，文詞繁委，要爲道所親歷，不失質實詳密之體。而形容物動，摹繪情景，皆據景直書，不憚委悉煩密，非有意於描摹點綴，託興抒懷，與古人遊記爭文章之工也。然其中所言名山巨浸，宏博富麗者，皆高卑定位，動靜變化之常，下至一澗一阿，禽魚草木，亦賢人君子偃仰棲遲，寓言寫心之境，正昔人所云取之無盡，用之不竭者也。雖止詳其形體區域，而天地山川之性情，俟人之神會而意喻者，悉已寓之矣。茲舉其〈遊雁宕山日記〉之一段，以示一斑焉：〔註5〕

> 十二日，飯後，從靈峰右趾覓碧霄洞。返舊路，抵謝公嶺下。南過響岩，五里至淨名寺口，……寺居其中，南向，背爲屏霞嶂。嶂頂齊而色紫，高數百丈，闊亦稱之。嶂之最南，左爲展旗峰，右爲天柱峰，嶂之右脅，介于天柱者，先爲龍鼻水。龍鼻之穴，從石罅直上，似靈峰洞而小，穴內石色俱黃紫，獨罅口石紋一縷，青紺潤澤，頗有鱗爪之狀。自頂貫入洞底，垂下一端如鼻，鼻端孔可容指，水自內滴下注石盆，此嶂右第一奇也。西南爲獨秀峰，小于天柱，而高銳不相下。獨秀之下爲卓筆峰，高半獨秀，銳亦如之，……東南爲石屏風，形如屏霞，高闊各得其半，正插屏霞盡處。屏風頂有蟾蜍石，與峰側玉龜相向。屏風南去，展旗側褶中，有徑直上。磴級盡處，石國限之，俯國而窺，下臨無地，上嵌崆峒，外有二圓穴，側有一長穴，光自穴中射入，別有一境，是爲天總洞，則嶂左第一奇也。銳峰迭嶂，左右環向，奇巧百出，眞天下奇觀！而小龍湫下流，經天柱、展旗，橋跨其上，山門臨之。橋外，含珠岩在天柱之麓，頂珠峰在展旗之上，此又靈岩之外觀也。

按霞客遊紀，素以贍雅生動，著稱於時，其敘事類道元，其筆意似子厚。故其狀山也，峰巒起伏，隱蹻毫端；其狀水也，源流曲折，軒騰紙上；其記遐陬僻壤，則計里分疆，瞭若指掌；其記空谷窮岩，則奇縱勝跡，燦若列星。凡在編者，無不搜奇擇怪，吐韻標新，儼然以《水經注》爲藍本，而自成一家言。其用心良苦，與道元同步，而其筆法與語言，實每借助于《水經注》也。

〔註5〕按：雁宕山在今浙江樂清東北，山頂有湖，舊說廣寬十餘里，湖水常年不涸，水草豐茂，碧波蕩漾，春雁歸時，多宿于北，故又名雁蕩山、平湖、雁湖，簡稱雁山。

三、劉侗

劉侗（約西元 1594～西元 1637），字同人，號格庵，湖廣麻城（今屬湖北）人。明崇禎進士，知吳縣令，卒於赴任途中，時年四十有四，有龍井崖詩等。同人客都門，取燕人于奕正所抄集，合著《帝京景物略》，屬同里友周損采詩共成之，刻行於世，其文屬竟陵體格，茲舉其中一篇「水盡頭」為例：〔註6〕

> 過隆教寺而又西，聞泉聲。泉流長而聲短焉，下流平也。花者，渠泉而役乎花；竹者，渠泉而役乎竹，不暇聲也。花竹未役，泉猶石泉矣。石罅亂流，眾聲漸漸，人踏石過，水珠漸衣，小魚折折石縫間，聞躞音則伏，于苴于沙。雜花水藻，山僧圍叟不能名之，草至不可族，客乃斗以花，采采百步耳，互出，半不同者。然春之花尚不敵其秋之柿葉。葉紫紫，實丹丹，風日流美，曉樹滿星，夕野皆火。香山日杏，仰山日梨，壽安山日柿也。西上圓通寺，望太和庵前，山中人指水盡頭處，泉所源也。至則磊磊中兩石角如坎，泉蓋從中出。

按《帝京景物略》一書，地理、文學兼擅之作也，其筆意絕似《水經注》。此段文字，中心主題在議論臥佛寺有無泉水，作者以論證法，通過記遊，加以歸納，而其文字，既有山水情趣，又有格物理趣，風格獨具，不落俗套，是知同人不僅善於掌握美景特徵，亦且精于謀篇，故清紀曉嵐《帝京景物略・序》云：「明之末年，士風佻，僞體作，竟陵公安以詭俊纖巧之詞，遞相唱導。劉同人楚產也，故宗楚風，于司直稔與同人遊，故其習亦變而楚，所作《帝京景物略》八卷，其胚胎《世說新語》、《水經注》。」〔註7〕殆非虛言也。

四、顧祖禹

顧祖禹（西元 1624～西元 1680），字復初，一字景范，江蘇無錫人，居常熟。父柔謙精史學，祖禹承其志，撰《歷代州域形勢》九卷，《南北直隸十三省》一百十四卷，《川瀆異同》六卷，《天文分野》一卷，共一百三十卷，名為《讀史方輿紀要》。其書言山川險易，古今用兵戰守攻取之宜，興亡成敗得失之跡所可見，其詞簡，其事覈，其文著，其旨長，鑒遠洞微，憂深慮

〔註 6〕按：水盡頭在今北京西郊臥佛寺西北二里外之櫻桃溝，又名櫻桃泉。
〔註 7〕參見明劉侗、于奕正《帝京景物略》，卷首，清紀昀序。廣文書局《筆記叢編》三～五冊。

廣，誠古今之龜鑑，治平之藥石也。魏禧見之，歎爲「此數千百年所絕無僅有之書」，可謂推崇至矣〔註8〕。景范《川瀆》一書，略仿《水經》之文，仰追《禹貢》之義，務期明確，無取辭費，然其掇拾遺聞，參稽往蹟，亦引酈氏《水經注》，多所補正，用爲考古之助也。〔註9〕

五、胡　渭

胡渭（西元 1633～西元 1714），初名渭生，字朏明，一字東樵，清浙江德清人。窮專經義，素習禹貢，嘗謂：漢唐二孔氏、宋蔡氏於地理多疏舛，如三江當主鄭康成說，庾仲初之言不可以釋《禹貢》「浮於淮泗，達於河。」河當從說文作「菏」；「滎波既豬」，波當從鄭康成本作「播」，梁州之黑水與導川之黑水不可溷而爲一。乃博稽載籍及古今經解，考其同異而折衷之，依經爲訓，章別句從，名曰《禹貢錐指》，凡二十卷，爲圖四十七篇。於九州山川形勢，及古今郡國分合同異，道里遠近夷險，犁然若聚米而畫沙也。漢唐以來，河道遷徙，雖非禹貢之舊，要爲民生國計所繫，後世河防水利之書，作者相繼，記載尤多，浮雜相仍，鮮裨實用，故於「導河」一章，悉本《水經注》，援古證今，證據旁出，備考歷史決溢改流之跡，且爲圖以表之，上自《山海經》，下逮《水經》酈注，古今水道，條分理解，如堂觀庭，如掌見指，其詳如此。

六、朱　書

朱書，生卒年不詳，字字綠，安徽宿松人，著《杜溪文集》。生平好遊，疆域十五區，足跡所至，已三之二，乃仿桑欽、酈道元，以道里爲經，以見聞爲註，作《遊歷記存》若干卷，曰兩畿、曰燕秦、曰燕梁、曰秦楚、曰豫章、入燕曰閩浙、入揚州曰行江，凡遊必稿筆研楮墨〔註10〕，其體格實自《水經注》而出也。

七、齊召南

齊召南（西元 1703～西元 1768），字次風，號瓊臺，晚號息園，清浙江天台人。幼稱神童，年十二，登巾子山賦詩，爲識者所稱，性聰強記，天才敏

〔註 8〕 參見清・顧祖禹《讀史方輿紀要》，卷首，清魏禧序文。
〔註 9〕 參見清・顧祖禹《讀史方輿紀要》，凡例，詳本書。
〔註10〕 參見清・朱書《遊歷記存》，序文，詳本書。藝文印書館《百部叢書集成》之八十七第二函，問影樓輿地叢書。

捷，每爲詩文，援筆立就，有《賜硯堂詩文集》，傳行於世。尤精輿地之學，嘗
著《水道提綱》，凡二十卷，以巨川爲綱，而所會眾流爲之目，故曰提綱。大抵
源流分合，方隅曲折，統以今日水道爲主，不屑附會於古義；而沿革同異，互
見其間。所敘治河防海，水利守邊，博考古今，暢言得失，多引酈注，大而
河海，小而溪澗，溯源窮委，不厭其煩，其命義固法《水經注》之遺意也。

　　有清一代，酈學研究，蔚爲風尚，著作如林，其詳見本文第四章，此毋
庸喋逑矣。然則，除上文所舉者外，如戴震之《水地記》、傅澤洪之《行水金
鑑》、孫彤之《關中水道記》等等，與夫歷代專言水道之書，莫不追法《水經
注》，取其質而用其文，是知酈注影響吾國輿地之學，誠可謂至深且鉅矣。

第二節　自辭章學派言

　　夫吾國寫景之文，周秦諸子，所見絕少，兩漢則唯東漢馬第伯〈封禪儀
記〉爲最善耳。迄乎魏晉六朝，寫景之詩賦日工，而寫景之散文亦日進矣。
於晉則有廬山諸道人〈游石門詩序〉，宋晉之間則陶淵明之〈桃花源記〉，齊
代有陶宏景，梁有吳均，北魏則酈道元之《水經注》，尤爲巨製。酈注爲書，
模山範水，狀繪風物，造句驚奇，遣詞則古，洶高士之清賞，文家之妙筆
也。詩人墨客，追風趨步，軌式模範，推爲山水文學之宗師，中唐以降，吾
國山水遊記，自成系統，益臻成熟，究其源流，實順從《水經注》發展而來
〔註11〕。以下茲就時代先後，聊舉數家，俾見酈注於辭章學派之影響。

一、李　白

　　李白（西元 701～西元 762），字太白，號酒仙翁，祖籍隴西成紀（今甘
肅天水附近）〔註12〕。其詩文集注，傳世者有南宋楊齊賢注之《李翰林集》，
二十五卷；元代蕭士贇刪補楊注，繼成分類，補注《李太白集》，二十五卷；
有明則胡震亨之《李詩通》，二十一卷。以上三家，所注僅限詩歌，直至清
代，王琦注《李太白文集》，三十六卷，合注詩文，是乃今傳《李白詩文集》
中最完備之注本。太白之詩，信手拈來，即是佳句，其鎔鑄古今，匠心獨照，
鍊字精到，句句切題，語語眞言，不可多得。王琦輯注中，六處引《水經》

〔註11〕參見譚家健〈試論水經注的文學成就〉，載譚家健、李知文所編《水經注選注》
　　　　一書，前言，頁19。
〔註12〕參見北京大學編《中國文學史》第二冊，文復書局，頁103。

作註，五十六處引《水經注》解詩句〔註13〕，是知太白詩文，受酈注之影響，亦云深矣，茲舉〈早發白帝城〉一詩為例：

朝辭白帝彩雲間，千里江陵一日還；

兩岸猿聲啼不盡，輕舟已近萬重山。

按李白此詩，字句取材，實自《水經・江水注》而來〔註14〕。《水經・江水注》原文如下：「自三峽七百里中，兩岸連山，略無闕處，重巖疊嶂，隱天蔽日，自非亭午夜分，不見曦月。至於夏水襄陵，沿泝阻絕，或王命急宣，有時朝發白帝，暮到江陵，其間千二百里，雖乘奔御風，不以疾也，春冬之時，則素湍綠潭，迴清倒影，絕巘多生怪柏，懸泉瀑布，飛漱其間，清榮峻茂，良多趣味。每至晴初霜旦，林寒澗肅，常有高猿長嘯，屬引凄異，空谷傳響，哀轉久絕，故漁者歌曰：巴東三峽巫峽長，猿鳴三聲淚沾裳。」〔註15〕道元此文，旨在描繪巫峽沿岸之風光，峻潔優美，清麗峭拔，如詩如畫，不獨摹其形勢，並自己性情寫出矣。而太白下江陵詩，似即此段散文之縮影，「朝辭白帝彩雲間，千里江陵一日還」兩句，正是酈注「有時朝發白帝，暮到江陵，其間千二百里，雖乘奔御風，不以疾也」之縮型；「兩岸猿聲啼不住」一句，乃酈注「常有高猿長嘯，屬引凄異，空谷傳響，哀轉久絕」之縮寫；「輕舟已過萬重山」一句，迴應酈注「千里江陵一日還」之語意，蓋白帝至江陵，千二百里，春水盛時行舟，朝發夕至，雲飛鳥逝，不足過也，太白述之為韻語，驚風雨而泣鬼神矣。此外，唐代詩歌，例如張九齡〈巫山高〉：「惟有巴猿嘯，哀音不可聽。」杜甫〈秋興八首〉之二：「聽猿實下三聲淚，奉使虛隨八月槎。」孟郊〈巫山曲〉：「目極魂斷望不見，猿啼三聲淚滴衣。」其構思與語言，莫不脫胎於《水經注》也。

二、元　結

元結（西元 719～西元 772），字次山，自號浪士、漫郎，唐魯縣（今河南魯山人），有《元次山集》行世。夫古今文質升降，唐握其樞，肩三代秦漢之傳，袪齊梁陳隋之弊，衍宋元明清之緒，不朽盛業，矞矞皇皇，前驅後援，次山之功，不為小矣。所作諸記，上承酈道元模山範水之遺意，下開柳

〔註13〕參見莊美芳《李太白詩探源》，東吳大學中文研究所碩士論文，民國 75 年，頁 129。

〔註14〕參見清・王琦注《李太白全集》，卷二十二，古近體詩，頁 1023。

〔註15〕參見王先謙《合校水經注》，卷三十四，頁 2～3。

柳州遊記文學之先河，承先啓後，洵乃山水散文之功臣也。茲舉其〈右溪記〉
一文，說明如下：

> 道州城西百餘步，有小溪南流，數十步合營溪。水抵兩岸，悉皆俗
> 石，欹嵌盤屈，不可名狀，清流觸石，洄懸激注，佳木異竹，垂陰
> 相蔭。此溪若在山野，則宜逸民退士之所游；處在人間，可爲都邑
> 之勝境，靜者之林亭。而置州以來，無人賞愛，徘徊溪上，爲之悵
> 然。乃疏鑿蕪穢，俾爲亭宇，植松與桂，兼之香草，以裨形勝。爲
> 溪在州右，遂命之日右溪，刻銘石上，彰示來者。

按次山此文，語言簡樸，風格清峻，寫景見性格，議論含針砭，紙短情長，
寓意深遠，其構思實自道元《水經注》之遺意，演化而來。

三、柳宗元

柳宗元（西元 773～西元 819），字子厚，山西河東解縣（今山西永濟）
人。唐德宗貞元九年（西元 793），登進士第，累官監察御史，禮部員外郎。
憲宗時坐王叔文黨，貶邵州刺史，旋改永州司馬。元和九年（西元 814）冬，
召返長安，次年春，徙柳州刺史，世稱柳柳州。有《柳河東集》四十五卷，
內詩二卷，傳行於世。

夫古來善爲寫景文者，莫如柳子厚，其遷謫永柳，得山水以盜其精神，
探幽發奇，出之若不經意，所作永州記遊諸篇，寫景而抒情焉，記事而述志
焉，括綜百家，彌綸天地，纏絡萬品，意正辭誠，情深文練，引吭微誦，字
字沁入心脾，肫肫乎至性之文也，是以獨步當時，永傳後世。綜而言之，此
等文字，須含一股靜氣，又須十分畫理，再蓄一段詩情，方能成此佳構。然
推其本原，柳文書本之得力，實每自《水經注》脫胎而出，故明楊愼丹鉛雜
錄云：〔註16〕

> 柳子厚〈小石潭記〉：「潭中魚可百許頭，皆若空遊無依。」此語本
> 之酈道元《水經注》：「淥水平潭，清潔澄深，府視遊魚，類若乘空。」
> 沈佺期詩：「魚似鏡中懸。」亦用酈語意也。

又清劉熙載《藝概》云：〔註17〕

> 酈道元敘山水，峻潔層深，奄有楚辭山鬼、招隱士勝境，柳柳州遊

〔註16〕同註3，卷五十二，「空遊」條云，頁11。
〔註17〕參見劉熙載《藝概》，卷十，頁10。

記，此其先導耶？

又清愛新覺羅弘曆《唐宋文醇》亦曰：〔註18〕

> 酈道元《水經注》，史家地理志之流也。宋元永州八記，雖非一時所
> 成，而若斷若續，令讀者如陸務觀詩所云：「山重水複疑無路，柳暗
> 花明又一村」也。絕似《水經注》文字，讀者宜合而觀之。

又盧元昌曉閣評點《柳柳州全集》亦云：〔註19〕

> 山水奇致，非公（柳柳州）不能畫出，公小記，大略得力約《水經
> 注》。

又章士釗《柳文探微》亦云：〔註20〕

> （柳柳州）近治可遊者記，亦仍然原本山川，極命草木，大之仰躋
> 禹貢，小亦俯瞰酈道元《水經注》，究與尋常優遊宴樂之作有別。

諸家之說，莫不以子厚小記大略得力於《水經注》也。蓋天地間，山水林麓，
奇偉秀麗之致，賴文人之筆以陶寫之，若陶宏景〈答謝中書書〉，鮑照〈大雷
岸與妹書〉等篇，託興涉筆，都成絕構，殆皆會景造語，不假雕琢也。至酈
善長始以淹雅之才，發攄文筆，勒為《水經注》四十卷，訂以志乘，緯以掌
故，奇幽詭勝，搜剔無遺，其模山範水，不獨有精細之觀察，且擅優美之藝
術，後來作者，罕復能繼，惟柳子永州諸記，筆力高絕萬古，雲霄一羽毛，
極意與道元《水經注》鬥其短峭。然《水經注》中，寫山水之景，頗多精練
峭拔之語，實為柳子厚小記所自出，茲錄一段，以與柳文比較，可以知矣。《水
經注》卷三十四〈江水注〉「又東過夷陵縣南」條云：〔註21〕

> 江水又東逕狼尾灘，而歷人灘。袁山松曰：二灘相去二里，人灘
> 水至峻峭，南岸有青石，夏沒冬出，其石嵌崟，數十步中，悉作
> 人面形，或大或小，其分明者，鬚髮皆具，因名曰人灘也。江水又
> 東，逕黃牛山下，有灘名曰黃牛灘，南岸重嶺疊起，最外高崖間，
> 有石，色如人負刀牽牛，人黑牛黃，成就分明，既人跡所絕，莫
> 得究焉，此巖既高，加以江湍紆迴，雖途逕信宿，猶望見此物，
> 故行者謠曰：朝發黃牛，暮宿黃牛，三朝三暮，黃牛如故。言水路
> 紆深，迴望如一矣。江水又東逕西陵峽，宜都記曰：自黃牛灘東入

〔註18〕參見清・愛新覺羅弘曆《唐宋文醇》，卷十六河東柳宗元文。
〔註19〕參見盧元昌山曉閣評點《柳柳州全集》，卷三記「評至小丘西小石潭記」。
〔註20〕參見章士釗《柳文探微》，頁857。
〔註21〕同註15，卷三十四，頁5～6。

西陵界，至峽口百許里，山水紆曲，而兩岸高山重障，非日中夜
半，不見日月。絕壁或千許丈，其石彩色形容，多所像類。林木高
茂，略盡冬春，猿鳴至清，山谷傳響，泠泠不絕，所謂三峽，此其
一也。

而柳子厚遊記云：

遂命僕過湘江，緣染溪，斫榛莽，焚茅茷，窮山之高而止。攀援而
登，箕踞而遊，則凡數州之土壤，皆在衽席之下，其高下之勢，岈
然窪然，若垤若穴，尺寸千里，攢蹙累積，莫能遯隱。縈青繚白，
外與天際，四望如一。（〈始得西山宴遊記〉）

其中重洲小溪，澄潭淺渚，間廁曲折，平者深黑，峻者沸白，舟行
若窮，忽又無際。有小山出水中，山皆美石，上生青叢，冬夏常蔚
然。其旁多巖洞，其下多白礫，其樹多楓柟石楠，梗櫧樟柚，草
則蘭芷，又有異卉，類合歡而蔓生，轇轕水石，每風自四山而下，
振動大木，掩苒眾草，紛紅駭綠，蓊葧香氣，衝濤旋瀨，退貯溪
谷，搖颺葳蕤，與時推移，其大都如此，余無以窮其狀。（〈袁家渴
記〉）

夫子厚遊記，篇篇入妙，刻雕象形，縱心獨往，能移人之情，然其得力處，
多從《水經注》得來。上錄數語，刻劃山水形貌，每見富麗精工之筆，描景
寫物，句法整齊，自有形式精緻之美，柳子為文，承襲酈注，斑斑可考，二
家淵源，脈絡可尋，可以知矣。

四、袁宏道

袁宏道（西元 1568～西元 1610），字中郎，號石公，小字月，明湖廣公安
（今湖北公安縣）人。所著詩文有《敝篋集》、《錦帆集》、《解脫集》、《廣陵集》、
《瓶花齋集》、《蕭碧堂集》、《破硯集》、《華嵩遊草》等若干卷行世。後輯為《袁
中郎先生全集》。

夫詩文之道，至唐宋而大備，其體百變，其術多方。明中葉以降，操觚
談藝之士，或擷漢魏之芳蕊，或挹唐宋之清芬，鮮能適變，無以代雄。弘正
之間（西元 1488～西元 1521），李何諸子，倡復古之說，文法秦漢，詩宗盛
唐，鈎章棘句，弱響浮聲。嘉隆之際（西元 1522～西元 1567），歷下太倉，
宏其餘緒，亦句擭字捃，行數墨尋而已。諸人高以七子之名，舖張昭代，追
配建安，聲華意氣，籠蓋一時，承學之士，翕然宗之，遂使黃茅白葦，彌望

皆是,庸音雜體,風雅頓喪矣。萬曆中(西元 1573～西元 1619),楚人三袁崛起,號稱公安,持性靈之說,創清眞之體,一掃王李雲霧,推其阻奧,蕩滌摹擬,海內文風丕變,厥功偉矣。今欲明一代文變關鍵,余請述袁中郎之小品文〔註22〕。「小品」一詞,本爲佛經品目,初非文體之稱,蓋釋教內典,有大品小品之分,六朝名僧鳩摩羅什釋摩訶《般若波羅蜜經》,有二十七卷本及十卷本二種,前者曰《大品般若經》,後者曰《小品般若經》,簡稱曰《大品》、《小品》,殆以卷帙繁簡爲判。其後「小品」一詞,浸假而流爲文體之一,如唐宋以來之變文、俗曲、寓言、小說、戲曲諸種,莫不寄釋氏之思理,襲梵典之腔調,文章體制,亦沿其變,小品散文,其一端也。唐顯悅序《文娛》曰:〔註23〕

> 孟堅以博贍踞壇,長卿以富麗執耳,而義慎新語,輒以隻句單詞,上奪班馬之席。何也?樂廣人之冰鏡,見之瑩然,如披雲霧而見青天;王衍與人言最簡,及與廣言,便覺己之爲煩。文與可曰:「吾襪村所聚,在篔簹谷,可往求之。他日持一幅以示大蘇,才數尺耳,而有千里之勢。文有小品,將無是邪,以索解人,恐未易得。邇來印上,識超宗。超宗之言曰:小品一派,盛于昭代,幅短而神遙,墨希而旨遠,野鶴孤唳,群雞禁聲,寒瓊獨朶,眾卉避色。是以一字可師,三語可椽,與于斯文,樂昌其極。

是知小品散文,不講體制,不拘內容,天文地理,閒情碎事,無一不可,或發議論,或洩人情,或形容世故,或箚記瑣屑,本無範圍,無施不可。然皆發於作者一時意興,不擇筆墨,遇紙則書,意多則長,興少則短,不顧行文排比安插之法,亦不暇計人之品藻譏彈。若夫張衡研京十年,左思陳都一紀,相如含筆腐毫,王充氣竭思慮,勞情苦思,繁引博考,小品不取焉。

酈善長注水經,訪瀆搜奇,綴輯成文,以辨究古今,刊正謬誤爲歸。然其歷覽山川,時加品藻,遂多模山範水之篇;江南平曠秀媚,敍記清麗,西

〔註22〕按:吾國小品文之盛,一在六朝,一在晚明。六朝之盛,繫于士習文風,文士瀟灑通脫,韻致清高,所謂烏衣子弟,裙屐風流,而爲文尚輕逸,故所作辭賦、遊記、書啓、小說,並爲絕妙小品。唐宋而下,筆記與小說雜出,而子厚山水諸記,東坡筆錄小文,尤推小品勝作。時至晚明,小品一派,盛于昭代,其以小品題集,蓋始於斯,如陳繼儒《晚香堂小品》,朱國楨《湧幢小品》,陸雲龍《皇明十六名家小品》,不勝枚舉。

〔註23〕參見朱劍心《晚明小品選注》,卷二,頁 67 所引,商務印書館《萬有文庫》薈要本。

北峰巒奇險，記亦如之。中郎歷遊諸山水，遊皆有記，觀其所作，流連光景，尤重修辭，于奇險之中，略有幽致，猶於崇山峻嶺之間，繞以飛泉，綴以奇卉，如〈華山記〉、〈由捨身巖至文殊獅子巖記〉、〈遊盤山記〉、〈由天池踰含嶓嶺至三峽澗記〉、〈由水溪至水心崖記〉、〈嵩遊第二〉諸篇，立意奇縱突兀，造語俶俊纖巧，味其鑄辭，抽其殊色，殆皆善長之筆意也。今引〈華山記〉一段論之：

> 凡山之名者必以骨，率不能倍膚，得三之一，奇乃著。表裡純骨者，唯華爲然。骨有態有色，黯而濁，病在色也；塊而獰，病在態也。華之骨，如割雲，如堵碎玉，天水烟雪，雜然綴壁矣。方而削，不受級，不得不穴其壁以入，壁有蹲，才容人，陰者如井，陽者如雷。如井者曰埵曰峽，如雷者曰溝。皆斧爲銜以受手足，銜窮代以枝；受手者不沒指，受足者不盡踵。鐵索累千尋，直垂下，引而上，如黏壁之鼅。壁不盡蹲，時爲懸道。巨巒折折相逼，若故爲絙以嘗者。橫絙者綴腹倚絕崖行，足垂蹬外，如面壁，如臨淵，如屬絙，撮心于粒，焉知鬼之不及夕也。長絙者搦其脊，匍匐以進，危磴削立千餘仞，廣不盈背，左右顧皆絕壑，惟見深黑。吾形曡曡然，如負寶，自視甚贊；然微風至，搖搖欲落，第恐身之不爲石矣。夫人所憑仗者手足，而督在目。方其在蹲，目著暗壁，升則寄視于指也，降則寄視于踵也，目受成焉耳。蹲盡而厓，目乃爲崇，眩于削爲栗，眩于深爲棹，眩于反爲喘。愚者不然，心不至目故也。今乃知嶮之所以劇矣。

本篇記華山之險巇，與登華之艱險。華山純爲山骨，而無土膚，方削割雲，石質堅硬，本無山路可登，故鑿石穴爲銜，令登者攀之而升。中郎模寫攀登之狀，尤令聞者驚心也，山壁峭立千仞，登者沿鐵索爬行山壁，如黏壁之鼅，橫行則腹貼崖，足垂外，面壁臨深，窺深悸魄，稍一縱足，則身墜崖下矣，能無懼乎。若其上行，則縮頸搦脊，匍匐而登，左右凝望，唯見深黑，不見崖底，豈不懼乎。中郎所記，曲寫毫芥，述山川險削之形，寫攀躡巔危之狀，歷歷在目，魄悸股慄，寒颼襲人，是眞寫生之筆，其體格實自《水經注》脫胎而來。又如〈由水溪至水心崖記〉云：

> 曉起揭篷窗，山翠撲人面，不可忍，遽趣船行，踰水溪十餘里，至沙羅村，四面峰巒如花蕊，纖苞濃朵，橫見側出，二十里內，芳藷

閣眉，殆不可狀。……兩峰骨立無寸膚，生動如欲去，或銳如規，
或方如削，或倚側如墜雲，或爲芙蓉冠，或如兩道士偶語，意態橫
出，其方者獨當溪流之奧，遒古之極。

中郎描摹山勢，如雨過寒松，蒼翠欲滴，取象於墜雲、花蕊、道士諸物，蓋
欲使峰巒生色而已。夫刻畫奇峰絕嶺，借喻于人物、碎玉、花卉、雲霞、
鳥獸之類，皆所以使意象鮮活，敘記如生，自《水經注》、《世說新語》及唐
宋諸家山水遊記以來，固已習用不鮮，中郎沿用之耳。明代以降，山水小
品，尤盛於昔，中郎才思清捷，點綴山川，文筆秀麗，取法道元《水經注》
之遺意，上映柳宗元之風神，下開張岱之佳篇，故張陶庵《瑯嬛文集》有
云：〔註24〕

古人記山水者，太上酈道元，其次柳子厚，近時則袁中郎。讀注中，
遒勁蒼老，以酈爲骨；深遠冷淡，以柳爲勝；靈巧俊快，以袁爲修
目燦媚。立起三人，奔走腕下，近來此事，不得不推重主人。

其推崇酈注，可謂至矣。然則子厚、中郎山水諸作，筆調辭義之詭巧，句格
語勢之奇縱，借鑒酈書，班班可考，亦非偶然也。

五、張　岱

張岱（西元 1597～西元 1679），字宗子，又字陶庵，或字石公。累世通
顯，服食豪奢，蓄梨園數部，日聚諸名士度曲徵歌，詩酒流連，詼諧雜進，
意興豪邁。及明亡，避亂剡谿山中，家道衰落，故交朋輩，率多散亡，葛巾
野服，意緒蒼涼。著有《西湖夢尋》、《陶庵夢憶》、《瑯嬛文集》等書。其文
有公安之清新，而無其淺俗，得竟陵之幽雋，而遣其僻澀。故祁彪佳嘗言：「余
友張陶庵筆具化工，其所記遊，有酈道元之博奧，有劉同人之生辣，有袁中
郎之倩麗，有王季重之詼諧」〔註25〕。其能融鑄諸家，自鑄新詞，才偏出，
意佻達，辭恣肆，是亦道元《水經注》之遺風，非自創也。茲舉〈西湖七月
半〉之一段，說明陶庵記遊之持色如下：

西湖七月半，一無可見，止可看看七月半之人。看七月半之人，以
五類看之：其一，樓船簫鼓，峨冠盛筵，燈火優傒，聲光相亂，名
爲看月而實不見月者，看之；其一，亦船亦樓，名娃閨秀，攜及童

〔註24〕參見張岱《瑯嬛文集》，卷五，跋寓山注二則，其二所云。
〔註25〕參見張岱《西湖夢尋》，卷首，祁彪佳序。

變，笑啼雜之，環坐靈臺，左右盼望，身在月下而實不看月者，看之；其一，亦船亦聲歌，名妓閒僧，淺斟低唱，弱管輕絲，竹肉相發，亦在月下，亦看月而欲人看其看月者，看之；其一，不舟不車，不衫不幘，酒醉飯飽，呼群三五，躋入人叢，……人聲鼓吹，如沸如撼，如魘如囈，如聾如啞。大船小船，一齊湊岸，一無所見，止見篙擊篙，舟觸舟，肩摩肩，面看面而已。少刻興盡，官府席散，皂隸喝道去，轎夫叫，船上人怖以關門，燈籠火把如列星，一一簇擁而去。岸上人亦逐隊趕門，漸稀漸薄，頃刻散盡矣。

本篇選自《陶庵夢憶》，爲簡潔優美之遊記小品，描寫生動，諷刺辛辣。前半篇橫剖社會斷面，人物情態，曲盡細微；後半篇縱寫月下遊湖勝景，燈火舟車，人聲簫鼓，聲色交輝，如聞如見。其構思新奇，文筆簡截，形象生動，寓意含蓄，雋永耐讀，一如道元《水經注》之博奧也。是以溯本尋源，陶庵山水散文，或明或暗，實以酈注之筆法爲權輿也。

六、姚　鼐

姚鼐（西元 1731～西元 1815），字姬傳，一字夢穀，別號惜抱，清安徽桐城人。乾隆二十八年（西元 1763）進士，官至刑部郎中，充任四庫全書館纂修，書成後，以御史記名。其工古文，中張義理、考據、詞章，三者不可偏廢；以陽剛、陰柔區別文風，提倡神理氣味，貶薄格律聲色。著有《惜抱軒文集》，所選《古文辭類纂》流傳較廣，影響頗大。

惜抱爲文，高簡深古，才斂於法，氣蘊於味，詞旨淵雅，深造自得，其高者可追《史記》、《酈注》，得其風趣，觀其〈登泰山記〉一文，可以知矣：

泰山之陽，汶水西流，其陰，濟水東流。陽谷皆入汶，陰谷皆入濟。當其南北分者，古長城也。最高日觀峰，在長城南十五里。余以乾隆三十九年十二月，自京師乘風雲，歷齊河、長清，穿泰山西北谷，越長城之限，至于泰安。……泰山正南面有三谷，中谷繞泰安城下，酈道元所謂環水也。余始循以入，道少半，越中嶺，復循西谷，遂至其巔。古時登山，循東谷入，道有天門，東谷者，古謂之天于門溪水，余所不至也。今所經中嶺及山巔，崖限當道者，世皆謂之天門云。道中迷霧冰滑，磴几不可登。及既上，蒼山負雪，明燭天南，望晚日照城郭，汶水、徂徠如畫，而半山居霧若帶然。……極天雲

一線異色，須臾成五采，日上正赤如丹，下有紅光動搖承之，或曰，
此東海也。回視日觀以西峰，或得日，或否，絳皓駁色，而皆若僂。
亭西有岱祠，又有碧霞元君祠，皇帝行宮在碧霞元君祠東。是日，
觀道中石刻，自唐顯慶以來，其遠古刻盡漫失。僻不當道者，皆不
及往。山多石，少土，石蒼黑色，多平方，少圓，少雜樹，多松；
生石罅，皆平頂。冰雪，無瀑水，無鳥獸音跡，至日觀數里內無樹，
而雪與人膝齊。

此篇選自《惜抱軒文集》，旨在記述登泰山之經過，筆調淡雅，學識淹通，結
構簡潔，文辭清麗，記路程清楚求實，述古今簡略得宜，寫景狀物似有神，
意境含蓄，神采清揚，耐人咀嚼，然窮本溯源，其筆法實借鑒於酈書也。《水
經注》卷二十四〈汶水注〉「屈從縣西南流」條云：〔註26〕

汶水又南，右合北汶水，水出分水溪，源與中川分水，東南流逕泰
山東，右合天門下溪水。水出泰山天門下谷，東流。古者帝王升封，
咸憩此水，水上往往有石竅存焉，蓋古設舍所跨處也。……泰山東
南山頂，名曰日觀。日觀者，雞一鳴時，見日始欲出，長三丈許，
故以名焉。其自溪而東，潺波注壑，東南流逕龜陰之田……又合環
水，水出泰山南溪，南流，歷中下兩廟間，從征記曰：「泰山有上中
下三廟，牆闕嚴整，廟中柏樹夾兩階，大二十餘圍，蓋漢武所植
也。」……其水又屈而東流，又東南逕明堂下。漢武帝元封元年，
封泰山，降坐明堂，于山之東北阯，武帝以古處險狹而不顯也，欲
治明堂于奉高傍，而未曉其制。濟南人公玉帶上黃帝時明堂圖，圖
中有一殿，四面無壁，以茅蓋之，通水圜宮垣，爲複道，上有樓，
從西南入，名曰崑崙。天子從之入，以拜祀上帝焉。于是上令奉高
作明堂于汶上，如帶圖也。古引水爲辟雍處，基瀆存焉。世謂此水
爲石汶。《山海經》曰：「環水出泰山，東流注于汶。」即此水也。
環水又左，入于汶水。

夫泰山者，四嶽所宗，其山突兀峻拔，雄偉壯麗，有南天門、日觀峰、經石
谷、黑龍潭等名勝古跡，自古以來，文士登臨，讚頌不絕。此段注文，道元
以宏放含情之筆觸，先以俯仰所見爲線索，後以下中上三廟爲軸心，山水景
物，名勝古跡，連綴爲一，條理清晰，記述生動，桐城派散文家姚鼐之〈登

〔註26〕同註15，卷二十四，頁18。

泰山記〉一文，即借鑒此篇之筆法也。此外，如劉大櫆之〈遊三遊洞記〉，袁枚之〈遊黃山記〉，惲敬之〈遊廬山記〉等篇，或明或暗，亦莫不同祖《水經注》〔註 27〕。是知道元為文，駢散兼收，儒雅雍容，架構前賢，明察時要，體物寫志，融情於景，應山川之靈，成千古之作，其睿智所成，萬流仰鏡，歷千載而益燦，足與柳柳州同為千古文人之嚆矢，善學者得其片言隻字，自然深造有得，久而入妙，其影響吾國山水文學，洵至深且鉅矣。

〔註27〕參見李知文〈試論水經注的語言藝術〉，載譚家健、李知文《水經注選注》一書，頁 487。

第十章　結　論

　　夫地志學，紀民生之休戚，志天下之命脈，考山川之形勢，稽南北之離合，乃史之要刪也。考其體制，洽乎史裁，通於政理，資之足以徵文考獻，鑒往知來，其要尤在比事例，明義理，具法戒，裨政治，洵爲國史之基石，故近人顧頡剛於《中國地方志綜錄・序》嘗云：

　　　　夫以方志保存史料之繁富：紀地理，則沿革、疆域、面積、分野；
　　　　紀政治，則有建置、職官、兵備、大事紀；紀經濟，則有戶口、田
　　　　賦、物產、關稅；紀社會，則有風俗、方言、寺觀、祥異；紀文獻，
　　　　則有人物、藝文、金石、古蹟。而其材料，又直接取於檔冊函札碑
　　　　碣之倫，顧亭林先生所謂採銅於山者，以較正史，則正史顯其粗疏；
　　　　以較報紙，則報紙表其散亂；如此縝密系統之記載，顧無人爲能充
　　　　分應用之，豈非學術界一大憾事耶！

地志之用，不待言矣！舉凡山川疆域之沿革，禮教風俗之遞遷，文武政事之得失，名賢軌躅之所寄，書史圖籍之所志，皆於志是賴焉，是志者固輔治之書也。

　　古者封建諸侯，劃地爲國，皆有史官，紀其國事，不以史名書，而以志名史。蓋以疆域既殊，風俗各異，郡縣廢置無常，士民之行，文物之傳，皆有不可歿者，顧非筆之於書，則不能明也。是故周官外史掌四方之志，誦訓掌道方志，小史掌邦國之志，職方氏掌天下之圖，司會之於郊野縣郡，掌其書契版圖者之貳。四方之志於方域，皆列國之志，山川、土地、貢獻、民風、物產，無所不記。亦即地方之史。邦國之志，則爲國別之書，書契版圖，記戶籍、土地、形象、圖經之類，皆方志之流。唯古之地志，載方域山川、風

俗物產而已，其書今多不可見，然《禹貢》、《周禮・職方氏》，其大較矣。《水經》之作，祖述《禹貢》，憲章《山海》，羅并四際，總勒一典，紀天下之水，凡百三十七，江河在焉；然其為書，幽探廣采，會博歸約，雖粗綴津緒，規綱則舉，節解未彰，故讀者病其簡略也。迨乎後魏酈道元，接足踵武，撰注《水經》，旁引百家，隨經抒述，以博洽之宏襟，擅圖輿之顓學，剖說十倍于前文，揮述半陟其躬履，或眾援以明譌，或極辨而較是，或衷逐以昭邁，或廓無而續有。引枝流千餘條，審遠近之端，詳大小之勢，源委之吐納，沿路之經過，纏絡枝煩，條貫系夥，因水以證地，即地以存古，遷貿畢陳，故實駢列，古代郡縣，端委并包，遂集斯學之大成焉。而注中所載，皆達情喻道，辨物名類，詮動植之許，合勸懲之旨，山川之英華，人物之奇傑，吏治之循良，建置之措施，時會之盛衰，方言之異聞，故老之傳記，與夫詩章文翰之關於風土者，莫不載焉。所謂紀載逸事，考述誴聞，稽籍錄於經書，讚闕亡於金石，酈書誠足以當之也。輿地家誠欲殫見洽聞，甄名核實，則此別樹一幟，可互證是非，藉窺涯涘，百川纏絡，一覽瞭然，未始非初學研索之津梁，宿儒考錯之器具也。

就經學價值言之，酈注博收古今金石碑刻，凡三百五十八種，博異聞，證古跡，凡藝文之所關，苑囿之所在，水道之所經，莫不鉅細畢陳，本末可觀，至于林邑外夷，亦在記述。夫北魏以前碑刻，今存殊少，幸賴酈注錄之，碑版遺文，賴以不墜，且道元所錄古碑，往往有未顯于世者；又或現存古碑，可以取證于諸書者。凡此之類，皆酈書勝處，故曰《水經注》者，乃金石碑銘之珍藪也云。再者，酈注所載，包舉華夏，囊括古今，有水道之異，有地域之別，是以方俗異音，多而凌亂，如楚人謂家為琴，越土人稱瀑布為洩，若此之例，不勝枚舉；而其考究邦邑之代襲，探覈名號之源由，疏通地文之音義，所載語音，或上同於周秦之古音，或下合於切韻之時音，語音譌變，甚為厖雜，頗存語音演變之史料，及中古語音之現象，洵為語言研究之珠澤也。又酈注之作，鉤采群書，旁引百家，繼續前賢，時發雋語，始承《爾雅》、《春秋傳》之大業，接踵裴史、劉說之宏基，復備文心，庶防忘誤之失，求其尋省之易，有所論證，實事求是，深自屏營，親察實訪，足跡遍歷北國，釐清渠道之志，已償其半矣。而注中所載，剖說十倍於前文，其內容豐富，兼重質量，雖則龐博奇奧，亦義例井然，截然可讀，足與裴松之之注《三國志》，劉孝標之注《世說新語》，並稱鼎足，故酈書可謂為經注義

疏之翹楚也。

　　就史學價值言之，酈注引書，包羅萬象，分類計之，屬經者八十四種，屬史部者二百零八種，屬子部者六十二種，屬集部者八十二種，凡四百三十六種，計以篇卷，史籍居多，徵引地書之富，隋唐之前，無能出其右者。明楊升菴謂其所載事，多他書傳未有者，清楊惺吾謂其所引書，多有不見於隋唐志者，不惟久佚古籍，賴以保存，而其間繁富之史料，尤堪珍異。蓋華嶠、謝沈、謝承、袁山松等之《後漢書》，張璠之《後漢記》，徐廣之《晉紀》，車頻之《秦書》，王粲之《漢末英雄記》，張顯之《逸民傳》，以至魚豢之《典略》等等，失名之世本，久佚之閟籍，幸賴酈注存其鱗爪，集腋成裘，足補正史所未備。且書中所徵引《史記》、《漢書》封國之處，多司馬貞所不能知者，實與裴松之《三國志注》、劉孝標《世說新語注》、劉昭《續漢書注》、顏師古《漢書注》等等，同為史家之至寶也。而〈禹貢山水澤地所在〉一篇，疏分證明，融會貫通，亦甚精審，且有獨出己見，為諸家所不能詳者，尤資考古之軸助，蓋其中有豐富之史料也。

　　就地學價值言之，夫在昔志地者，禹貢而下，代有撰述，自班志而後，續漢書之述水道，極為草率，若非道元矜奇炫博，掇籍宏鋪，後魏以前地理書，搜羅殆盡，沿波及瀾，瑣而不雜，則唐以前地理，有不足言之嘆矣。《水經注》一書，以河流水道為綱，綜述流域內水文、地貌、地質、土壤、植物、動物分布，以及物產、交通、城鎮、建置沿革等地理狀況，故凡過歷之皋維、夾竝之坻岸，環閜之亭郵，跨俯之城陸，鎮被之嚴嶺，迴注之谿谷，瀕枕之鄉聚，聳映之臺館，建樹之碑碣，沈淪之基落，靡不旁萃曲收，左摭右采。酈書之後，職志方輿者，如李宏憲、樂子正、王正仲之流，莫不掇其菁英，奉為耆蔡，清代地理學家，如胡渭、顧祖禹之輩，並致力於是書，而王先謙嘗謂三十年足跡所至，必以自隨，是知《水經注》者，為宏覽之山淵，方輿之鍵轄，古地理家之淵海也。而注中且詳載地名淵源，多達二千餘條，舉凡山川湖澤、井泉陂塘、橋梁津渡、道路關塞、宮殿樓閣、寺觀陵墓、城邑鄉鎮、亭里村墟等等地名，莫不探其淵源，釋其得名。分類計之，可得命名原則，凡十二類焉，若史跡、人物、故國、部族、方言、動物、植物、地形、色澤、數字、比喻、傳訛等等即是，範圍遍及海內，遠至域外，提供歷史地理學者，取之不盡，用之不竭之泉源，故曰《水經注》者，乃地名淵源之祖庭也。

就子學價值言之，酈注之作，因地致詳，鉤稽詳明，凡魏以前，神話傳說，故事舊聞，繁簡駢列，鉅細靡遺。綜其輯錄，以神仙鬼怪居多，彷彿《搜神記》之異本，《太平廣記》之原形。夫神仙之談，至唐而衰，《水經注》之作，正當其說盛行之時，道元承先啓後，愛博嗜奇，歷引《西域記》、《扶南傳》、《法顯傳》等書，連篇累牘，詞致詼詭，又博采《大華嚴經》、《大善權經》、《因果經》等書，以立其說，所敘佛陀靈跡，雖爲外族傳說，然言之鑿整，似若實情，頗富時代色彩。其神異處，可與《山海經》、《神異經》、《十洲記》、《神仙傳》、《列仙傳》、《洞冥記》、《拾遺記》等諸書相表裡，洵爲神話傳說之薈萃也。且酈注書中，〈河水注〉、〈沁水注〉、〈漾水注〉、〈瓠子河注〉、〈沔水注〉、〈淄水注〉、〈淮水注〉、〈肥水注〉、〈江水注〉、〈若水注〉、〈夷水注〉、〈沅水注〉、〈湘水注〉、〈灘水注〉、〈淶水注〉等篇，直接或間接均記載分布該地之岩畫，凡二十餘處，範圍約包括今新疆、青海、寧夏、內蒙古、河南、山西、陝西、山東、安徽、廣西、四川與湖南等省區，題材內容有動物、神像、人面、符號、武器圖形等等，豐富多彩，故曰《水經注》者，乃岩畫藝術之淵海也云。

就文學價值言之，酈道元《水經注》，史家地理志之流也。然而其模山範水，情文駿發，煙雲變滅，奇觀勝景，絡繹奔赴，寫景之佳，片語隻字，妙絕古今，讀之引人入勝，有如身歷其境，頗能移人之情，喚起讀者歷史興亡，人物渺遠之感。蓋道元遍具山水筆資，其法則記，其材其趣則詩也，其裁章要例，或淡墨素描，或工筆臨摹，無不寫意傳神，惟妙惟肖。而其修辭造語，上躡風騷，下啓唐宋，有駢散相輔、屬對精裁、譬喻明事、援引證說、鍊字警妙等藝巧。至若疊字以摩神，擬人以生趣，換字以避繁，誇張以聳動，轉品以活用等妙法，亦莫不用。其爲書也，義經體史而用文，造句警奇，遣詞則古，其睿智所成，萬流仰鏡，文人墨客，追風趨步，莫不同祖，是知《水經注》者，誠爲寫景文章之模範，山水遊記之宗師也。且道元好古，注中所收古今歌謠諺語，內容豐富，情趣盎然，或爲裨情意之曲達，或欲觀風俗之厚薄，或思存歌謠之類通，功用極多，用心良苦，至若〈三峽歌〉、〈黃牛歌〉、〈灘頭歌〉等，且可入詩，故曰酈注爲歌詩致用之集錦也云。

酈書之評價，自來毀譽不一，譽之者曰，總其概而覽之，天下可運于掌，誠爲宇宙未有之奇書；毀之者，則詆其立意修辭，因端起類，牽連附會，百折千回，文采有餘，本旨轉晦，說者紛紛，不能一也。然則立意修辭，文采

有餘，六朝人之通病，因端起類，牽連附會，正酈書之特色。蓋酈書之所以曠絕古今者，為能貫通史實於地望，明郡縣之沿革，更以郡縣沿革，考《水經》遞流，思欲藉《水經》以包舉天下枝水川水，故不得不牽連；欲藉川流考鏡郡縣沿革，故不得不附會；欲知郡縣所以沿革，故不得不因端起類，毛舉掌故，綜史地於一簡。夫其為義也，有鑒誡焉，有褒貶焉，有諷刺焉，其為貫穿者深矣，其為網羅者密矣，其所商略者亦遠矣。且南北朝時，朝代更易，有如奕棋，內亂外患，喋血盈野，庶民士子，命如風燭，殆可想見，故道元雖稱多歷，未便遍行。然則其博極群書，有心立說，審地望，尋文理；昭時代，則稽歷史之言；備文學，則集百家之說；詳建設，則誌邑里之新舊；辨星土，則列山川之源流；至於明形勢，以示控制之機宜；紀盛衰，以表政事之得失，鑒遠洞微，憂深慮廣，不可多得。況澤國在南，天塹見限，安能取信行人之口，悉諳未見之都乎？夫言在先民，鑒惟來哲，好古者尚其奧博，經世者貴其變通，若謂書不足憑，則負械之尸，彭侯之怪，何以見驗于文人？若謂書可盡信，則禹貢之山川，毛詩之鳥獸草木，何以頓殊于今日？學者會而通之，足明是書之足傳矣。

　　有清一代，學術鼎盛，宏才異智，輩出踵起，學者通經好古，棄虛崇實，蔚成風尚，自顧炎武、黃宗羲、顧祖禹、閻若璩、胡渭而後，治《水經》者，代不乏人，至全祖望、趙一清、戴震並起，益臻完備，及至清末，王先謙校之於前，楊守敬疏之於後，並為地圖，遂使千數百年混淆譌漏之古籍，犖然可通。然管見所及，以為《水經注》一書，尚有待整理者：一曰目次須調整，酈注原目不詳，其後刪補傳抄，錯次失序。戴震就大典本彙集排比，雖曰「以江河為綱，按地望先後，分屬左右。」究其排比，誠多錯亂，水系亦不相屬。王氏合校本取以參之朱、趙，仍有失次，如卷六汾澮、涑、文、原公、洞過、晉、湛等諸水，枝幹未分，先後失序，地望猶差近；若卷十六〈穀水〉、〈甘水〉，應與洛、伊、瀍、澗同卷，而割屬之漆、漕、沮、洛；卷二十〈漾水〉、〈丹水〉，一入江，一入均，東西遙隔，且間於〈渭水〉、〈汝水〉之中；卷二十一〈汝水〉以下十五水，皆入淮，而主流之淮水，反列至卷三十，復中隔沔水；若卷四十〈漸江水〉，宜別為一卷，乃分屬斥江、日南諸水。其他各卷，亦多參伍，不惟繪圖不便，檢讀更難，此等大節目，楊熊尚仍其舊，何論餘子。二曰注疏待考正，蓋經注混淆，雖經全、趙、戴之分析，然而一水十源，重山阻隔，流域廣衍，變遷無定，脈水尋源，古城遺跡，楊熊雖殫竭精力，

惟多致功注文之出處，而少究其錯誤。酈注原誤，當亦不少，其最著者，莫
過於嶺南第一大川之鬱水及其枝流也。道元敘述鬱水，捨《漢志》「首受夜郎
豚水，東至四會入海，過郡四，行四千三十里」，而從百不一眞之《山海經》：
「出象郡而西南注南海入須陵」，乃越重山，泝逆流，沿漲海，絕衆流，竟遠
至今越南南部歸仁以南入海，蓋荒徼遠陬，文獻不足，誤從《山海》，首尾橫
決，全無系統，凡此宜取陳澧之《漢志水道圖說》，丁謙之《水經注》正誤舉
例，參訂考正。三曰重繪地圖，夫即圖而求易，即書而求難，《水經注》所記
水道，纏絡枝煩，目懑於字裡行間，神昏於左曲右折，述說愈繁，閱讀愈眩，
倘按圖以索，恍歷其境。蓋圖以顯其形勢，書以明其義理，須相爲發，互資
印證，始得事半功倍之效焉。《水經注》之有圖，始於清代黃儀，而未聞傳世，
後有汪士鐸復爲之，楊守敬以汪圖參稽未周，沿溯不審，往往與酈書違異，
因以胡林翼圖爲底本，重繪地圖，朱墨套印，故蹟繁多之洛陽、長安等十一
城，別爲附圖。唯胡圖未經測實，所據自多謬誤。今後應利用實測百萬分圖
爲底本，標畫等高線與經緯度，參考楊圖重繪。若斯所言，皆今日《水經注》
研究之展望也。

參考書目舉要

一、專著之屬

1. 漢・桑欽撰，《水經》二卷，新文豐出版社據叢書集成新編第九十冊影印，民國 74 年初版。

2. 北魏・酈道元撰，《水經注》，臺灣商務印書館引涵芬樓藏宋刊本影印，民國 68 年臺一版。

3. 北魏・酈道元注，《水經注》，世界書局據摛藻堂四庫全書薈要史部第九十四冊影印，民國 75 年出版。

4. 北魏・酈道元撰，《水經注》，臺灣商務印書館據四庫全書珍本別輯第四百冊影印，民國 64 年出版。

5. 北魏・酈道元撰，《水經注》，世界書局四部刊要史學叢書之一，民國 45 年出版。

6. 漢・桑欽撰，北魏・酈道元注，《水經注》，四庫善本叢書館據武英殿本影印，未著出版年月。

7. 後魏・酈道元撰，《永樂大典本水經注》，臺灣商務印書館據四部善本叢刊第一輯影印，未著出版年月。

8. 沈炳巽撰，《水經注集釋訂訛》，臺灣商務印書館據四庫全書珍本初集影印，民國 59 年出版。

9. 趙一清撰，《水經注釋》，臺灣商務印書館四庫全書珍本第三集，民國 61 年出版。

10. 戴震撰，《水經注校》，世界書局增訂中國學術名著第一輯，《中國史學名著》第一二三集合編，民國 72 年六版。

11. 董祐誠撰，《水經注圖說殘稿》，藝文印書館據四部分類叢書集成續編積學齋叢書第十三種影印，未著出版年月。

12. 王先謙合校，《王氏合校水經注》，臺灣中華書局據四部備要本影印，民

國 71 年臺二版。

13. 丁謙撰,《水經注正誤舉例》,藝文印書館據求恕齋叢書第九種影印,線裝,民國 66 年出版。

14. 王楚材撰,《水經酈注水道表》,新文豐出版公司四明叢書二十二,民國 77 年初版。

15. 楊守敬撰,《水經注疏要刪》,文海出版社,民國 56 年初版。

16. 楊守敬撰,《水經注疏要刪補遺》,文海出版社,民國 56 年初版。

17. 楊守敬繪,《水經注圖》,廣文書局據清光緒三十一年宜都楊氏觀海堂刊本影印,民國 56 年出版。

18. 楊守敬熊會貞撰,《水經注疏四十卷》,臺灣中華書局據國立中央圖書館藏撰者手稿本影印,民國 60 年初版。

19. 楊守敬熊會貞疏,段熙仲點校,陳橋驛復校,《水經注疏四十卷》,江蘇古籍出版社,1989 年出版。

20. 王國維校,《水經注校》,新文豐出版公司,民國 76 年臺一版。

21. 范文瀾編,《水經注寫景文鈔》,北平樸社,民國 18 年出版。

22. 任啓珊編,《水經注異聞錄》,上海啓智書局,民國 24 年出版。

23. 鄭德坤撰,《水經注引書考》,藝文印書館,民國 63 年初版。

24. 鄭德坤撰,《水經注故事鈔》,藝文印書館,民國 63 年初版。

25. 日人森鹿三等譯,《水經注抄》,東京平凡社中國古典文學大系二十一,1974 年初版。

26. 馬念祖撰,《水經注等古籍引用書目彙編》,廣文書局,民國 67 年出版。

27. 王恢撰,《水經注漢侯國輯釋》,中國文化大學出版部,民國 70 年出版。

28. 鄭德坤吳天任纂輯,《水經注研究史料匯編》,藝文印書館,民國 73 年初版。

29. 陳橋驛撰,《水經注研究》第一輯,天津古籍出版社,1985 年出版。

30. 洪業等編纂,《水經注引得》,上海古籍出版社,1987 年出版。

31. 施蟄存撰,《水經注碑錄》,天津古籍出版社,1987 年出版。

32. 趙永復撰,《水經注通檢今釋》,復旦大學出版社,1987 年出版。

33. 陳橋驛撰,《酈道元與水經注》,上海人民出版社,1987 年出版。

34. 陳橋驛撰,《水經注研究》第二輯,山西人民出版社,1987 年出版。

35. 譚家健、李知文選注,《水經注選注》,中國社會學出版社,1989 年一版。

二、經學之屬

1. 阮元等刊刻,《十三經注疏》,藝文印書館影印清嘉慶江西南昌府學刊本,

民國 68 年七版。

2. 屈萬里撰，《尚書釋義》，聯經出版事業公司，民國 72 年初版。

3. 屈萬里撰，《詩經釋義》，中國文化大學出版社，1980 年再版修訂。

4. 段玉裁注，《說文解字注》，漢京文化事業公司，民國 69 年初版。

5. 林師景伊校訂，《校正宋本廣韻》，黎明文化事業公司，民國 67 年再版。

6. 林師景伊撰，林炯陽注釋，《中國聲韻學通論》，黎明文化事業公司，民國 71 年初版。

7. 陳師新雄撰，《音略證補》，文史哲出版社，民國 69 年增訂三版。

8. 陳師新雄撰，《古音學發微》，文史哲出版社，民國 72 年三版。

9. 陸德明撰，《經典釋文》，藝文印書館百部叢書集成，抱經堂叢書，民國 62 年出版。

10. 朱彝尊撰，《經義考》，中華書局四部備要本，民國 54 年臺一版。

11. 阮元撰，《經籍纂詁》，鳴宇出版社，民國 68 年出版。

12. 林師景伊撰，《訓詁學概要》，正中書局，民國 60 年臺初版。

三、史地之屬

1. 司馬遷撰，《史記》，藝文印書館引乾隆武英殿刊本，未著出版年月。

2. 班固撰，《漢書》，藝文印書館引乾隆武英殿刊本，未著出版年月。

3. 房玄齡撰，《晉書》，藝文印書館引乾隆武英殿刊本影印，未著出版年月。

4. 沈約撰，《宋書》，藝文印書館引乾隆武英殿刊本影印，未著出版年月。

5. 李延壽撰，《北史》，藝文印書館引乾隆武英殿刊本影印，未著出版年月。

6. 魏收撰，《魏書》，藝文印書館引乾隆武英殿刊本影印，未著出版年月。

7. 脫脫等撰，《宋史》，藝文印書館引乾隆武英殿刊本影印，未著出版年月。

8. 顧祖禹撰，《讀史方輿紀要》，新興書局，民國 45 年 5 月初版。

9. 程大昌撰，《禹貢論》，臺灣商務印書館影印文淵閣四庫全書第五十六冊，民國 72 年初版。

10. 毛晃撰，《禹貢指南》，臺灣商務印書館叢書集成簡編之七五〇，民國 50 年印行。

11. 胡渭撰，《禹貢錐指》，廣學社印書館，民國 64 年初版。

12. 胡渭撰，《禹貢錐指圖》，臺灣商務印書館影印文淵閣四庫全書第五十六冊，民國 72 年初版。

13. 王恢撰，《禹貢釋地》，臺灣商務印書館，民國 60 年出版。

14. 錢穆撰，《國史大綱》，臺灣商務印書館，民國 69 年修訂七版。

15. 蔣祖怡撰，《史學纂要》，正中書局，民國 53 年臺二版。

16. 杜維運撰，《清代史學與史家》，東大圖書公司，民國 73 年初版。

17. 王文寶撰，《中國民俗學發展史》，遼寧大學出版社，1987 年第一版。

18. 陳登原撰，《中國文化史》，世界書局，民國 64 年三版。

19. 王仲犖撰，《魏晉南北朝史》，上海人民出版社，1981 年二次印刷。

20. 湯用彤著，《漢魏兩晉南北朝佛教史》，駱駝出版社，民國 76 年出版。

21. 張亮采撰，《中國風俗史》，臺灣商務印書館，民國 61 年臺二版。

22. 陳登原撰，《中國文化史》，世界書局四部刊要中國史學名著之一，民國 64 年三版。

23. 柳貽徵撰，《中國文化史》，正中書局，民國 63 年臺十一版。

24. 陳安仁撰，《中國上古中古文化史》，華世出版社，民國 64 年初版。

25. 日人伊忠東太原撰，陳清泉譯補，《中國古代建築史》，臺灣商務印書館，民國 56 年臺二版。

26. 葉木松撰，《中國建築史》，中國電機枝術出版社，民國 67 年出版。

27. 陳正祥著，《中國文化地理》，木鐸出版社，民國 74 年出版。

28. 王恢撰，《中國歷史地理》，學生書局，民國 68 年修訂再版。

29. 陳吉余著，《中國歷史地理》，科學出版社，1982 年出版。

30. 陸寶千撰，《中國史地綜論》，廣文書局，民國 51 年初版。

31. 王庸著，《中國地理學史》，臺灣商務印書館，民國 70 年臺四版。

32. 王成組撰，《中國地理學史》，北京商務印書館，1982 年出版。

33. 薛繼壎著，《地理學新論》，中央文物供應社，民國 43 年初版。

34. 唐祖培著，《新方志學》，華國出版社，民國 44 年初版。

35. 李泰棻著，《方志學》，臺灣商務印書館，民國 57 年臺一版。

36. 傅振倫著，《中國方志學通論》，臺灣商務印書館，民國 59 年臺二版。

37. 張國淦編著，《中國古方志考》，鼎文書局，民國 63 年初版。

38. 薛虹撰，《中國方志學概論》，黑龍江人民出版社，1984 年第一版。

39. 林衍經著，《方志史話》，河南人民出版社，1984 年二次印刷。

40. 撰者不詳，《中國地理史話》，明文書局，民國 76 年再版。

41. 中國地名委員會撰，《地名學文集》，測繪出版社，1985 年一版。

42. 《地名學研究》第一集，遼寧人民出版社，1984 年出版。

43. 《地名學研究》第二集，遼寧人民出版社，1986 年出版。

44. 李兆洛編撰，《歷代地理志韻編今釋》，臺灣商務印書館國學基本叢書，民國 57 年臺一版。

45. 童書業撰，《中國疆域沿革略》，臺灣開明書店，民國 46 年臺一版。

46. 日人青山定雄撰，《中國歷代地名要覽》，洪氏出版社，民國 64 年再版。

47. 孫承澤著，《天府廣記》，香港龍門書局，1968 年影印出版。

48. 李賢等著，《大明一統志》，臺聯國風出版社，民國 69 年影印出版。

49. 陸應陽著，《廣輿記》，學海出版社，民國 63 年初版。

50. 張價生撰，《魏書地形志校釋》，德育書局，民國 69 年初版。

51. 常璩著，《華陽國志》，臺灣商務印書館，民國 65 年臺一版。

52. 楊衒之撰，范祥雍註，《洛陽伽藍記校註》，華正書局，民國 70 年出版。

53. 王象之撰，《輿地紀勝》，文海出版社宋代地理書四種之一，民國 51 年初版。

54. 劉侗、于奕正撰，《帝京景物略》，廣文書局筆記叢編三至五冊，民國 58 年初版。

55. 鎮澄著，李裕民審訂，《清涼山志》，山西人民出版社，1989 年第一版。

56. 齊召南撰，《水道提綱》，文海出版社印行中國水利要籍叢書第十一至十二冊，未著出版年月。

55. 孫彤著，《關中水道記》，藝文印書館影印百部叢書集成之八十七第二函，未著出版年月。

56. 戴震撰，《水地記》，藝文印書館影印百部叢書集成之八十七第二函，未著出版年月。

57. 朱書撰，《遊歷記存》，藝文印書館百部叢書集成，問影樓輿地叢書，未著出版年月。

四、子部之屬

1. 墨翟等撰，《墨子》，中華書局四部備要本，民國 54 年臺一版。

2. 孫詒讓撰，《墨子閒詁》，河洛出版社，民國 64 年臺景印初版。

3. 應劭撰，《風俗通義》，臺灣商務印書館大本原式精印四部叢刊正編，民國 68 年臺一版。

4. 畢沅著，《山海經新校正》，新興書局，民國 51 年初版。

5. 袁珂撰，《山海經注》，里仁書局，民國 71 年出版。

6. 干寶撰，《搜神記》，鼎文書局，民國 67 年出版。

7. 李亦園主編，《中國神話》，地球出版社，民國 66 年出版。

8. 王秋桂編，《中國民間傳說論集》，聯經出版事業公司，民國 69 年初版。

9. 譚達先撰，《中國神話研究》，木鐸出版社，民國 71 年初版。

10. 玄珠撰，《中國古代神話》，里仁書局。民國 71 年出版。

11. 白川靜著，王孝廉譯，《中國神話》，長安出版社，民國 72 年初版。

12. 王素心編著，《細説中國神話》，世新出版社，民國 72 年出版。

13. 王國良著，《神異經研究》，文史哲出版社，民國 74 年初版。

14. 陶立璠、李耀宗著，《中國少數民族神話傳説選》，四川民族出版社，1985 年成都出版。

15. 王孝廉撰，《中國的神話與傳説》，聯經出版事業公司，民國 75 年五版。

16. 何新撰，《諸神的起源》，木鐸出版社，民國 76 年初版。

17. 李福清著，馬昌儀編，《中國神話故事論集》，中國民間文藝出版社，1988 年第一版。

18. 巫瑞書等編，《巫風與神話》，湖南文藝出版社，1988 年第一版。

五、總集之屬

1. 蕭統編，李善注，《昭明文選》，河洛圖書出版社，民國 64 年臺景印初版。

2. 蕭統編，《六臣注文選》，臺灣商務印書館四部叢刊正編，民國 68 年臺一版。

3. 徐陵編，《玉臺新詠》，臺灣中華書局四部備要，未著出版年月。

4. 李昉奉敕輯，《文苑英華》，華聯出版社知不足齋叢書本，民國 54 年出版。

5. 呂祖謙編，《宋文鑑》，世界書局，民國 56 年再版。

6. 張溥輯，《漢魏六朝百三名家集》，文津出版社，民國 68 年出版。

7. 姚鼐編，世界書局編輯部注，《古文辭類纂注》，世界書局，民國 54 年再版。

8. 嚴可均輯，《全上古三代秦漢三國六朝文》，日、中文出版社，1981 年三版。

9. 臧勵龢選註，《漢魏六朝文》，河洛圖書出版社，民國 64 年臺初版。

10. 高步瀛編，《唐宋詩舉要》，學海出版社，民國 66 年四版。

11. 勞亦安編，《古今遊記叢鈔》，臺灣中華書局，民國 50 年出版。

12. 朱劍心選注，《晚明小品選注》，臺灣商務印書館萬有文庫薈要，民國 54 年臺一版。

13. 施蟄存編，《晚明二十家小品》，新文豐出版公司，民國 69 年初版。

14. 于非撰，《古代風景散文評釋》，黑龍江人民出版社，1984 年哈爾濱出版。

15. 倪其心等選注，《中國古代遊記選》，中國旅遊出版社，1985 年第一版。

16. 蒲仁新輝選編，《詠晉散文遊記選》，中國展望出版社，1986 年北京第一版。

17. 郭雋杰選注，《南北朝小品》，江西人民出版社，1986 年第一版。

18. 吳功正著，《古今名作鑒賞集粹》，北京出版社，1989 年第一版。

六、別集之屬

1. 謝靈運著，黃節註，《謝康樂詩註》，藝文印書館，未著出版年月。

2. 陶淵明著，陶澍註，《靖節先生集》，河洛圖書出版公司，民國 63 年景印再版。

3. 徐陵著，《徐孝穆集》，臺灣商務印書館四部叢刊正編，民國 68 年臺一版。

4. 李白著，王琦集註，《李太白全集》，華正書局，民國 68 年初版。

5. 柳宗元撰，《柳河東全集》，河洛圖書出版公司，民國 64 年臺景初版。

6. 蘇軾撰，《蘇東坡全集》，河洛圖書出版公司，民國 64 年臺景印初版。

7. 歐陽修撰，《歐陽修全集》，河洛圖書出版公司，民國 64 年臺景初版。

8. 楊慎撰，《升庵外集》，臺灣學生書局據國立中央圖書館藏明萬曆四十四年顧起元校刊本景印，民國 60 年景印初版。

9. 方苞撰，《方望溪全集》，世界書局，民國 54 年再版。

10. 全祖望撰，《鮚埼亭集》，臺灣商務印書館大本原式精印四部叢刊初編，未著出版年月。

11. 袁枚著，《小倉山房文集》，臺灣中華書局四部備要本，民國 54 年臺一版。

12. 盧文弨撰，《抱經堂文集》，臺灣商務印書館大本原式精印四部叢刊初編，未著出版年月。

13. 戴震撰，《戴東原集》，臺灣商務印書館大本原式精印四部叢刊初編，未著出版年月。

14. 姚鼐撰，《惜抱軒詩文集》，臺灣商務印書館大本原式精印四部叢刊初編，未著出版年月。

15. 段玉裁撰，《潛研堂文集》，臺灣商務印書館大本原式精印四部叢刊初編，未著出版年月。

16. 王國維撰，《觀堂集林》，河洛圖書出版公司，民國 64 年出版。

17. 王國維撰，《王觀堂先生全集》，臺灣商務印書館，民國 68 年再版。

18. 周錫山編，《王國維文學美學論著集》，山西北岳文藝出版社，1987 年第一版。

19. 胡適之撰，《胡適文存》，遠東圖書公司，民國 68 年出版。

20. 胡適之撰，《胡適手稿》，國立中央研究院影印本，線裝，未著出版年月。

21. 費海璣著，《胡適著作研究論文集》，臺灣商務印書館，民國 59 年初版。

22. 高師仲華撰,《高明文輯》,黎明文化事業公司,民國 67 年初版。

23. 于大成著,《理選樓論學稿》,學生書局,民國 68 年初版。

七、文論之屬

1. 劉勰著,范文瀾註,《文心雕龍注》,學海出版社,民國 66 年初版。

2. 鍾嶸著,汪師履安註,《詩品注》,正中書局,民國 65 年臺五版。

3. 洪邁撰,《容齋隨筆》,臺灣商務印書館人人文庫,民國 63 年出版。

4. 王世貞撰,《藝苑卮言》,藝文印書館續歷代詩話第四冊,未著出版年月。

5. 徐師曾撰,《文體明辨序說》,泰順書局,民國 62 年出版。

6. 胡應麟撰,《詩藪》,廣文書局,民國 62 年初版。

7. 陳騤著,《文則》,藝文印書館百部叢書集成,寶顏堂秘笈,民國 62 年初版。

8. 歸有光撰,《文章指南》,廣文書局,民國 66 年再版。

9. 沈德潛撰,《說詩晬語》,臺灣中華書局四部備要,未著出版年月。

10. 章學誠著,《文史通義》,華世出版社,民國 69 年初版。

11. 林紓著,《韓柳文研究》,廣文書局,民國 69 年臺三版。

12. 林紓撰,《畏廬論文等三種》,文津出版社,民國 67 年出版。

13. 章士剑撰,《柳文探微》,華正書局,民國 70 年初版。

14. 宋文蔚編,《評註文法津梁》,蘭臺書局,民國 72 年再版。

15. 呂祖謙撰,《古文關鍵》,廣文書局,民國 59 年初版。

16. 任昉撰,《文章緣起注》,廣文書局,民國 59 年初版。

17. 李耆卿撰,《文章精義》,臺灣商務印書館四庫全書珍本別輯,未著出版年月。

18. 王構撰,《修辭鑑衡》,臺灣商務印書館萬有文庫薈要,民國 54 年臺一版。

19. 吳曾祺撰,《涵芬樓文談》,臺灣商務印書館,民國 62 年臺三版。

20. 唐彪撰,《讀書作文譜》,偉文圖書出版社,民國 65 年出版。

21. 包世臣著,《藝舟雙楫》,臺灣商務印書館,民國 75 年臺四版。

22. 康有爲撰,《廣藝舟雙楫》,臺灣商務印書館,民國 75 年臺七版。

23. 王國維著,《人間詞話》,臺灣開明書店,民國 64 年臺十六版。

24. 劉熙載撰,《藝概》,廣文書局,民國 63 年再版。

25. 姚永樸撰,《文學研究法》,廣文書局,民國 70 年五版。

26. 楊樹達撰,《中國修辭學》,世界書局,民國 54 年初版。

27. 徐芹庭撰，《修辭學發微》，臺灣中華書局，民國 60 年初版。

28. 黃師慶萱撰，《修辭學》，三民書局，民國 68 年三版。

29. 張嚴撰，《修辭論說與方法》，臺灣商務印書館，民國 72 年四版。

30. 廖蔚卿著，《六朝文論》，聯經出版事業公司，民國 67 年初版。

31. 金秬香著，《駢文概論》，臺灣商務印書館人人文庫，民國 69 年臺三版。

32. 方孝岳撰，《中國散駢文概論》，莊嚴出版社，民國 70 年初版。

33. 張聲怡劉九州編，《中國古代寫作理論》，遼寧市華中工學院出版社出版，1985 年第一版。

34. 黃永武撰，《字句鍛鍊法》，洪範書店，民國 75 年初版。

35. 孫移山主編，《文章學》，北京檔案出版社，1986 年第一版。

36. 陳必祥著，《古代散文文體概論》，文史哲出版社，民國 76 年初版。

37. 李景華等撰，《中國古代散文九講》，北京出版社，1987 年第一版。

38. 王元驤著，《文學原理》，浙江教育出版社，1989 年第一版。

39. 王師更生撰，《中國文學的本原》，學生書局，民國 78 年初版。

八、文學史之屬

1. 林文庚撰，《中國文學發展史》，清流出版社，民國 63 年三版。

2. 劉大杰撰，《中國文學發展史》，華正書局，民國 64 年初版。

3. 華師仲麐撰，《中國文學史論》，臺灣開明書店，民國 65 年三版。

4. 胡樸安著，《中國文學史略》，廣文書局，民國 69 年初版。

5. 葉師慶炳撰，《中國文學史》，臺灣學生書局，民國 71 年初版。

6. 中國文學史研究委員會編撰，《新編中國文學史》，文復書店，民國 71 年初版。

7. 王瑤撰，《中古文學史論》，長安出版社，民國 71 年再版。

8. 黃師錦鋐等著，《中國文學史初稿》，福記文化圖書有限公司，民國 74 年修訂三版。

9. 羅宗強著，《隋唐五代文學思想史》，上海古籍出版社，1986 年第一版。

10. 林庚等編，《魏晉南北朝文學史參考資料》，漢學供應社，未著出版年月。

11. 羅根澤撰，《中國文學批評史》，學海出版社，民國 67 年初版。

12. 朱東潤撰，《中國文學批評史大網》，臺灣開明書店，民國 68 年臺六版。

13. 陳柱著，《中國散文史》，臺灣商務印書館，民國 69 年臺六版。

14. 郭預衡著，《中國散文史》，上海古籍出版社，196 年第一版。

15. 張仁青撰，《中國駢文發展史》，臺灣中華書局，民國 59 年初版。

16. 劉麟生著,《中國駢文史》,臺灣商務印書館,民國 69 年臺五版。

17. 孟瑤著,《中國小說史》,傳記文學社,民國 59 年初版。

18. 周樹人著,《中國小說史》,谷風出版社,未著出版年月。

九、期刊論文

(一) 水經注類

1. 王闓運撰,〈水經注札記〉,載《國粹學報》四卷二號。

2. 王國維撰,〈水經注跋尾〉,載《清華學報》二卷一期。

3. 儲皖峰撰,〈水經注碑錄附考〉(一),載《國學月報》二卷五期。

4. 儲皖峰撰,〈水經注碑錄附考〉(二),載《國學月報》二卷六期。

5. 孟森撰,〈楊守敬所舉趙氏水經注釋轉襲戴氏嫌疑辨〉,載《北平圖書館月刊》十卷五期。

6. 孟森撰,〈水經注原公水篇諸家之訂正〉,載《禹貢半月刊》七卷一、二、三合期。

7. 孟森撰,〈禹貢山水澤地所在篇中之熊耳山〉,載《禹貢半月刊》七卷六、七合期。

8. 孟森撰,〈擬梁曜北答段懋堂論戴趙二家水經注書〉,載《文獻論叢論述》一集。

9. 孟森撰,〈戴東原所謂歸有光本水經注〉,載《益世報讀書週刊》十四期,民國 25 年 11 月 12 日。

10. 孟森撰,〈董方立之懷疑戴氏水經注校本〉,載《益世報讀書週刊》十四期,民國 25 年 11 月 12 日。

11. 孟森撰,〈商務印書館影印永樂大典水經往已將戴東原刮補塗改的弊端隱沒不存記〉,載《益世報讀書週刊》十四期,民國 25 年 11 月 12 日。

12. 孟森撰,〈戴本水經注所舉脫文衍文〉,載《北平圖書館館刊》六卷二期。

13. 李子魁撰,〈述整理水經注疏之經過〉,載《時事新報》「學燈」,民國 29 年 1 月 29 日。

14. 汪辟疆撰,〈明清兩代整理水經注之總成績〉,載《時事新報》「學燈」,民國 29 年 1 月 22 日。

15. 蔡璣撰,〈水經注研究〉,載《國學週刊》三十一至三十五期。

16. 丁山撰,〈酈學考序目〉,載《史語所集刊》三本三分。

17. 熊會貞撰,〈關於水經注之通信〉,載《禹貢半月刊》三卷四期。

18. 賀次君撰,〈水經注支流目(河水一)〉,載《禹貢半月刊》二卷八期。

19. 賀次君撰,〈水經注支流目(河水一)〉,載《禹貢半月刊》二卷九期。

20. 賀次君撰，〈水經注支流目（河水二）〉，載《禹貢半月刊》二卷十期。

21. 賀次君撰，〈水經注支流目（汾水──濟水)〉，載《禹貢半月刊》三卷一期。

22. 賀次君撰，〈水經注支流目（清水──洹水)〉，載《禹貢半月刊》三卷三期。

23. 賀次君撰，〈水經注支流目（濁漳水──易水)〉，載《禹貢半月刊》三卷七期。

24. 賀次君撰，〈水經注支流目（滱水──巨馬河)〉，載《禹貢半月刊》三卷十一期。

25. 海遺氏撰，〈介紹永樂大典本水經注〉，載《大公報圖書副刊》一二九期，民國 25 年 5 月 7 日。

26. 趙貞信撰，〈酈道元之生卒年考〉，載《禹貢半月刊》七卷一、二、三合期。

27. 鄭德坤撰，〈水經注書目錄〉，載《圖書館季刊》九卷二期。

28. 鄭德坤撰，〈水經注版本考〉，載《燕京學報》十五期。

29. 鄭德坤撰，〈水經注引書類目〉，載《廈門大學圖書館報學》一卷二期。

30. 傅增湘撰，〈宋刊殘本水經注書後〉，載《圖書館季刊》新二卷二期。

31. 鍾鳳年撰，〈水經注析歸引言〉，載《禹貢半月刊》七卷六、七期。

32. 鍾鳳年撰，〈水經注校補質疑〉，載《燕京學報》三十二期。

33. 鍾鳳年撰，〈水經注之一部分問題〉，載《史學集刊》五卷一期。

34. 鍾鳳年撰，〈評水經注選釋〉，載《考古》六十一卷五期。

35. 鍾鳳年撰，〈水經注勘誤小識〉，載《古學叢刊》六至九期。

36. 鍾鳳年撰，〈就酈注考潭國故址〉，載《考古》六十一卷九期。

37. 鍾鳳年撰，〈評我所見的名本水經注〉，載《社會科學戰線》，1979 年二期。

38. 胡適撰，〈跋趙一清水經注釋刻本四種〉，載《圖書季刊》新第八卷一、二合期。

39. 胡適撰，〈跋天津圖書館藏的明鈔水經注殘本〉，載《天津民國日報》，民國 37 年 3 月 5 日。

40. 胡適撰，〈趙一清的水經注的第一次寫定本〉，載《傅斯年紀念集》一冊，民國 41 年 12 月。

41. 胡適撰，〈趙一清與全祖望辨別經注的通則〉，載《中央研究院院刊》一期。

42. 胡適撰，〈致徐森玉顧廷龍論水經注版本函〉，載《中華文史論叢》二輯。

43. 胡適撰，〈所謂全氏雙韭山房三世校本水經注〉，載《清華學報新》一卷一期。

44. 胡適撰，〈關於宋明刊本水經注〉，載《大陸雜誌》七卷六期。

45. 胡適撰，〈水經注考〉，載《胡適言論集》甲編。

46. 傅振倫撰，〈對於考古工作有益的一本書——水經注〉，載《考古通訊》五十六卷五期。

47. 吳天任撰，〈楊守敬與水經注〉，載《民主評論》四卷二十二期。

48. 章江撰，〈酈道元與水經注〉，載《自由青年》十三卷二期。

49. 黃盛璋撰，〈關於水經注長安城附近復原的若干問題〉，載《考古》六十二卷六期。

50. 黃麟書撰，〈有關水經注的幾個問題〉，載《考銓月刊》五十六期。

51. 楊家駱撰，〈水經注四本異同舉例〉，載《學粹》四卷五期。

52. 費海璣撰，〈水經酈道元注的真凡例〉，載《大陸雜誌》三十二卷十二期。

53. 費海璣撰，〈胡適先生研究水經注的經過〉，載《出版月刊》十六期。

54. 費海璣撰，〈酈學發凡〉，載《幼獅》二十五卷一期。

55. 潘壽康撰，〈胡適手稿與水經注〉，載《中華雜誌》四卷二號。

56. 林明波撰，〈六十年來水經注之研究〉，載正中書局出版六十年來之《國學》（三），第三部史學十一篇。

57. 林明波撰，〈水經注四本異同之比較舉例〉，載《國文學報》第二期。

58. 日人森鹿三撰，〈水經注引用之法顯傳〉，載《東方學報》第一冊。

59. 日人森鹿三撰，〈關於戴震之水經注校定〉，載《東方學報》第三冊。

60. 日人森鹿三撰，〈十道志引用之水經〉，載《東方學報》第四冊。

61. 日人森鹿三撰，〈最近關於水經注研究〉，載《東方學報》第七冊。

62. 日人森鹿三撰，〈酈道元傳略〉，載《東洋史研究》六卷二號。

63. 日人森鹿三撰，〈水經注所引用之古籍〉，載《羽田博士頌壽紀念東洋史論叢》。

64. 日人船越昭生著，樂祖謀譯，〈森鹿三先生和水經注研究〉，載《服史地理》第三輯。

65. 日人宮川尚志撰，〈水經注に見えたる祠廟〉，載《東洋史研究》五卷一號。

66. 日人小尾郊一撰，〈作爲山水遊記的水經注——兼及宜都山川記〉，載《廣島大學文學部紀要》九。

67. 張永言撰，〈酈道元語言論拾零〉，載《中國語文》，1964 年第三期。

68. 張永言撰,〈水經注中語言中史料點滴〉,載《中國語文》,1983 年第二期。

69. 陳師新雄撰,〈酈道元水經注裡所見的語音現象〉,載《中國學術年刊》第二期。

70. 錢穆撰,〈中國史學名著:高僧傳、水經注、世說新語〉,載《文藝復興》二十一期。

71. 曹爾琴撰,〈酈道元和水經注〉,載《西北大學學報》,1978 年第三期。

72. 陳橋驛撰,〈論水經注的板本〉,載《文史集林》第七輯。

73. 陳橋驛撰,〈水經濁漳水注一處錯簡〉,載《歷史地理》,1981 年創刊號。

74. 陳橋驛撰,〈評森鹿三主譯水經注鈔〉,載《杭州大學學報》,1981 年十一卷四期。

75. 陳橋驛撰,〈小山堂鈔本全謝山五校水經注〉,載《杭州大學學報》,1981 年十一卷四期。

76. 陳橋驛撰,〈論酈學研究及其學派的形成與發展〉,載《歷史研究》,1983 年六期。

77. 陳橋驛撰,〈水經注金石錄序〉,載《山西大學學報》,1984 年四期。

78. 陳橋驛撰,〈關於水經注疏不同版本和來歷的探討〉,載《中華文史論叢》,1984 年第三輯。

79. 陳橋驛撰,〈愛國主義者酈道元與愛國主義著作水經注〉,載《鄭州大學學報》,1984 年四期。

80. 陳橋驛撰,〈水經江水注研究〉,載《杭州大學學報》,1985 年三期。

81. 黃耀能撰,〈水經注時代所出現的中國古代渠陂分佈及其所代表意義〉,載《幼獅月刊》四十三卷五期。

82. 張翰勛撰,〈水經注的寫景語言〉,載《蘭州大學學報》,1981 年三期。

83. 辛志賢撰,〈水經注所記水數考〉,載《北京師範大學學報》,1981 年三期。

84. 辛志賢撰,〈酈道元籍貫考辨〉,載《山西師院學報》,1982 年二期。

85. 費省撰,〈從水經注所載河名探討北魏時期渭河水系的水文狀況〉,載《陝西師大學報》,1984 年二期。

86. 蓋山林撰,〈酈道元與岩畫〉,載《西北大學學報》,1983 年一期。

87. 嚴耕望撰,〈中古時代幾部重要地理書——水經注〉,載《漢學研究通訊》四卷三期。

88. 王恢撰,〈水經注之研究〉,載《中央圖書館館刊》十九卷一期。

89. 王恢撰,〈楊熊水經注疏之探討〉,載《史學彙刊》第四期。

90. 朱更翎撰,〈都江堰、都江及水經注所敘流路〉,載《水利史研究會成立

大會論文集》，1984 年。

91. 姚漢源撰，〈水經注中的鴻溝水道〉，載《水利史研究會成立大會論文集》，
    1984 年。

92. 于大成撰，〈永樂大典與大典學（論水經注案）〉，載《臺北大華晚報讀書
    人周刊》，民國 56 年 7 月。

93. 梅應運撰，〈讀史餘瀋（論水經有圖）〉，載香港新亞書院《新亞雙周刊》
    十二卷二期，1969 年 5 月 30 日。

94. 司馬恭撰，〈楊守敬的水經注疏〉，載《香港大公報》，1960 年 11 月 20
    日。

95. 段熙仲撰，〈沈欽韓水經注疏證稿本概述〉，載《中華文史論叢》第三輯。

96. 章巽撰，〈水經注和法顯傳〉，載《中華文史論業》，1984 年第三輯。

97. 祝鵬撰，〈讀水經注溱水篇札記〉，載《中華文史論叢》，1985 年第四輯。

98. 耿雲志撰，〈評胡適的歷史學成就及其理論和方法——重勘水經注案〉，
    載《歷史研究》，1983 年第四期。

99. 吳曉鈴撰，〈書胡適跋芝加哥大學藏的趙一清水經注釋後〉，載《北京圖
    書館文獻》，1983 年第十五輯。

100. 吳天任撰，〈胡適手稿有關水經注論跋函札提要〉，載《東方雜誌》十九
     卷四期。

101. 吳天任撰，〈胡適手稿論水經注全趙戴案質疑〉，載《中華文化復興月刊》
     十八卷二期。

102. 吳天任撰，〈清代學者對水經注的貢獻與胡適重審全趙戴公案〉，《中華文
     化復興月刊》十七卷八期。

103. 張大可撰，〈談水經注〉，載《木鐸雜誌月刊》第六期。

104. 趙永復撰，〈水經注究竟記多少條水〉，載《歷史地理》第二輯。

105. 趙永復撰，〈酈道元生年考〉，載《復旦大學學報》歷史地理增刊，1980
     年。

106. 李嘉言撰，〈水經注與洛陽伽藍記〉，載《開封師範學院學報》，1962 年
     一期。

107. 徐玉珮撰，〈酈道元與水經注〉，載《廣州旅遊》，1980 年四期。

108. 周裕泉撰，〈水經注的水坑陵問題〉，載《華南師院學報》自然科學版，
     1980 年二期。

109. 劉榮慶撰，〈酈道元遇難地小考〉，載《人文雜誌》，1982 年四期。

110. 譚家健撰，〈試論水經注的文學成就〉，載《文學遺產》，1982 年 4 月。

111. 譚家健撰，〈酈道元思想初探〉，載《遼寧大學學報》，1983 年二期。

112. 劉盛佳撰，〈我國古代地名學的傑作——水經注〉，載《華中師院學報》，

1983 年一期。

113. 張甫撰，〈水經江水注巫峽那段非酈道元作〉，載《文學遺產》，1985 年四期。

114. 王國忠撰，〈近年來水經注研究述略〉，載《中國史研究動態》，1984 年十一期。

115. 薪生禾撰，〈水經注經注出自酈氏一手嗎〉，載《華東師大學報》，1985 年三期。

116. 方麗娜著，〈酈氏水經注之學術價值探析〉，載《臺南師院學報》第二十一期，民國 77 年。

117. 方麗娜著，〈酈氏水經注之地學成就探析〉，載《臺南師院學報》第二十二期，民國 78 年。

118. 方麗娜著，〈水經注之寫景文研究〉，載《臺南師院學報》第二十三期，民國 79 年。

119. 勤炳琅撰，〈水經注引書考〉，載國立臺灣師範大學《國文研究所集刊》第十六號。

120. 蘇麗峰撰，〈水經注之文學成就論析〉，中國文化大學中國文學研究所碩士論文，民國 76 年。

（二）其它

1. 王庸撰，〈漢魏間之山川圖記〉，載《文瀾學報》三卷二期。

2. 廖蔚卿撰，〈晉末宋初的山水詩與山水畫〉，載《大陸雜誌》四卷四期。

3. 林文月撰，〈從遊仙詩到山水詩〉，載《中外文學》一卷九期。

4. 楊一肩撰，〈南朝山水詩論〉，載《中文學會學報》第九期。

5. 秦子卿撰，〈簡論徐霞客及其遊記〉，載《揚州師院學報》，1978 年三期。

6. 徐兆奎撰，〈地理學家徐霞客及其貢獻〉，載《自然科學》，1983 年二期。

7. 陳啓佑撰，〈元結山水小品探討〉，載《古典文學》第八集。

8. 林文月撰，〈洛陽伽藍記的冷筆與熱筆〉，載《臺大中文學報》創刊號。

9. 陳進傳撰，〈古碑之價值〉，載《東方雜誌》二十二卷二期。

10. 胡懷琛撰，〈韓柳歐蘇文之淵源〉，載《國學月刊》第二期。

11. 王夢鷗撰，〈魏晉南北朝文學之發展〉，載《中華文化復興月刊》十四卷七至九期。

12. 葉程義撰，〈漢魏石刻文學與校勘〉，載《中華學苑》第三十五期。

13. 麥慧貞撰，〈山水文學試探〉，載《華國》第一期。

14. 梁容若撰，〈中國文學的地理觀察〉，載《東海學報》三卷一期。

15. 杜呈祥撰，〈旅行與史學文學的關係〉，載《暢流》十二卷九期。

16. 王覺源撰，〈東晉南北朝之民族文學〉，載《國魂》一六三期。

17. 張斗衡撰，〈明清間的小品文〉，載《聯合書院學報》三期。

18. 畢耕撰，〈論遊記文學〉，載《建設》十一卷六期。

19. 林章新撰，〈論袁中郎文學〉，載《能仁學報》二期。

20. 林文月撰，〈六朝文學的曙光〉，載東吳大學《中國文學系系刊》十四期。

21. 傅榮珂撰，〈方志學與史學之研究〉，載《中華文化復興月刊》二十一卷二期。

22. 張紫晨撰，〈中國方志民俗學的發生與發展〉，載《史志文萃》，1988 年四期。

23. 田孟禮撰，〈試論我國方志的美學特徵〉，載《史志文萃》，1988 年三期。

24. 林衍經撰，〈史記與地方志〉，載《人文雜誌》，1986 年二期。

25. 蓋山林撰，〈內蒙古賀蘭山北部的人面形岩畫〉，載《中央民族學院學報》，1982 年二期。

26. 蓋山林撰，〈陰山岩畫與山海經〉，載《內蒙古社會科學》，1981 年三期。

27. 宮菊芳撰，《南北朝山水詩研究》，輔仁大學中國文學研究所碩士論文，民國 65 年。

28. 李瑞騰撰，《六朝詩學研究》，中國文化大學中國文學研究所碩士論文，民國 67 年。

29. 劉漢初撰，《六朝詩發展述論》，臺灣大學中國文學研究所博士論文，民國 72 年。

30. 莊美芳撰，《李太白詩探源》，東吳大學中國文學研究所碩士論文，民國 75 年。